法律选择上的最密切联系原则研究

FALÜXUANZE SHANGDE ZUIMIQIE LIANXI YUANZE YANJIU

郝泽愚 著

中国政法大学出版社

2020・北京

图书在版编目（CIP）数据

法律选择上的最密切联系原则研究/郝泽愚著. —北京:中国政法大学出版社,2020. 12

ISBN 978-7-5620-9717-4

Ⅰ. ①法… Ⅱ. ①郝… Ⅲ. ①国际私法—研究 Ⅳ. ①D997

中国版本图书馆 CIP 数据核字(2020)第 221144 号

出版者　中国政法大学出版社

地　址　北京市海淀区西土城路 25 号

邮寄地址　北京 100088 信箱 8034 分箱　邮编 100088

网　址　http://www.cuplpress.com (网络实名：中国政法大学出版社)

电　话　010-58908586(编辑部) 58908334(邮购部)

编辑邮箱　zhengfadch@126.com

承　印　固安华明印业有限公司

开　本　720mm×960mm　1/16

印　张　13.25

字　数　240 千字

版　次　2020 年 12 月第 1 版

印　次　2020 年 12 月第 1 次印刷

定　价　49.00 元

前　言

最密切联系原则是国际私法中的一项基本原则，起源于美国在20世纪中期的“冲突法革命”，该项原则一经提出便立即引起了世界各国的广泛关注，逐渐成了对一个国家国际私法立法现代化程度进行衡量的基本标准。这是由于最密切联系原则顺应了国际社会快速发展的历史潮流，也在很大程度上满足了世界各国对于公正、合理适用法律的需求。但是，这项原则并非全面否定传统国际私法理论，而是在原有的基础上去粗取精。该原则对传统法律选择的方式进行了进一步优化和完善，也可以说是赋予传统法律选择方法以“时代精神”，代表了国际私法的价值取向，完成了正义从形式向实质的转变，实现了科学、合理适用法律的目的，在国际私法发展史上具有重要的意义。

萨维尼的“法律关系本座说”开创了新的法律选择方法，是最密切联系原则诞生的摇篮。该学说从分析法律关系的性质入手，找出法律关系与地域之间的“联系”，寻找法律关系的“本座所在地”。这一时期注重追求形式正义，在形式正义的指导下，法律如同机器一般合理地运转，利益集团既有适度的发展空间，也能够预见实施行为的法律后果。虽然法官可以按部就班地审理案件，但是不同的法律关系，其法律性质也不同，法官对于所指向的法律内容并不了解，一味机械地追求结果的确定性，而没有关注实质正义的内在要求。最密切联系原则是传统法律选择方式的延续与基础，同时也是其升级与发展。随后，美国冲突法革命对最密切联系原则的发展有着至关重要的作用。从卡弗斯到库克，再到柯里，这一时期注重追求实质正义。柯里从法律规则的内容入手，重点分析这些规则背后的政府政策和利益，推翻、批判旧时的、单一的法律选择方法，主张以结果利益为导向进行法律选择，重视结果正义。这一时期的法官拥有较大的裁量权，且出现了过度适用法院地法的现象，说明我们既不能全然抛弃传统法律选择方法，也不能完全依赖法官的权力。在这种形势下，加之“奥廷诉奥廷案”和“贝科克诉杰克逊案”的催化，兼顾形式正义与实质正义的最密切联系原则应运而生。

最密切联系原则与同一时期的法哲学思想密不可分，实用主义法学、社会学法学、现实主义法学都对最密切联系原则的产生和发展起到了一定的作用，三种思想虽有承继，但也各有差异。该原则反映了法律选择规范在辩证发展过程中的要求和趋势，自产生之日起就成了现代法律选择方法中用来解决法律冲突问题的新潮流，且各国根据本国立法和司法的要求，赋予了该理论一些新的特点。最密切联系原则作为上层建筑，是由其经济基础所决定的，该原则是一种模糊的法律选择方法，只给出了适用的一般标准，不确定性决定了其立法成本、司法成本都与确定的法律规则不同。最密切联系原则符合成本收益规律，如何对成本、收益的界限进行判断，这与在个体行为之前还是之后，赋予规则还是方法有关。即适用最密切联系原则时，应避开在个体行为之前赋予规则的领域，而适用于能够带来稳定收益的领域。传统法律选择方法较为简单，且缺乏适当性及灵活性，侧重于实现形式上的公正，很少关注实体上的合理公正。伴随着频繁的涉外民商事交往，各种冲突也日渐复杂多变，在保证法律适用结果的确定性、稳定性、一致性的同时，也需要灵活的法律选择方法。最密切联系原则正是实现了秩序与正义的平衡，是稳定性与变动性统一的结果。

最密切联系原则自正式确立以来，被多数国家承认、接受并被广泛运用，但不同的国家对该原则的接纳程度不同，适用最密切联系原则的方式也不尽相同，涉及的具体领域也有所不同。最密切联系原则的定位问题，一直为各国学者所争论，各国的不同观点也在立法中有所体现。无论是英美法系国家，还是大陆法系国家，在对最密切联系原则进行适用时，都有各自的特征，而且在对其运用的限制方面，都有着自己特殊的规定。侵权行为，尤其是涉外侵权行为与国际人员流动以及经济往来密切相关，同时为涉外侵权领域运用新型的法律选择方法创造了条件。以美国和欧洲国家为代表，具体分析美国、欧盟、奥地利对于最密切联系原则的适用。涉外合同领域也关注并适用了最密切联系原则，欧美等国家在适用最密切联系原则方面也相对成熟。不仅在一般合同领域广泛应用，在一些特殊合同中，也有最密切联系原则的身影。

在我国的涉外民商事审判中，关于最密切联系原则没有提供明确的分析方法，对于该原则的运用基本依赖于法官的考量、判断，很容易出现同法、同案却不同判的情况。基于此，我们通过分析我国的涉外民商事审判的具体情形，找出问题的根源，提出相应的解决方案。兼具确定性与灵活性特点的最密切联系原则在国际私法领域得到了广泛运用，虽然我国对于国际私法的研究开始较晚，但是一直在努力地汲取、借鉴先进的理论成果及实践经验，并将之积极地运用到我国的立法、司法中，尤其是在正式实施《法律适用法》后，最密切联系原则的适用范围得到了进一步的扩展。最密切联系原则被我国广泛应用在司法实践中。与以往相比，在法官的意识方面、对司法理念的理解方面以及具体操作方面都有了发展和进步。但是依然存在一些问题，例如，过度适用法院地法、对法条理解不到位、立法上的疏漏、法官素养参差不齐、法官适用法律的意识不足等。我国国际私法对最密切联系原则一向是青睐有加，从目前的司法实践情况来看，在裁量权的运用方面不是很理想，虽然有一些成功的案例，但法官滥用裁量权的现象还是时有发生。为何会出现滥用的情形？怎样使最密切联系原则的目的与法官的自由裁量权相符？从立法和司法上，从规则的制定和裁量权的运用上，分析滥用的原因。最密切联系原则并非完美无缺，不同的国家基于本国的国情，会呈现出不同的情形，我们在适用最密切联系原则来解决涉外民商事案件时，应当立足我国现状，合理运用该原则，针对不同的情况，提出相应的对策。

最密切联系原则在找寻准据法的过程中，与其他的法律选择方法之间有着不同程度的互相影响、互相作用。不同的法律选择方法不是对立的，而是相辅相成的。最密切联系原则最大限度地体现了立法者、司法者以及执法者对法律公平正义的追求，不仅要求立法者在进行具体冲突规范制定时必须要遵守，而且法官在审理案件时也要给予准确把握。可以这样理解，最密切联系原则不仅具有法律选择的指导性，同时还具有法律选择方法的综合性，而这两个特征在该原则中共生共存、相互促进、相互补充。最密切联系原则符合现代社会发展的必然要求，满足了公正与合理的追求。但该原则有利也有弊，既不能完全信奉，也不能全盘否定，要以辩证的思维对其进行评价，使其更好地服务于立法与实践。意思自治原则在越来越多的领域中得以适用，这对最密切联系原则也产生了一定的影响，二者有依托之势。意思自治原则强调当事人的主观意志，最密切联系原则强调法律与地域的联系，从本质上来说，二者是相契合的，都是从自身的利益角度出发进行法律选择。直接适用的法在立法及司法上受到最密切联系原则的价值导向的影响，理清最密切联系原则对直接适用的法的导向作用，具有理论与实践上的意义。

最密切联系原则通过弹性连结点对准据法进行确定，实现了法律适用结果的适当性与灵活性，但其中的“弹性因素”却把握不易。因此，对最密切联系原则的发展进行规范与限制已是必然趋势。国际私法领域对于法律选择方法的研究一直都非常关注，法律选择方法发生变化，相对应的价值导向也会改变，不同的价值取向会带来不同的理论发展状况。从国内外立法来看，最密切联系原则发挥着非常重要的指导性作用，但是其会导致法官的自由裁量权过度扩大。所以，需要进行适度的规范与限制，其缘由亦可从正义和效率的角度来分析。作为一把“双刃剑”，自由裁量权既是最密切联系原则的优势，同时也会成为该原则的硬伤，许多国家都在一定程度上对该原则进行了修正。最密切联系原则并非简单地出现在冲突规范中，还需要一些立法技巧加以辅助，使该原则更好地契合确定性与公正性。

目　录
CONTENTS

导　论

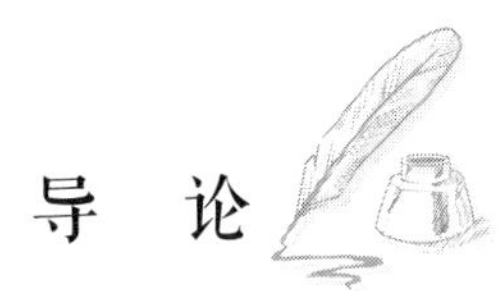

最密切联系原则自产生之初就起到了非常重要的作用，在国际私法领域也占据了十分重要的位置。最密切联系原则是最具创意、最具实用价值的理论学说。其独特性在于，该理论并非是某一位学者的观点、成果，而是众多国际私法学者们的思想结晶，是理论与实践相互融合的结果。自研究“最密切联系原则”之时，其便已有了“定性”的分歧。有学者认为最密切联系原则是一项抽象的原则，用于指导法律的适用；有学者认为最密切联系原则是一种具体的法律选择方法。在很多时候，这两种“身份”是重合的。当它作为原则出现时，一般是为意思自治原则起补充作用，即补充性原则；当事人没有选择适用的法律时，案件适用与该法律关系或当事人具有最密切联系的国家或者地区的法律，即法律选择的规则和方法。这也正是最密切联系原则精彩、有趣，最值得一再研究的地方。

一、选题意义

最密切联系原则确立至今只有几十年的时间，虽然短暂，但对各国国际私法的实践有着重要的影响力，有些国家甚至将其提升到了基本原则的高度。基于在全球化进程中的地位以及最密切联系原则自身的优势，我国将最密切联系原则置于一些法律与司法解释中，但最密切联系原则的立法、司法适用还存在诸多问题：如何定位最密切联系原则？是法律选择方法，还是基本原则；是指导性原则，还是补充性原则；是兜底救济规则，还是一般原则。另外，最密切联系原则的适用范围如何确定，法官的自由裁量权如何行使等都需要加以明确。不论是在国际私法理论中抑或是在国际私法实践中，关于最密切联系原则的研究都是一个非常有价值的选题，其研究走向对国际私法的发展、立法、实践都有着直接或间接的影响。

首先，最密切联系原则体现当代国际私法的价值取向。国际私法历来都具有两种对立的价值取向，即追求法律适用的明确性、结果一致性和追求法律适用的合理性、灵活性。传统国际私法多以欧洲大陆的理论为基础，主张法律的成文化、明确性，反对“法官造法”。20 世纪 60 年代，美国的冲突法革命对传统国际私法理论进行了猛烈抨击，主张法律适用的灵活性、审理案件的合理性。最密切联系原则正是在这种背景下产生的。其通过对最密切联系原则历史轨迹的梳理，分析其产生、发展的法律、经济、哲学基础，把握最密切联系原则所具有的法律选择适当性，认识形式正义向实质正义的价值转变，勾画国际私法及最密切联系原则的未来走向。

其次，最密切联系原则是各国普遍认同的原则。世界各国在国际私法制度上千差万别，但在最密切联系原则的认可上却达成了共识，即分析最密切联系原则在不同国家的具体适用，找到适用特点及存在的问题，以求能够进一步完善。

最后，最密切联系原则的相关问题并没有统一。立法上，各国接受最密切联系原则的程度和应用范围不同。有的国家将其作为基本原则，适用于国际私法的所有领域，例如奥地利；有的国家将其作为补充性一般原则规定，只列举少数不适用的情况，例如瑞士；有的国家仅将其适用于合同和侵权领域，在其他领域仍适用传统冲突规范以指导法律选择，例如美国、英国等。司法上，各国运用最密切联系的方式不同。仅就合同领域而言，英美法系国家由法官权衡各种相关连结点，以找出与案件和当事人有最密切联系的法律；而大陆法系国家则通过特征性履行原则来确定最密切联系地。不同国家法院对最密切联系原则的不同实践为最密切联系原则真正发挥作用制造了一定的障碍。理论上，世界各国学者对最密切联系原则都给予了足够的重视，从不同角度和方面研究最密切联系原则的论文比比皆是。更为重要的是，就国内外的研究现状而言，最密切联系原则成了当代国际私法理论中应用最广，但又最难以操作的定理。

二、文献综述

国内外学者在研究最密切联系原则时，分别从不同的角度提出了不同的研究结论，这是因为当学者们所处的时代背景、政治环境和经济环境不同时，最密切联系原则的研究结论也存在较大差异性。早期，人们主要在合同领域和侵权领域研究最密切联系原则。而在互联网时代，学者们又开始研究网络侵权和电子商务中的最密切联系原则。在一般情况下，学者们主要在司法实践和立法实践中研究不同情况下的最密切联系原则，但是在当前的信息化时代下，最密切联系原则仍然具有较大的研究价值。学者们主要以专著或者论文的形式深入探讨了最密切联系原则，也提出了不同的研究结论。未来多个学科的交叉融合发展必然会实现国际私法的理论化，那么全面剖析最密切联系原则的理论内容就变得极有必要了。

（一）国内代表文献

1. 著作

1986年，张翔宇的著作《现代美国国际私法学说研究》主要研究了美国冲突法革命的思想变迁。他简要地概述了国际私法理论的变革历程，也对比分析了现代理论学说和古典理论学说中针对国际私法的相关内容，分别从理论和实践出发构建了各国国际私法的整体架构，并且梳理了国际上针对美国国际私法提出的一系列研究结论。中国国际私法在改革开放以后发生了较大改变，这是因为我国在加入世界贸易组织以后，涉外民商事立法观开始出现较大改变，这迫使我国国际私法进行大范围的调整。他在对比分析了20世纪50年代前后美国的国际私法以后，提出美国国际私法并未跳脱出大陆法系理论的框架，并未形成自身特色和获得实质性发展。时至今日，美国国际私法成了英美法系的代表，与过去传统的国际私法理论存在较大区别。他在探讨美国国际私法时，并非简单地分析美国国际私法中的内涵，而是从历史的角度出发，探讨了美国冲突法的兴衰历史。任何一个理论在发展过程中都处于演进和变动的状态，在这个过程中，理论会不断被完善。他在文章末尾全面探讨了美国现代国际私法流派，并对这些流派提出的相关研究结论进行了归纳和总结。他认为，现代方法主张分析性、灵活性和多变性，反对从盲目或单一的角度探讨理论，盲目、机械和呆板的探讨方式并不能够帮助人们真正找到美国现代国际私法中的局限性和存在的问题。他也从自己的观点出发构建了一套全新的、独立于旧有传统的体系。

2000 年，沈涓的著作《合同准据法理论的解释》将意思自治原则看作是一项重要原则。合同准据法理论强调冲突规则，实质上就是赋予了当事人双方以准据法权利的法律原则。冲突规则实质上是确保当事人选择法律的有效性，同时也能够实现意思自治原则，进而满足当事人的利益期望。国内外学者在研究意思自治原则的适用性时，主要从选择法律的时间范围、手段等几个层面着手，还很少有学者从当事人选择法律的意思表示的效力这一角度着手。在探讨当事人选择法律的合意效力时，应当重点研究意思自治原则的概念以及性质。例如，可以就当事人合意选择法律的效力属于条款选择、协议选择或合同选择中的哪一种进行分析。各国在制定国际私法时，在探讨合意选择法律效力的适用法律时，一般会提出不同的主张，包括当事人选择的法律、法院地法、法官裁量适用的法律、最密切联系原则适用法律、当事人没有选择法律时应适用的法律等。法院地法和当事人选择的法律这两项主张是占比较大的。大部分学者都表示，当事人选择的法律应当被认定为合意选择法律效力的主张。尽管大部分学者都表示当事人合意选择法律的效力应当以当事人选择的法律为主张，但是学术界并未就这一结论进行理论与实践的严格分析，立法和司法也缺乏严谨的理论作为参考，导致这一研究结论在司法和立法实践中还存在诸多问题。该书在深入剖析当事人合意选择法律效力的法律适用问题时，主要探讨了当事人合意选择法律的概念、合理性以及可行性等问题，希望从多个角度出发解读这一问题。并且，该书也进一步分析了运用法院地法解决合意选择法律效力这一主张的可行性以及合理性。

2005 年，徐冬根的著作《国际私法趋势论》主要探讨了国际私法的价值对于重构中国国际私法的重要作用。国际私法以实现正义为最终宗旨，在传统的国际私法中，其价值内核为实现形式正义，但是在现代国际私法中，其价值内核变更为实现实质正义。这实质上就是传统国际私法向现代国际私法逐步发展的必然结果。实质正义主要指的是以政府利益或社会利益为导向的有利原则，在实质正义之下，赋予了法官一定的法律适用选择权。罗尔斯在《正义论》中全面剖析了实质正义和形式正义的特点以及内涵，并对这两个正义进行了对比分析。他认为，实质正义是人们必须遵循的某种价值标准，只有实现了实质正义，个体和社会的实体性权利以及目标才能实现。实质正义是为了满足大部分社会成员的正义观，且国家需要根据不同情况调整相应的法律，如此才能真正实现实质正义。与形式正义相比，实质正义更强调法律对于促进人类文明建设与发展的价值，重点关注的是法律法规的实质性内容。实质正义不仅仅主张满足个人的合理需求，同时也主张提高社会生产力和促进社会生产进步。从实质正义的概念和内涵来看，法律关联和实质正义之间有着不可分割的联系，尤其是在当前的时代下，只有实质正义才能够真正弘扬人本关怀的社会价值观，并且真正实现社会利益和政府利益。从另一个层面来看，现代国际私法正是为了实现实质正义才提出了灵活弹性的法律选择方法，这种法律选择方法全面阐述了现代国际私法实现大众利益的价值观。现代法律选择方法应当通过灵活、弹性的方式来选择适用法律，从而平衡利益相关者之间的关系，尤其是在劳工赔偿或者产品责任赔偿等司法实践中，现代法律选择方法的灵活性和弹性将对平衡各类利益关系发挥重要的作用。

2008 年，肖永平的著作《法理学视野下的冲突法》主要研究了国际私法中的冲突法内核。他认为，冲突法作为国际私法中的核心内容，在国际私法的发展进程中具有不可取代的重要地位。但是，在法学体系中纳入冲突法以后，学术界在研究冲突法的法理学基础时，分别提出了不同的研究结论。肖永平在研究冲突法时，就主要分析了冲突法的性质，力求从法理学的角度出发探索真正的冲突法法理学基础。国际私法的核心内容就是冲突法，因此学术界在研究国际私法时就不可避免地需要研究冲突法。作为一项适用于含有涉外因素的民商事法律案件的法律法规，其能够在国际民商事法律关系中找到适用的实体法，并且能够准确地定位双方当事人的权利和义务。冲突法得名于解决国际民商事法律冲突问题，其在推进国际私法发展方面发挥了重要的作用，拥有着不可代替的地位。但学术界从法律体系的角度出发研究冲突法，最终所得到的研究结论却并不统一。冲突法在传统冲突法理论中作为一种法律规范，主要帮助法官找到适用于该国际民商事法律案件的法律规范或者适用规范。冲突法主要由“范围”和“系属”这两部分要素构成，而这两个要素的逻辑结构与其他法律法规明显不同，是由国家制定或者认可的一种社会规范。因此，冲突法一般是以法律条文或其他形式中的一般规则来展现自己特定的内在结构。假定、处理、制裁是构成法律规范的三大要素，法律规范主要可以被分为两大类，分别是程序规范和实体规范。从这个层面来看，尽管传统冲突法理论认为冲突法就是一种法律规范，但实质上，冲突法的一般行为规则或者法律条文却并不符合一般意义上的法律规范。学术界似乎是从一个全新的角度出发来理解冲突法的，并且，这种关于冲突法的新的认知已经成了学术界的主流观点。学术界普遍认为冲突法是一种技术性规范，并不能将冲突法认定为某种法律规则。法的技术性规范不会提出诸如权利或义务的规定，而是作为所有调整社会关系的法律规则的统称。换言之，学术界提出的关于冲突法的观点与法律规范的观点并不冲突，只是不能将冲突法认定为法律规范，而是应当将冲突法看作是一项法的技术性规范。

2. 论文

1993 年，徐崇利发表的《全面运用最密切联系原则：健全和完善我国冲突立法的一大抉择》从理论角度分析了国内当前普遍适用的补充冲突法的相关立法存在明显的缺陷。本质上，以上方式是难以被付诸实际的。第一，冲突法是一部从一开始就存在显著争议的部门法，不同国家的情况存在差异，解决和调整冲突立法的相关规定及对应的司法实践也存在明显的差异。因此，其无法在一定范围内建立共识。第二，国内冲突法立法实践参考了国际惯例，而当前适用的冲突法的国际惯例大部分已经被我国的立法部门所吸收、转化。换言之，国内冲突立法无法涉及的区域同时也是在国际上存在较大争议和无法达成共识的内容。因此，在具体的司法实践中，关于涉外民事法律相关领域的法律适应性问题，最高人民法院作出了相应的合理解释。以上解释对我国之前尚未涉及的法律问题及标准进行了相应的填充。但是，这些填充性规范仍然无法弥补我国冲突法立法的缺陷。首先，最密切联系原则的普遍适用性标准。以上原则与冲突法的立法原则具有深刻的内在一致性，在涉外民事法律的选取和界定问题上，应依照该原则及相关标准填充我国冲突立法中的欠缺。其次，基于最密切联系原则的灵活性，人民法院在弥补相应的法律欠缺时，应该依照具体的案情灵活适用，切实维护当事人的利益。此外，最重要的是，其能够拓展我国的法律适应面。再者，最密切联系原则的适用具有备用性，从新的涉外法律选择角度来看，该原则能够弥补冲突法立法实践中的欠缺。但考虑到我国的冲突法目前尚无对应的法律标准，该原则的"随时应招特性"也迎合了这种现状。最终，最密切联系原则的适用性是具有过渡特点的，人民法院有权暂且适用该原则以弥补冲突立法的欠缺，等到形成经验总结以后再交由立法部门制定新的冲突法规则予以替代。

1995 年，刘仁山发表的《"最密切联系原则"与"特征性给付原则"的立法研究》深刻明示了涉外法律适用中的欠缺。具体体现在：第一，在双方当事人尚未选取法律条文时，相关立法虽然对"最密切联系"标准进行了界定，但是尚未提出与其相适应的实施标准。这也充分说明了该内容的可操性较差。此外，该情况还容易使法官的自由裁量权得不到约束。广州市中级人民法院在 20 世纪 80 年代末期的某公司起诉广州南方服务中心的合作合同纠纷案件的审理过程中，暴露了我国在该立法层面的欠缺。第二，根据"特征性给付原则"，《最高人民法院关于适用〈涉外经济合同法〉若干问题的解答》对特定的 13 类合同的"特征性给付地"条款进行了明确的界定。除去国际性的货物交易，其他均为单一、刚性的规则，对应为单一性的冲突规范。在特定的场合中，可以采用相同的条款作为法官滥用自由裁量权的理由，这样严重削弱了法律的公平性。基于以上问题该文提出了进一步完善国内"最密切联系"标准的基本立法意见：首先，将《最高人民法院关于适用〈涉外经济合同法〉若干问题的解答》第二部分的相关精神要求（以"特征性给付原则"作为"最密切联系原则"的具体化参照）列为国际私法典中债权债务方面、双方当事人尚未合意选择法律时确定合同准据法的原则。其次，选用 20 世纪 80 年代末期《瑞士国际私法》第 15 条之规定，"根据所有情况，如果案件与本条指定的法律明显地仅有松散的联系，而与另一法律却有更密切联系，则作为例外不适用本条所指定的法律”。再次，选用20世纪80年代《海牙公约》第8条之规定，将《最高人民法院关于适用〈涉外经济合同法〉若干问题的解答》第二部分中的相关标准上升为立法，并将其应用在不同的合同标准的制定过程中，并作为对应的冲突规范，应用在相应的案件中。最后，在法律尚未明确合同准据法的选择时，或者在援引“例外条款”来选择合同准据法时，运用最密切联系原则应当受到适当的限制。

2000年，徐伟功发表的《从自由裁量权角度论国际私法中的最密切联系原则》提出，法院法官的自由裁量权是针对法官或者法庭在司法实践中依照法律规定斟酌相应的法律规则和原则并明确相应的界限的一种权力。据此可以推断出，国际私法中的自由裁量权是主要针对法官或者庭审过程中的涉外民事案件，依照国际私法规则与原则中的非硬性规定，合理选定可用的法律条款以解决涉外民事案件的一种权力。自由裁量权和最密切联系原则之间的关联和限定具体表现在以下三种模式中：第一，自由裁量模式。此模式更加关注法官的地位，更为认可法官应该依照各种相关因素及时获取与所涉案件联系最为紧密的法律。第二，规则推定与自由裁量相结合模式。依据传统规则选择的法律与案件具有密切联系，但具体到某些案件，法官有权发挥自由裁量，以便确定一个更具有密切联系的法律，以便适时调整传统规则的机械性。第三，规则推定模式。在依据传统冲突规则确定最密切联系的法律时，法官的自由裁量权较小，而最密切联系原则的内在灵活性与全面考虑连结因素，是该原则与传统冲突规则的最大区别，其赋予法官较大的自由裁量权，以便实现个案公正的目的。该原则的灵活适用能够帮助法官处理各种例外情况，从而最大限度地实现个案公正。但该原则过于依赖法官的评判、分析，过大的自由裁量权会导致过度适用法院地法，不利于实现法律适用的一致性。因此，各国在适用最密切联系原则时往往会适度限制法官的自由裁量权，以便使法官的自由裁量权在适度的范围内行使。

2003年，肖永平发表的《最密切联系原则对传统冲突规范的突破及“硬化”处理》阐述了最密切联系原则的发展脉络。该文认为，最密切联系系原则实现了对传统规则的突破，通过最密切联系原则在世界主要国家司法实践中的应用情况，对该原则的内部局限和硬性特点进行了深入分析。最密切联系原则在主要国家的司法实践中得到应用是国际私法不断发展的象征，冲破了传统法律规则的约束，改变了人们的传统思维模式，法律选择方法的应用与现实相符。此外，最密切联系原则提倡对法律进行灵活选择，这一点也是符合涉外民事法律发展要求的。但应明确的是，传统的冲突规则不应该被直接代替。从过去的“法则区别学说”到近代的“法律关系本座说”，经过几百年的发展和沉淀，法学界建立了各类法律关系的固定连结点。普遍来说，这些连结点与案件之间都具有密切的联系。譬如，合同缔结法或者履行法、侵权行为地法等。如果某一个连结点是在偶然情况下得以产生的，那么便会出现虚假冲突，失去与案件之间的联系，由此就有可能导致一方遭受不公正的审理。我们不能过于凸显最密切联系原则的优势，从而忽略了该原则模糊、不确定、不稳定的一面。同时，最密切联系原则应当追求法律适用的确定性、一致性与可预见性，因此要将其与传统冲突规则相结合，在通过其“软化”传统冲突规则时，也应在传统冲突规则中体现最密切联系原则的“硬化”，实现确定性与灵活性的平衡。如此才能延续最密切联系原则强大的生命力。现代社会生活的复杂多变不断冲击着传统的国际私法理论。此时，最密切联系原则提供了全新的法律选择道路，尝试寻找更为准确与完善的冲突规则，但其自身还有待于实践的考验，以便进一步发展。

2009年，周晓明的博士论文《论冲突法中的最密切联系理论》运用历史发展、实证分析及价值分析方式对最密切联系原则涉及的相关理论产生的社会背景环境、基本理论、实践基础及基本的价值取向等进行了针对性分析。以信息技术为基础的高新技术革命不但在宏观上凸显了涉外民事法律关系的特点及数量，同时也从微观层面对法律关系的主体客体及法律行为等进行了分析。相应地，冲突法应用领域也出现了新的研究方向。譬如，宪法对冲突法的影响就颇为明显，冲突法的主体及调整范围更加广泛、法律渊源也逐渐充实。基于此，该文从以下三方面论述了密切联系原则的基本理论：首先，法官对某一具体案件涉及的与主体、客体相关的连结点进行分析、考虑，最终确定的并不是模糊的法律体系，而是能够用来解决案件的具体的实体法律规则。其次，坚持平等原则与国家主权独立是确定最密切联系原则的前提条件，将利益分析法与连结点的考量相结合，权衡国家、社会、个人的利益，确定最密切联系的法律。最后，指出最密切联系原则的本质，分析识别、反致等各项冲突法制度之间的关系，以探究各项制度在冲突法中的地位与作用。通过实证分析法与比较分析法，从司法实践的角度来论述最密切联系原则在合同、侵权等主要领域的运用。随后，总结全文，分别从立法和司法层面提出了完善我国最密切联系原则的建议。

2010年，李冠群的博士论文《论国际私法系统视野下的最密切联系原则》对这一议题展开了深入、系统的分析。作者在开篇便对“系统意义上的国际私法”进行了范围的界定，为正文的论述打下了基础。正文部分首先对课题相关的国内外研究现状展开了汇总与分析，在此前提之下，对论题展开了深入的论述。其一，对最密切联系原则的内涵进行界定，并厘清其外延。其二，作者在论述过程中提出了自己的观点，对法律的核心机制进行了深入探讨，最终指出应对公共利益及私主体权利展开合理的协调，从而令其处于相对均衡的情形之下，在选择法律的过程中，应结合当前的公共秩序政策。同时，作者分析了最密切联系原则对国际私法的影响。在阐述这一内容时，他首先阐述了最密切联系原则与公共秩序政策的关系，进而分析了公共秩序政策给国内法带来的影响，接着阐述了多元法律体系公共秩序政策给国际私法带来的影响，最后阐述了最密切联系原则对国际私法的价值导向作用。依据这一阐述的逻辑，作者对这一问题实施了递进式研究。其三，梳理最密切联系原则的发展历程，充分了解传统与现代国际私法理论与方法的诞生、发展。其四，对比大陆法系国家与英美法系国家最密切联系原则的立法发展。其五，分析目前我国国际私法立法中最密切联系原则方面的不足，并从国内发展实际出发，提出了针对我国的优化建议。作者在结论部分对全文展开了总结，并对未来的研究进行了展望。该文在写作的过程中运用了多种研究方法，比如系统分析法、规范分析法、比较分析法、实证分析法以及政策与利益分析法等。这些分析方法在论文中起到了不同的作用：其一，系统分析法是学术界运用得较为广泛的一种研究方法，在使用系统分析法时，是将研究对象视作一种系统来展开综合性分析，重视整体与部分之间的关系与相互作用，同时也强调不同组成部分的关系与相互作用。在国际私法的研究中引入系统分析法，需要将国际私法视作一个整体的系统来进行考察，同时强调不同国家国际私法子系统存在的内在关系与协调性，构建完善、合理的国际私法理论体系可以为国际民商事法律秩序的有序发展提供服务。其二，政策与利益分析法是由美国冲突法学家柯里提出的，并且在“冲突法变革”之后，该分析法的运用越来越广泛。其三，实证分析、规范分析等其他的研究方法在理论研究与实例研究中都具有重要的作用。

（二）国外代表文献

1987，Richard Posner，*The Decline of Law as an Autonomous Discipline*. 在面临法律冲突时，最为常用的解决方法有多边、单边、意思自治等。这些解决方法中的任何一种都无法绝对主宰法律选择的问题。在法则区别说时代，占据核心地位的是单边主义。但是，实体法与意思自治原则也有自己的地位。此时，多边主义已经开始初步发展。至多边主义不断发展并占据主体地位时，意思自治原则仍然被各国运用。美国冲突革命时期，单边方法不断发展，但是，多边主义仍然在全球范围内占据重要的地位，特别是在大陆法系国家，多边主义的影响依然存在。时至当下，在解决法律冲突时，多法共存、多法共通成了一个时代的特征。分析国际私法的理论发展史我们不难发现，它是寻找法律选择方法的一个过程。在国际私法领域选择恰当的法律方法时，人们通常会将各种方法进行组合，从而更好地解决法律冲突问题。这些方法的共存与组合可以更好地解决问题，这是因为每种方法都有其自身的优势与不足，多种方法的组合可以实现互补。实际上，“方法的综合”也在一定程度上体现出了国际私法的不断成熟。在全球化的不断发展过程中，单边与多边已经形成互补共存的关系。任何国际私法理论都不能宣称只用一种方法来解决问题在当代已经达成了共识，单一的方法一定会存在漏洞，必定不能很好地应对所有的国际私法问题。所以，在选择解决方法时，多元化趋势十分明显。从价值取向层面来看，传统理论对于国际私法的“形式正义”比较重视。换言之，从形式意义层面的标准出发，将不同的案件进行均衡分析，从而令其在各个法律体系中存在，导致了不同的法律体系的实体规则相关内容没有被重视，甚至是处于被忽视的地位。只有做到形式上的逻辑性与正确性，才能确保多元法律体系的平等性，并有利于涉外判决一致性。现代理论对于国际私法的“实质正义”更为重视。换言之，多边案件应适用一些可以对整个国家、社会的利益起到良好推动作用的法律，或者是选择一些可以确保案件实体结果公正的法律，而将各个法律体系下的多边案件分配等视作次要的问题。随着国际私法的不断发展，各国的立法者开始试图针对国际私法对两种正义的要求进行合理的综合，在针对竞相适用的法律以空间联系紧密性作为依据展开形式判断的过程中，同步以内容来对其价值展开判断，从而实现二者的公平性。要想实施价值判断，便必须要确保多边主义的存在；要想实施价值判断，便必须要确保单边主义、实体以及意思自治的存在。传统理论与现代理论之间进行了综合与共通，这从本质上来看是国际私法四种基本法律选择方法之间的互相退让与共通。目前，国际私法的研究重心并不是选择新的法律方法、研究新的法律理论，而是要将四种基本方法在相同的法系体系中进行有机的结合。一方面确保其优势可以得到充分发挥，另一方面也可以克服彼此的抵触，从而构建一个“生态平衡”的状态。

1991，Peter Hay，*Flexibility Versus Predictability and Uniformity in Choice of Law：Reflections on Current European and United States Conflicts Law*. 20世纪中期，美国爆发了冲突法革命，该革命是冲垮传统冲突法体系的标志性运动。在革命过程中，学界和实务界曾运用诸多解决困难的规则，但最终却发现，并不是困难导致规则问题的诞生，而是因为有了这些规则才会有困难。将这些法律与规则抛弃，我们将会变得更好。美国冲突法思想特点的表现是激烈的反规则情绪。该情绪同学术界一致，即立法者通常不愿意涉足冲突法的研究领域，他们会刻意避开冲突法，从而让法律选择与立法形成对立，继而为自身避开冲突法的行为做辩护。换句话说，法院认为规则不可靠，他们注重对方法的研究。该方法并未明确准据法。为此，法院通常会在案件解决方案设计过程中考虑诸多影响因素与指导性原则。经过长期的发展，美国冲突法革命催生出了诸多新型的研究理论与研究方法。对于这些方法，证实规则并不适用，证实司法判例并没有对全部冲突法问题产生作用。近些年，美国出现的新型冲突法规则最明显的特点便是：一是僵硬性改变；二是机械性改变。换句话说，有了不少活力与弹性。譬如，新型规则尚未调节冲突法的全部领域，仅仅是调节了已被研究的领域，对未知领域通常是结合冲突法原则加以完善。新型规则存在的问题是无法解决全部案件遗留的问题，仅仅能够起到规范作用，譬如赔偿数额问题、损失分配问题。新型规则中还有大量的例外条款，其可被解释为：在立法中已然明确法官的权力，即修正冲突法会比回避冲突法更具调节法律规则的权力。

欧洲冲突法已然历经了浩荡的变革，并逐渐趋于稳定。要想实现灵活性目的就要采用“可选择性的连结点”，也就是在冲突规则中有两个或两个以上的连结点供当事人和法院进行选择。这种规则就是“结果选择规则”。该规则指的是在立法预先设定结果的基础上，实施法院在法律选择上的限制，否定了法院选择与当事人选择的法律自由。要想实现灵活性，还需找到弹性连结点，指的是根据冲突规则，当事人可自主选择合适的法律关系的准据法。抑或者，法院拥有自由裁量权，继而明确案件同某国法律存有的关联度，继而形成直接的、密切的、合理的法律联系。

从宏观层面，法律发展的历史主要表现为：变得更具灵活性的历史。在20世纪，欧美国家冲突法的演变过程有了不同的发展方向，具体呈现的特点是：人们开始追逐法律确定性与法律灵活性这两大特点的平衡性；美国冲突法俨然从僵硬的严格时期，演变为了抛弃传统冲突规则的革命时期。历经了长期的发展之后，美国冲突法已然迎来“折中时代”。其表现为：第一，冲突法更具确定性，是相比较“革命时代”而言的。第二，冲突法更具灵活性，是相比较“严格时代”而言的。欧洲冲突法一贯注重的法律的确定性向着法律的灵活性逐渐演变。虽然说其尚未历经革命，也并未历经突变，甚至可以说其并未应用抛弃规则而转向现代的方法。但是，其却拥有这样的特点：兼具近现代法律手段，即于确定性的基础之上，逐步控制并增加灵活性。

1994，Symeonides，*Exception Clauses in American Conflicts Law*. 社会正

义表现为一种具体结果，从表面上分析，其类似于危机环境中的救济行为，同时也是规则以外追求的最终目的，并不是规则自身的具体表现。人们逐步意识到，即便是在一个再简单不过的案子中，冲突规范也依然无法提供一个让人认可的结果，其可以被认定为是一种社会救济行为，也可以被认定为是“制定法律及应用法律之间的区别所导致的最后的结局”。最近一段时期以来，绝大多数的立法者都已经逐步认识到人们普遍认识上的这种局限特点，均在立法过程中赋予了法官矫正或者直接回避冲突决定法律适用的权力，这也催生出了冲突法相关立法中的例外条款。此外，例外条款的效力因其在法典中的具体位置不同而存在差异。综上，总则部分的条款可以起到统筹全局的作用，同时，其法律效力的范围非常广泛。有些法典在分则中针对某类法律关系设置了“一般法律规定”，该分则部分的例外条款是具有普遍性的。因而，这两类条款都属于总则性的例外条款。总则性的例外条款有两种表现形式：一是位于总则部分，其效力范围波及整个冲突法体系，从理论层面上看，所有的冲突规则都可以被排除，例如瑞士国际私法；二是位于分则部分，作为某些篇章的一般性规定，其效力范围不能超出该篇章，所在篇章的冲突规则可以被排除，例如罗马尼亚在合同方面的法律选择。法典一般会将最密切联系例外条款设置于特定冲突规则之后，这种立法模式常见于国际条约之中。传统的法律选择规则追求冲突正义，实现法律适用的明确性、规则性，作为例外条款的最密切联系原则有利于实质正义的实现。例如，瑞士国际私法根据不同的法律关系分别确定准据法。其立法的指导思想是“法律关系本座说”，即分配管辖权。而准据法很可能与案件之间没有联系，与实质正义不符。为了避免出现这种情况，作为例外条款的最密切联系原则有了可用武之地。诚然，最密切联系原则改变了机械的法律选择规则，但是如果该原则过于灵活，便不利于程序正义的实现。因此，应当有限制地适用最密切联系原则，从而矫正自由裁量权。

2000，Symeonides，*Private International Law at the End of the 20th Century：Progress or Regress.* 风靡20世纪的国际私法“革命”对传统国际私法的理论前提、冲突的表现形式及内容进行了彻底的批判，20世纪国际私法中涉

及的“革命”基本理论涵盖了政府基本利益、最密切联系原则及优化方式。当代国际私法的取向是传统方法与革命理论的融合。早在19纪末期和20世纪初期，两大法系便在多边主义制度及方式的基础上建立了国际私法的传统架构体系，该体系与古典概念主义、形式主义的哲学理论相互照应，建立了一个相对封闭的体系。法官们仅需要进行常规的推断就可以获取较为理想的结果。但是，国际私法体系仅维持了不久就受到了学者们的批判，并最终演化为一场危机。危机的爆发地在美国，又被称为“美国冲突法革命”，后来其影响波及全世界，被称为20世纪的国际私法革命。在此之前，欧美国家是国际私法的主战场，到了20世纪，美国接替了其地位。这场革命掺杂着批判和构建行为。这场革命起始于20世纪20年代的初期，截至20世纪70年代初期的《冲突法重述（第二次）》的发表暂且告一段落。此后，美国及其他国家的学者们开始总结这场革命理论，开始了对传统势力和革命激进力量的二次妥协、融合，革命是否成功应该以各种势力在组合中的占比作为判断标准。目前，国际私法的价值取向仍与传统的国际私法相关理论相互激发、相互融合。

三、基本概念

中国称“最密切联系原则”，美国称“最重要联系原则”，英国称“最真实联系原则”，加拿大称“就近原则”，奥地利称“最强联系原则”。学者们对最密切联系原则的定义很多。如有的学者将最密切联系原则定义为，法院在进行涉外民事案件审理时，并非根据某些因素来决定怎样使用法律，而是从“质”和“量”的角度，对与案件有关的主客观因素进行权衡，找到案件法律关系的“重力中心地”。该地的法律就是法院审理案件所应适用的法律。[1]再如，最密切联系原则是指，在选择准据法时，在与案件有联系的国家或者地区的法律中找出与当事人或案件具有密切联系的国家或者地区的法律。[2]又如，最密切联系原则是指在选择准据法时，综

---

〔1〕 丁伟主编：《冲突法论》，法律出版社1996年版，第187页。

〔2〕 王慧、戴庆康：“对国际私法中最密切联系原则的再思考”，载《中外法学》1997年第4期。

合考虑、分析与法律关系有关的因素，找出与当事人或案件最具密切联系的地方，该地就是案件应适用的准据法。随着国际私法理论、实践的不断深入发展，最密切联系原则的含义也日渐丰富。

最密切联系原则是指权衡主体的权利意识、国际民商事以及公共政策等法律关系，以便找出一种合适的法律，达到国家与事主体之间的利益平衡。“最密切联系”并不等同于“最密切联系原则”。前者是连结点，后者是指导性原则，也是系属公式。〔1〕连结点是寻找某一涉外民商事法律关系所适用的法律时的“路标”。例如，侵权行为需要考虑国籍、住所地、损害发生地等，这些要素就是连结点。连结点的表现形式是客观标志，一般是清晰的、可确认的。从形式上来说，连结点是将涉外民商事法律关系与某一地域的法律相连接的纽带。只要存在冲突规范就必然存在连结点，无论这些连结点是静态的、动态的，还是主观的、客观的，都有着各自的特点。冲突规范并不直接规定权利和义务，而是由连结点指引的某一地域的法律来确定权利和义务。从实质上来说，连结点也反映了涉外民商事法律关系与地域之间的内在联系，表示某一涉外民商事法律关系受某地域法律的管辖、约束。在选择连结点的时候，不能虚构，也不能随意选择。任何一个选定的连结点都代表某个涉外民商事案件与某一地区的法律存在客观上的必然联系，而正是这种联系决定了如何进行法律选择。例如，各国由于国情不同，对“人的能力”作出的规定也不同，而这些规定正是人做出行为的基础。再如，物之所在地法、行为地法等都是法律关系与法律之间实质联系的体现。连结点将“范围”与“法”相连接，起到媒介的作用。而某一涉外民商事法律关系会涉及两个或两个以上的法律体系，无论适用哪个法律体系都会涉及多元国家与私主体之间的利益关系。传统冲突规范无法适应变化无常的法律关系，其弊端也比较明显。这就需要有灵活的连结点对与涉外民商事案件有着密切联系的法律体系进行有效的结合，从而引导其选择最合适的法律。“最密切联系”的连结点之所以是开放的，首先是因为其是将涉外民商事法律关系与多元法律体系相连接的桥梁，其次

〔1〕 李双元等：《中国国际私法通论》，法律出版社1996年版，第110页。

是因为其是公认的“方法”，从中选择最合适的法律。不同之处在于，一般的连结点只是将涉外民商事法律关系与某个单一的法律体系相连接。“最密切联系”和“意思自治”的运用确立了法律选择上的普遍标准，即适用的法律规范既要衡平国家与私主体之间的利益关系，又要与涉外民商事法律关系存在直接的、实质的联系。最密切联系原则不仅是一种原则和学说，更是一种法律选择的方法。

一些学者认为，最密切联系原则的对象是一个地区或国家，换句话说，它是推行特定法律制度的某一地理范围。部分学者指出，最密切的联系即为法律，而非特定的地理范围。还有学者指出，最密切联系原则的目标不单单是“国家”，同样也有“国家法律”。第一种观点基本上是强调法律关系和地点之间的联系。首先，综合分析和评估空间连接所涉及的因素，以找出最密切相关的地方，然后以该地方的法律作为适用法律。如果我们仅仅发现管辖权，认为它是一个巨大的成功，缺乏对其的理解，甚至对管辖权中法律规范的内容漠不关心，便容易给出错误的判决结果。此时，最密切联系原则的作用并未发挥出来，而且或许会被死板的冲突规范所限制。第二种观点是最密切联系原则是和法律的联系。如果忽略了对法律关系相关事实的定量和定性分析，法律的内容和适用将被直接考虑，而不会寻求最密切相关的地方。那么，在面临国际民商事案件时，法官该如何选择才能够实现更高的判决效率？管辖权的确定，实际上是进一步缩小和明确了待选择法律的范围，从而将更多不适用的法律排除在外。所以，在选择法律时，必须兼顾管辖权，而非仅仅以法律的内容为依据进行选择。第三种观点更合理，但其表述仍有疑问。最密切联系原则的目标指向管辖权和法律，但并不完全局限于该管辖权的法律。事实上，在大致划定过管辖权之后，法官据此判断特定的法律是否适用，从而确定和本管辖权相应的法律规范是否适用于国际民商事案件。不过，和管辖权相应的法律是否能够有效地规范法律关系这一点无法确定，有时会有不完善的管辖权法律规定，若法律不能有效地调整具体的涉外民商事法律关系，就会陷入无尽的尴尬困境。所以，最密切相关的法律并非真正的密切相关的法律。在这种情况下，基于高效解决冲突的考虑，法官可能会依赖其他法律，而不是最密切相关的司法管辖区的法律。此外，仅仅将最密切相关的区域指给“国家”是不准确的，因为一些国家是多法域国家，存在着区域间法律冲突和独立的立法权。在只有最密切相关的地点而没有详细说明的情况下粗略地指向“国家”，在实践中可能很难操作。

最密切联系原则的客体应该被表述为“法域”和“法律”，二者能够很好地代表立法和司法。从立法角度来看，最密切联系往往指的是法律关系和管辖权的联系，它的核心因素往往与地理位置有关，比如国籍、居住地、履行地等。立法机关在设计法律选择规则时会确定所有法律关系所援引的法律。不过，这仅仅是对法律的虚构引用，法律关系和法律之间的关系主要是从与某一管辖区的联系中推断出来的，并非针对这一管辖区的法律。所以，从立法角度分析，最密切联系原则指向的是“法域”。如果发生了案件，法官必须基于现行的法律选择规则，结合相关的事实因素展开分析和权衡，确定最密切相关的管辖区，最后才是对法律内容加以考量以选择适用的法律。如此一来，法官才能明确地知晓法律和具体法律关系的关联，以及法律对法律关系的适用结果。若法官在充分了解法律关系和管辖地法律内容后，认为预先制定的法律和法律关系的关联性较弱甚至是无关联，且适用的法律难以确保判决结果的公平性，甚至会影响到当事人的权益，此时就应该由法官发挥自由裁量权。决定不适用依据法规所援引的法律，而是选择和案件更为契合、更能实现各方利益平衡的法律，从而弥补法律选择规定在确定法律适用方面的不足。〔1〕实际上，在司法活动过程中，应该充分发挥法官的主观能动性，对法律的政策、目的和利益进行全面的权衡。这样就能够找到和法律关系联系最紧密的法律，并以此为依据确保判决的公正性。由此证明，从司法角度来看，最密切联系原则应该指向“法律”。最密切联系原则是指“法域”以及“法律”，充分揭示出了各个阶段立法和司法选择的互补性。因此，我们不应单方面地认为最密切联系的原则只指“法域”或“法律”，更不要说将两者分开了。

最密切联系原则可指向国际条约或国际惯例。国际条约，指的是两个

〔1〕 沈涓：《中国区际冲突法研究》，中国政法大学出版社1999年版，第165~166页。

或更多国家或地区，根据国际法形成、调整和消灭所涉及的权利义务的一致意思。[1]从法律特征角度而言，国际条约的主要内容是权利和义务，它阐述了缔约国所具有的权利以及义务，体现出了强制性特征。基于国内法来判断国际条约的性质的做法是非常狭隘的。国际惯例是一种不成文的行为准则，在国际交流中反复实践后，已被世界各国承认为法律。国际商事惯例指的是不具有法律效力的贸易规则。后者有可能在各个商业主体不断交往的过程中演变为法律。然而，对于此类惯例的法律性质，学界至今都有一定的分歧。部分学者否定了其法律性质，这主要是因为它不具有法律的可预测性、权威性以及连续性特征。而持有相反论点的学者则指出，它属于特殊的法律，表现出“自主性”的特征，不能用传统意义上的国内法标准来衡量。[2]这种分歧实际上反映了学者们对什么是法律的不同看法。然而，法律多元化是一个客观事实。“通过观察社会生活可知，政权强加的法律并不是法律体系的全部，后者还应该包括特殊的法律条款。以往，在法律效力方面，仍然有一些法律不是由普通社会的组织权利产生的，比如超国家法和国家法等。”[3]国际商事惯例属于超国家法律，其并非来源于整个社会的组织能力。其在国际商业往来中扮演着重要的角色。这使得我们有必要赋予实践、行为准则以及各种团体的指南、某一团体普遍接受的协议以法律地位，和其他被认为在法院没有强制执行权的安排。[4]学者柯泽东认为，国际商事惯例具有法律性，并从普遍性、权威性、制裁力等方面进行了论证。[5]由此可见，国际商事惯例是在跨国商务关系发展过程中诞生和演变的。经过相关国际组织的解释和规范，它们更加具体和明确。国际条约和国际惯例具有的法律性质是其被当作最密切联系原则目标的重要基础。

---

〔1〕 李浩培：《条约法概论》，法律出版社2003年版，第3页。

〔2〕 徐国建：“现代商人法论”，载《中国社会科学》1993年第3期。

〔3〕 ［法］亨利·莱维·布律尔：《法律社会学》，许钧译，上海人民出版社1987年版，第22页。

〔4〕 M. Schmitthoff, *Commercial Law in a Changing Economic Climate*, New York: Sweet and Maxwell, 1981, pp. 23~24.

〔5〕 柯泽东：《国际贸易法专论》，三民书局1981年版，第31~41页。

国际条约是不同国家为解决矛盾而达成和解后产生的，是所有缔约国意思的共同表示，国际惯例是得到多个国家的肯定，经过不断实践而获取的结果。所以，将适当的国际统一实体法条约或国际惯例当作最密切联系的法律，如此一来，若双方意见存在严重的分歧，无疑可以为解决这一问题提供新的途径。法官很容易在各国公开的文本信息里面找到实体法条约或国际贸易惯例（比外国法律的内容更容易找到），因此法院愿意将它们作为可适用的法律。在不损害国家主权的基础上，如果想让适用国际条约或国际惯例的可能性逐渐增加，就需要借鉴国际私法的内容，这对创造全球共同发展的法律环境、营造更和谐的经济秩序来说是很有帮助的。如果所有国家都致力于此，它可以确保适用于法律的相同涉外民商事法律关系以及判决的一致性在不同国家的法院诉讼中产生，此即为国际私法的目标之所在。根据最密切联系原则，国际条约或国际惯例能够为跨国商业活动进行高效、方便的保驾护航。国际私法在调整国际民商事关系时，应该保障其便利性，尽量避免对国际民商事交流的效率造成负面影响，使商务关系相关主体能够尽快解决纷争。在确定法律关系适用的法律时，法院需要弄清楚一个公平、合理的商人将如何处理这一问题，这个人会从商业效率的角度考虑，采用最快捷的方式来解决争端。国际商务交往能否方便地进行，从微观来说会影响当事人的利益，从宏观来说则会影响国际商务关系的发展。所以，从这两点来看，经过不断演变而进入成熟阶段的国际商事惯例和国际公约应该被当作和某一法律关系密切联系的法律。它们和国际商业之间存在紧密的关联，而且是在提炼、归纳大量的实践经验后产生的。因此，它们相对完整，能够满足国际商业活动对效率的要求。和国内法对比来看，国际商事惯例和国际公约是确定适用法律的合理依据。同时，在司法实践中，最密切联系的法律可能无法发挥应有的作用，这使得国际条约或国际惯例具有了可用武之地。目前，有些条约规定最密切联系原则可以适用于国际实践。比如，《美洲国家间国际合同法律适用公约》的相关内容指出，如果当事方放弃了选择法律的权利，应该以和合同关系最密切的国家法律为依据。在这一过程中，需要结合和合同相关的各项因素进行考量。另外，国际组织认可的现代商法也应该作为待选择法律之一，比如国际惯例、一般法律原则、国际标准合同等。《美洲国家间国际合同法律适用公约》针对由最密切联系原则指向国际惯例进行了探索，这一原则能够令法官选择国际条约或国际惯例。不过，当前的条件还不成熟，还需进一步的发展和演变。随着人们对法律认识的日益健全，国际条约和惯例日益成熟、作用日益凸显，随着经济全球化的发展，适用国际条约和惯例的那一天总会到来。

对国际私法的发展历程进行分析，无论是理论研究还是司法实践，一直在密切关注法律适用上的“适当性”。古希腊法典曾规定，合同应当受“最适当”的法律支配；萨维尼提出，应当根据法律关系的性质来选择“最合适”的法律；美国俄勒冈州的《合同法律适用法》规定，特定问题的解决应当适用“最恰当”的法律。19 世纪，欧洲各国积极制定法典，使政治合法化。这一时期国际私法的日趋成熟是与欧洲各国对程序正义的热切追求分不开的。传统国际私法通过连结点来确定内外国法律的管辖权范围，而不是仅凭某个国家的意志便决定法律的适用。西蒙尼德斯评价说，传统国际私法有一个基本前提，即国际私法的职能是保证争议与所适用的法律之间存在“最适当”的联系。古典学派中的假设是适当国家的法律，即是适当的法律。在这种理论之下，适当与否应由地理术语来确定，既不是根据准据法的内容，也不是根据准据法提供的方法。20 世纪，冲突法革命在美国爆发，人们开始逐渐注重冲突法的实体价值。西蒙尼德斯指出，根据现代国际私法理论，无论是国际案件还是国内案件，法官在进行审理时都要公平、公正地解决争议。国际私法既应当追求冲突正义（形式正义），也应当追求实体正义（实质正义），要分析准据法，判断其能否实现结果的适当性。现代冲突法理论并不是要完全取代传统冲突法理论，而是要对其进行适当的矫正。〔1〕

实体公正不仅是法律的立法之本，也是法律的最终目的，国际私法也是如此。而在国际私法领域中注重实体公正主要是因为国内法判断实体公

〔1〕 参见［美］西蒙尼德斯：“20 世纪末的国际私法——进步还是退步?”，宋晓译，黄进校，载梁慧星主编：《民商法论丛》，法律出版社 2002 年版。

正可以根据本国的法律体系来进行，但是在国际私法中有法律体系冲突的存在，想要实现实体公正，就要确保准据法能够带来具有适当性的结果。但是，被选择的内国法或外国法是被判断的对象，而不是衡量实体公正的标准。到了近现代，国际私法出现了“回家去”的趋势。如有些荷兰学者就主张通过确定管辖权来确定法律的选择，系某个国家的法院只要对案件有管辖权便可以直接适用本国法律，这使得法律选择问题成了管辖权问题。但是，这种方式会导致“法院地法中心主义”泛滥，对于国际私法的发展来说是一种倒退。〔1〕国际私法面对的是解决法律体系的冲突问题，这也是它与其他法律部门的不同之处。法国学者巴迪福在《国际私法之哲学》中提到了“协调”，即冲突法是在尊重各国法律独立性的基础上，充当不同法律体系的“协调者”。〔2〕他提出，应当对各国的法律制度进行系统分析，然后采用实证对比的方式不断加以协调。沃尔夫也提出，国际私法要追求“法律协调”。显然，如果国际私法要合理地解决法律冲突问题，便应当处理好国家和私主体之间的利益关系，需要适用国际公认的方法、原则，否则便会无所适从。各个国家的内部和外部都有着非常复杂的利益关系，国际私法要对每一类利益关系进行分析判断，以便满足国际需求，否则又将面临机械、呆板的局面。在经济全球化的今天，法学理论受到各种现代思潮的强烈冲击，传统思维与现实需求难以适应，传统的法律规则没有预见到现代的难题。

最密切联系原则的本质是为国家和私主体之间的利益关系服务，根据一定的方法对利益进行衡平，对有冲突的利益进行协调。人类社会在冲突中发展是符合“衡平”理念的，任何一项法律规则都是在利益协调的基础上产生的。创制法律，不但要协调各种利益，而且要根据不同的情况解决新的冲突，找出各种利益的最佳结合点。〔3〕最密切联系原则的适用离不开法官们的主观判断。部分学者提出，最密切联系原则在很大程度上赋予了

---

〔1〕 宋晓：《当代国际私法的实体取向》，武汉大学出版社 2004 年版，第 355 页。

〔2〕 韩德培主编：《国际私法新论》，武汉大学出版社 2003 年版，第 55 页。

〔3〕 孙国华主编：《马克思主义法理学研究——关于法的概念和本质的原理》，群众出版社 1996 年版，第 254 页。

法官自由裁量权。在国际私法的发展过程中，根据国际社会本位理念，最密切联系原则的内容也在不断丰富。国际交往的有序进行不仅对各国的生活交流具有积极意义，对国际发展的长远性也有重要作用。国际私法在发展过程中需要充分考虑各国的经济、政治、文化历史等各种利益因素，最密切联系原则有利于这一目标的实现。

在国际社会的交往中，并不存在某个超级国家凌驾于其他主权国家之上统一制定法律规范。因此，国际社会也很难出现一种适用于所有领域的国际民商事实体公约。传统国际私法理论强调平等对待内国法和外国法，采取双边、多边的立法模式，但忽视了协调国家间的公共政策冲突，将法律冲突局限在主权冲突的问题上，致使法院地法中心主义盛行。一些思想开放的法典给予了国际私法中的意思自治以一定的空间，也尝试运用到除合同之外的其他领域，但是这种开放毕竟是有限的。〔1〕最密切联系原则的出现并非偶然，而是国际交往发展到一定阶段的必然产物。其最核心的思想是基于国际社会本位理念，实现国家主权私主体之间的协调与统一。而国际私法的发展动力主要来源于国际社会的客观需求。和平与发展是世界各国的共同主题，各国家、各民族相互依存，国际交往的稳定、有序更为迫切。在互惠互利的国际社会中，国际私法的思想理念自然也要向国际社会本位转变，这必然会引起国际私法领域的变革，从“割据”到“合作”。如果没有国际社会公认的方法、标准来进行规制，国际私法的不和谐还将继续下去。最密切联系原则是由当下社会、经济、生活条件所作出的法律上的释明，在一定程度上重构了现代国际私法价值体系。〔2〕最密切联系原则在美国被确立之后，现代国际私法一方面向实体靠拢，将原则与冲突规范相结合，以求实现形式正义和实质正义的协调统一；另一方面，对于国际民商事法律关系，出现了很多区域性的统一实体法公约，而且越来越表现出趋同化的特征。最密切联系原则在国际社会的广泛适用使各国国际私

〔1〕 李双元、邓杰、熊之才：“国际社会本位的理念与法院地法适用的合理限制”，载《武汉大学学报（社会科学版）》2001 年第 5 期。

〔2〕 谭岳奇：“从形式正义到实质正义——现代国际私法的价值转换和发展取向思考”，载《法制与社会发展》1999 年第 3 期。

法之间的合作不断加强，发展速度也更快，对每个国家的法律观念、国际私法制度都起到趋同作用，使其遵循人类福祉的发展方向。

四、研究思路与方法

（一）研究思路

本书从最密切联系原则的发展轨迹着手，分别从法律关系本座说、美国冲突法革命、美国早期司法实践以及最密切联系原则的最终确立来分析最密切联系原则与其他法律选择方法的联系与区别，找出最密切联系原则的优势与劣势。最密切联系原则作为一种理论，有着深刻的思想根源。本书将从哲学、经济学、法律价值的角度对最密切联系原则的产生、发展进行分析。随后，阐述最密切联系原则在主要国家的重要领域中的运用，对我国最密切联系原则的适用进行实证分析。最后，总结最密切联系原则的发展趋势。

（二）研究方法

1. 法哲学分析方法

按照唯物辩证法的否定之否定理论，法律关系本座说同最密切联系理论存在异同。由于基本含义类似，前者成了后者理论形成的基础。假设掺入一定的主观思想，后者将成为前者的否定，该否定的特征也会越发明显。法律关系本座说明确提及法律关系对应的是一个本座，我们可借助此类学说，设计整套机械化、具备法律效力的规范制度。最密切联系理论同法律关系本座说中提起的设立规范制度想法要求一切争议均应当参考法官或者当时立法者的指导进行判断。由此，法律关系本座说中提及的最密切联系理论恰巧是哲学唯物辩证法否定之否定理论在国际私法背景下的重要表现形式。

2. 价值分析方法

法律适用的价值在于：一是正义、安全、效率、灵活；二是确定、稳定、统一、可预见；三是符合国际与国家的权益与利益，维护主权与秩序；四是满足双方当事人的期望。立法主体与司法主体在运用法律时追求的本质目标便是实现价值最大化。此外，最密切联系理论运用的前提条件是：其一，转变传统法律适用的盲目性、机械性；其二，进一步体现法律适用的灵活多样性；其三，选择经典的法律手段，让其符合现代法律选择方法所追求的根本价值。如此便可保持传统法律选择方法的冲突正义的目标，将法律选择方法的关注重点落在实体正义上。

3. 实证分析方法

中国法律适用理论不成熟，引荐外国法律理论与实践成果势必要借助实证研究的方法，对最密切联系理论进行深入分析。根据现代司法个案的调研结果，我们能够清晰地发现我国运用最密切联系理论是符合中国国情的，也是我国设计与落实完整的法律使用理论制度的基础。

4. 法经济学分析方法

针对最密切联系理论的研究可从经济学角度入手，如对机会成本、激励机制等理论进行分析。国际私法个案的运用可结合最密切联系理论，具体内容在于对法院法官的权力进行限制，如自由裁量权。反之，如果不加以限制，便容易出现追求实体正义的问题，从而让整个法律裁判结果同实际不相符，让当事人失去翻供的机会。最后的结果：一是行为收益损失；二是机会成本增加；三是法律适用效率降低；四是诉讼费用增加，法院资源浪费。经济学中的激励机制的原理则表明：法律是将来人们行为变化的激励手段。精准的法律能够传递正能量，让人们积极地参与到法律活动之中。最密切联系理论明确指出，法律的不精准、不明确性是双方争议无法解决的客观影响因素。

五、可能的创新点

学界一直认为，现阶段能达到的创新，即是在前人的基础上做全新的梳理，或是架构形式，或是思考方法。关于最密切联系原则的论文有许多，但作为国际私法中的一种基础理论，其仍具有继续研究的必要性。本书将从法哲学角度探讨最密切联系原则的产生动因，从经济学角度对最密切联系原则进行成本问题分析，从法律价值角度找寻最密切联系原则的价值取向，总结并汲取国内学者们的理论，对最密切联系原则进行思考分析。

第一章
最密切联系原则的发展脉络

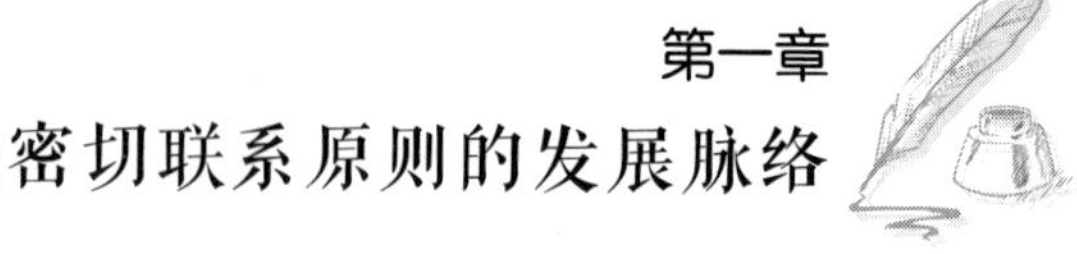

每一种理论的产生、发展、蓬勃和兴衰都有历史必然性，社会发展的步履不停，且社会状况会制约理论的发展。从萨维尼的法律关系本座说到美国的冲突法革命，再到最密切联系原则的确立、成熟，体现了“顺社会潮流”的发展规律。

第一节　最密切联系原则的萌芽

作为最密切联系原则的理论源泉，萨维尼的理论推翻了“法则区别说”，从根本上改变了进行法律选择的方法，将法律关系分类，并确定了法律关系的“本座”；建立了机械的法律选择规则，追求形式上的正义，影响着后世的理论发展。

一、法律关系本座说的内涵

最密切联系原则作为一种理论，学者萨维尼提出的法律关系本座说是该原则形成的基础。德国著名的历史学家、法学派代表萨维尼，于1849年发表《论法律冲突以及法律规则的地域和时间范围》一文，其被收录在《现代罗马法体系》第8卷。萨维尼在文章中仔细地阐明了法律关系本座说，使得该学说成了历史上法律选择方法形成的理论基础。法律关系本座说是将普遍主义作为起点，将国际法律体系冲突与矛盾作为主要内容，将探索统一的、标准的法律选择方法作为出路的一大理论。该理论在开篇便不同以往，主张平等地对待内外国法律，一视同仁。该理论的核心理念是要将某一领域的涉外民商事法律关系同某一国家或地区进行联系，从而定位法律关系的本座。当然，也要根据该关系的本质属性，明确“本座”所处区域的法律。[1]由此，不管是在哪个区域提起的诉讼，同一个案件都能适用同一个法律，获得统一的判决。这便是法律关系本座说的理论根基，也是其追求的最终目的。

法律关系本座说认为，一个“空间”对应一种法律关系；一个法律关系对应一种“本座”。“本座”实为领域，是指合适的、关联度高的涉外民商事法律关系区域，是涉外民商事法律关系性质上的归属。法律关系本座说为何着眼于寻找每一个法律关系的本座？本质原因在于：探寻众多法律事件真相过程便是法律主体关系形成的基础，而有关法律的事实真相是可以被区隔开来的，因而我们将其视为法律事实最重要的所在地，即“本座”所在地，以“重要的法律事实”作为“桥梁”。在特殊制定的法律关系形成时，法律事实会与特定的区域联系在一起。萨维尼提及，同个地域的法律一经联系，若是其法律关系属性存在差异，其本座也会有所差别。冲突法存在的意义便是探寻法律关系同地域间存在的某种“联系”。该联系是重要的连结点，是能够让法律被场所化的关键点，即特定的法律关系和特定的法域适用连结点所在地的法律。基于法律本座说理论，法官们的首要任务便是要将法律事实剥离开来，从而真正明确被场所化的法律关系，而起关键作用的法律事实的选择往往是固定的。一般包括：住所、物之所在地、法律行地、法院所在地。[2]如此，法律关系本座可演变成如下公式：“法律关系本座说=法律关系+连结点+某一国家或地区的法律。”该简化后的理论便是萨维尼设计的经典的法律选择方法，即明确好连结点，找出法律关系与某一国家或地区的法律之间的联系，根据“联系”适用准据法。国际私法引入萨维尼的“联系分析法”，使自身具备了解决法律冲突的可能性。

萨维尼还提供了适用法律的程序：“识别→寻找连结点→决定准据法。”法官面对一个案件时，首先要确定该法律关系的性质，其次要按照法律关系的差异性，综合分析、衡量其同法律关系的地域存在的联系（即

〔1〕［德］弗里德利希·卡尔·冯·萨维尼：《法律冲突与法律规则的地域和时间范围》，李双元等译，法律出版社1999年版，第2页。

〔2〕Joseph Henry, “Treatise on the Confl ict of Laws”, New York: General Books, 2012, p. 140.

本座)，最后根据本座所在地的法律来决定应当适用的法律。其间，要分析、分类法律关系的基本属性。综上，萨维尼是罗马法的重要继承人。在罗马法的私法领域中，“人→物→契约→行为”的流程是罗马居民约定形成的顺序。萨维尼提及，法律规则的适用群体是人，调整的同样是人，然而他并没有将概念局限在“属人主义”。人支配物，就会因进入物的空间而进入某一外国法的管辖范围，这便产生了“物的法则”。而“债的法则”是指人能通过债务关系控制人，人要无条件地遵循国家法律、服从国家意志。由此，萨维尼针对法律关系的不同属性将涉外民商事法律关系划分成：“人、物、行为、债、程序”等类别，并提出了相应的法律关系的本座。

首先是人的法律关系本座。萨维尼从市民、城邦、法院三个方面指明了居住地同人之间的联系。人赖以生存的归属便是住所，其所形成的人与人的身份、地位、行为和能力关系，通常是将住所地视为本座。他赞同以“住所地法”为属人法，反对以“本国法”为属人法。罗马法认为，住所是确定人的场所的因素，是人的生活中心。同国籍相比，住所更能体现人与某一国家或地区的联系。假设某人居住在不同的住处，那么居住地当地的法律便是能够被适用的；假设某人尚未拥有居住地，那么出生地的法律便是能够被适用的，或者是先前居住地的住所地法；假设某人居住地不详，则需要适用居所地法。

其次是物权法律关系的本座。萨维尼认为，应用物权客体的基本属性，明确物权法律关系所直接关系的地域或物。物占有一定的空间，且物权法律关系需要通过物权体现。为达到物的使用权、所有权，人往往会主动参与到物所在的场所之中。此时所涉及物的所在地法便是物权的本座法、身份行为的本座法、财产行为的本座法，或者标的物的本座法，其本座都是行为产生的所在地域。由此，一切的行为法都是遵循“场所支配行为”的基本方法。至于程序问题的本座则是法院地，应当适用法院地法。[1]

再次是债权法律关系的本座。债可以被分为侵权之债和合同之债，侵权之债应当适用损害结果发生地法，合同之债应当适用合同履行地法。萨

---

〔1〕 李双元主编：《国际私法学》，北京大学出版社2000年版，第58~59页。

维尼认为，债并不占有空间，是无形之物，我们应当从发展中寻找可见的现象，将不可见的债的实体归属于这些可见的现象，进而使债成为有形物。[1]有形的现象包括债的履行地、债的发生地，二者都是在有形事实的基础上产生的，都是在债的发生、债的偿还的事实基础上形成的。债的发生地一般具有偶发性，因此不应当以债的发生地作为本座所在地；债的本质是履行，这才是双方当事人的预期和目的所在，因此债的履行地应当作为债的本座所在地，履行地最适合体现债的形态。同理，损害赔偿请求权应当适用损害结果发生地法，而不应当适用侵权行为实施地法，其本座为损害结果发生地。

最后是婚姻家庭法律关系的本座。萨维尼认为，婚姻法律关系的本座应当是丈夫的住所地；亲权法律关系的本座应当是子女出生时父亲的住所地；设立监护法律关系，势必要同监护人员所处地域的住所地法相适应，通常为父亲的最后一处居住地。在管理方面，应当适用有权管辖监护人职责的法院地法。继承的重要性便是待财产所有者逝世后根据其遗嘱将财产正式转交、转移给继承人。即财产所有人的权利和意愿不会因人的死亡而终止，仍然会发挥作用，因此继承法律关系的内容依然是人的权利和能力。萨维尼认为，继承法律关系的本座通常为被继承人死亡所在地居住地，同遗产所处位置、是否为动产没有关系。

此外，法律关系本座说也存在不足。萨维尼主张，不能一味机械地理解适用，更不能完全复制适用，应当注意到适用时的例外：一是根据法律关系本座适用的外国法，违反了一国的强行法（相当于现代国际私法中的直接适用的法）则应当排除适用该外国法；二是不被一国承认的外国法律制度（相当于现代国际私法中的公共秩序保留）也应当被排除适用。应通过法律关系的本座理论，分析法律关系的性质，找出具有本质联系的地域，确定本座，以便指引法律的选择。萨维尼的法律关系本座说开辟了选择法律、解决法律冲突的新路径。相较于巴托鲁斯（Bartolus）的“法则

〔1〕［法］亨利·巴蒂福尔、保罗·拉加德：《国际私法总论》，陈洪武译，中国对外翻译出版社1989年版，第332~333页。

区别说”，“联系分析法”具有科学性。更有学者认为法律关系本座说是国际私法发展进程中的“哥白尼革命”。[1]

虽然萨维尼的学说具有里程碑式的意义，引起了国际私法理论界的革命，然而，由于社会的进步与经济的发展，暴露出的理论应用问题越来越严重。萨维尼提出，法律关系不同，其性质也不同。由此，设立统一、绝对的规范规则，进而明确法律本座是非常不切合实际的做法。[2]如前所述，萨维尼将法律关系分为五种，用以分析法律关系的本座。然而，问题依旧存在：首先，复杂的法律关系过于简单化，且每一种法律关系都只能拥有一个本座，即只能场所化一个国家或地区。其次，法律关系本座说着重关注法律适用的确定性，选择客观连结点，忽视了主观连结点，更不必说规则内容和适用结果了。[3]在萨维尼看来，国际私法主要是按照法律关系的性质来寻找法律关系的本座，只是用来寻找适用何种法律来解决法律冲突而并不考虑法律规则的内容。其只关注了法律选择的程序，却忽视了法律的实体内容。这种理论能够实现审判结果一致性的目标，但它不是直接调整法律冲突，而是通过客观的、单一的连结点来寻找冲突规范，进而选择应当适用的法律，即“按图索骥”，法官几乎没有自由裁量权。为了追求法律适用的确定性，仅仅简单地分析地域的关联性，局限于“最好的法”是法律关系本座说的缺陷。一味地追求确定性可能会收到适得其反的效果。约翰·迪金森（John. Diclinson）说：“不仅需要确定性的规则，还需要规则是以正义为基础，以考虑人的能力、要求为基础，反之该规则就不可行；且它已经违反了一贯的判断标准，便只会被人们不断地违反，确定性在最后无法得到提供，这也就成为该规则确定性存在的原因。”[4]最后，法律关系本座说将“联系分析法”视为立法者的特权，是立法者在适

---

〔1〕 O. Kahn-Freund, *General Problems of Private International Law*, Germany: Springer, 1980, p. 76.

〔2〕 马德才：“论萨维尼的‘法律关系本座说’在国际私法发展史上的影响”，载《甘肃政法学院学报》2001 年第 1 期。

〔3〕 宋晓：《当代国际私法的实体取向》，武汉大学出版社 2004 年版，第 92 页。

〔4〕［美］E. 博登海默：《法理学：法律哲学与法律方法》，邓正来译，中国政法大学出版社 2004 年版，第 332 页。

用法律之前所做的一种预设，而法官是没有作为的，法官只能按照预设的路径前行，听从冲突规范的指引，至于准据法是何内容，却一无所知，更不用说适用结果了。可见，这一时期的冲突规则是将实质正义排除在外的。

二、法律关系本座说与最密切联系原则

最密切联系原则既保留了法律关系本座说的基本理论结构，又在最大程度上矫正了传统法律选择方法的机械性、僵化性，它是美国冲突法革命中“联系分析法”的具体表现。

首先，最密切联系原则来源于萨维尼的法律关系本座说，萨维尼理论的应用价值在于了解法律关系同某个国家、某个地域存在的关联度。最密切联系理论正是因此而诞生的。该理论的表现是直接的、全面的，并且总体是以此主体法律关系为起点，以探寻连结点为中间点，以便使法律关系“到达”合适的国家或地区。

其次，最密切联系原则是传统法律选择方法的重要理论基础。该理论的内容可被表示为“法律关系+连结点+某一国家或地区的法律”，并在此基础上得到了积极发展。传统法律选择方法并不是一无是处，当时的社会经济条件、学说理论、实践经验造就了固定的法律关系本座，即连结点。应当说，从普遍的角度出发，同一个案件的诸多关系便是法律的连结点。譬如，合同签署后，其适用的通常是合同缔结、履行、侵权的国家或地区的法律。并且，该法律有且仅有单一、唯一的连结点，只有这个连结点具有偶然性时才有可能出现“虚假冲突”，即其同案件形成的捏造、伪造的联系，最终形成的往往是非正义、非公正的结果，但我们不能就此完全抛弃传统的法律选择方法。通过最密切联系原则理论对传统冲突规范进行升华，改造固定、单一、机械的连结点，能够赋予传统法律选择方法全新的生命力。一些硬性冲突规范逐渐出现在国际私法中，并呈现递增的趋势。在最密切联系原则的指导下，这些硬性冲突规范依然采用传统法律选择方法的基本结构是最密切联系原则的重要表现、重要内容，说明最密切联系原则同传统冲突规范已经密切、充分地结合在了一起。

最后，最密切联系原则对“法律关系本座说”有着明显的继承性。“本座所在地”和“最密切联系地”相似度颇高，二者都要对多个连结点进行考虑衡量，以便指导人们分析判断连结点同具体案件是否存在真实的联系。“法律关系本座说”指明的正是这种真切的、真实的联系存在，且其存在于本座、法律关系两者之间，也就是最密切联系原则中提及的“联系”。〔1〕英国法学家诺思（North）、戚希尔（Cheshire）均主张，虽然英美法排斥逻辑，以经验为基础，但是从客观层面来说，司法实践中法院选择准据法的方法与法律关系本座说的方法是一致的，即考虑分析与案件有关的具体情况，找出最具意义的联系的法律体系，以便适用合适的法律。〔2〕最密切联系原则就是法律关系本座说这一传统理论现代化的结果，二者在思想上、本质上是一脉相承的。〔3〕但是，法律关系本座说是居于具体冲突规则背后的，是形式上的。确定适用的法律选择规则是具有法律效力的，法律关系本座说只是它的理论体系。而在现代国际私法中，最密切联系原则既可以居于身后，又可以走到台前，既可以统帅全局，又可以迎头赶上。此外，在最密切联系原则面前，所有的具体冲突规范的法律效力都是不确定的，由它们指引的准据法很可能会被其他的、更具有密切联系的国家或地区的法律所取代。〔4〕因此，哪一个“本座”最为重要，应当根据具体情况来判断。

三、法律关系本座说与形式正义

（一）从法律关系到分配立法管辖权

萨维尼的“法律关系本座说”结束了“法则区别说”的统治，开创了以法律关系的性质为出发点的分析方法，该理论注重法律关系和法律制度在逻辑层面上的联系。法律关系虽然存在差异，但是都拥有最本质、最明

---

〔1〕 韩德培主编：《国际私法新论》，武汉大学出版社2003年版，第55页。

〔2〕 李双元：《国际私法》（冲突法篇），武汉大学出版社2001年版，第311页。

〔3〕 于飞：“最密切联系原则的发展与适用”，载《法律科学（西北政法学院学报）》1995年第5期。

〔4〕 宋晓：《当代国际私法的实体取向》，武汉大学出版社2004年版，第126页。

确的“本座”。法院势必要按照法律关系属性明确本座。本座说的法律，即案件当地所属的法律。该本座说提出的意义在于：明确法律关系的基本属性，明确关系所属的法律制度，法律关系的性质决定了解决冲突应当适用的法律，这是一种法律关系分配立法管辖权的理论。

“法律关系本座说”这一传统冲突理论，其冲突规范的连结点特征具备单一性、封闭性。首先，明确连结点与法律关系只能一一对应，且只有唯一的联系因素，故而称为单一。其次，仅有的一个连结点成为固定的地域，法律事实经识别后被归属于某一法律关系，此时本座所在地法是适用于该法律关系的，这便是封闭。在这种包含“单一、封闭”连结点的冲突规范下，一旦案件定性、确定连结点，其所指引的某一国家或地区的法律就产生了效力。但是，这种冲突规范所追求的是“确定性”，也就是说适用的法律是唯一的、固定的，只要能归于同一种法律关系就会得出适用相同法律的结果，不会因具体案情的不同而适用不同的法律。法律关系本座说是以普遍主义为基础，以追求判决结果的一致性为目标的。萨维尼以普遍主义作为法律关系本座说的理论基础，是因为他认为有一个相互交往的国际社会存在。国际社会中的国家之间存在着共同的利益，每个国家都应当平等地对待外国法，还应适用“统一的”冲突规范。如此，各个国家就可以根据同一冲突规范找到同一准据法，进而得到同一的审判结果。

（二）分配立法管辖权的核心是形式正义

形式正义也被称为作为规则的正义，是公正地执行法律制度，而不问实质是什么。即法律制度应当平等地适用于、归属于它们所规定的“人”。汉斯·凯尔森（HansKelsen）认为，正义继续存在的方式是要“忠实地适用实在制度”，[1]依据一般性规则的内容，它们能在所有应当适用的场合中都得到应有的适用，这便是正义。阿尔夫·罗斯（Alf Niels Christian Ross）认为，相对于专制，正义是正确地适用法律。正义的结果便是法律

〔1〕［美］E. 博登海默：《法理学：法律哲学与法律方法》，邓正来译，中国政法大学出版社2004年版，第269页。

要求。而法院的正义的判决结果便是遵循一般性原则得出的。[1]开创多元论法学的丹麦法学家斯蒂格·乔根森（Stig Jogensen）认为，千百年来西方人民所形成的法律文化的重要价值是，相同的案件应当获得平等的对待，这是形式正义的核心思想。可以说，形式正义的追求是普遍适用外在的规则，是法律逐步形式理性化。

德国法律社会学家马克斯·韦伯（Max Weber）剖析了法律实质合理性的基本内涵、分析了法律形式合理性的基本定义。该学者在探寻了两大理论发展规律后，得出后者，即法律形式合理性。这是现代法律学形式正义的重要根基。他主张，通过制度化的手段来认识工具性的制度，是某一行为形式合理性的关键，并将该制度上升至法律层次，让法律应具备“预见性”的特征。譬如，纸币等价值计量工具，其使用形式等同于法律，都具备普遍性、确定性的特征。人们在使用这些工具时，可以明确自身行为所需要承担的一系列法律后果，且能够合理地计划、实施自己的行为。根据这一观点，法律的进步是以此为目标，而不断地推进形式理性化，法律秩序的进步也体现在形式理性化上。这样一来，法律的形式层面将会更具理智、更具监督价值。在实际运用过程中，法律的形式将会进一步废除具体案件的评价（无论是情感层面还是政治层面的评价）。如此，对某一行为进行评价便须具备一定的前提，而这个起到决定性作用的前提就是一般法律规则。

一般来说，形式合理性体现在规则的形式性、规则的确定性、效力的普遍性、使用的顺序性、使用的统一性上。这五个合理性都是如今法律秩序的重要形式特点，且相互联系、相互关联。形式法律规则的前提是承认、给予人们意志上的自由；形式法律规则在效力上的普遍性使它不同于特权法；效力的普遍性是适用的统一性的基础，适用的统一性是决定规则的确定性的基础；运用的程序性同时承载规则的形式性、规则的确定性、效力的普遍性，如此才具有现实性。但是，直观的现实性是在机械地运用

〔1〕［美］E. 博登海默：《法理学：法律哲学与法律方法》，邓正来译，中国政法大学出版社 2004 年版，第 270 页。

法律，且机械性又体现着合理性。韦伯指出，形式主义会让法律像机器一样合理地运作，能够为相关的利益群体提供最大限度的自由的空间，尤其是合理地预见自己行为的法律后果。因此，如果没有这些特征给予的机械的法律秩序，就没有预期的、理性的经济行为，也就没有良性的市场经济秩序。〔1〕

对比传统法律选择方法和形式正义，我们便可以发现二者的一致性。凯尔森和罗斯在说到形式正义时，所提及的便是一般性的法律基本规则。此时的形式主义运用的法院判决结果便是一般法律规则使用的最终结果。传统法律选择方法以单一、固定的连结点确定法律的适用地域，而封闭的冲突规则正是在追求一般法律规则。萨维尼的法律关系本座说也是想要建立一个国家之间的、统一的法律体系，既要符合法律规则的一般特性，也要符合形式的理性化特征。适用统一性是形式理性化的特征之一。这也是以普遍主义为基础的传统法律选择方法想要在国家之间的判决中获得的结果。拉裴尔（Rabel）认为，人们习惯性地将适用的一致性作为国际私法的目标，人们所追求的目标是无论在哪一个国家的法院进行诉讼，只要是同一个案件，便都应当适用同一个实体法。因此，形式正义是传统法律选择方法的价值目标。

（三）对形式正义的思考

法律的形式正义内容的设计前提是严谨的法律规则。法律规则正确演绎的前提便是法律规则确定性。但是，与司法实践中各种各样的事实、行为相较，法律规则不全是确定的，想要使法律完全成为一种演绎制度是不可能的，即以形式理性化为理论基础的形式正义想要获得彻底的实施，势必会失败。法律制度同计量制度存在差异，法律制度是具有价值追求的，人们依据法律规则实施行为时，实质上是无意识地遵循法律规则背后的意志、价值、取向。由此，法律秩序涉及价值判断、法律秩序维护的内容。

〔1〕 参见宋显忠、郑成良：“形式合理性、实体合理性与法律秩序的理性化：兼评马克斯·韦伯的法律理性化观点”，载郑永流主编：《法哲学与法社会学论丛》，中国政法大学出版社 2000 年版。

法律理性化涉及的内容则是客观的、普遍的、系统的价值观，还包含完善实体理性化、确定法律意识理性化的过程。一般来说，实体理性化作为法律程序结构上的进步，包含着整体法律秩序朝着更为平等、自由的方向前行，法律原则、法律规则不断趋近公平、正义。形式正义恰恰忽略了对实体价值判断的关注。

连结点对于传统法律选择方法来说就像是路标，法官在审理案件时只能按照该路标，抽丝剥茧地进行推断，从而选择合适的法律方法。就法律内容的实用性而言，法官通常是不了解的。实际上，法官选择的不是某一具体的法律规则，而是某个国家，即拥有立法权、管辖权的主权国家。由此，传统法律选择方法即是分配立法管辖权的方法。很明显，这种法律选择方法是机械的、呆板的，一但被识别为相同种类的法律关系，便会与案件事实相差甚远。就权利与义务的准据法调整而言，都是在同一个连结点基础上，完善、修改同个国家、同个地区的实体法，若是法律选择过于古板，势必会使法律适用效果降低。假设不过问法律内容，只关注实体的管辖权，必然会使案件得到一个非正义的审判结果。这样一来，法官就会忽略国际私法调整涉外民商事法律关系的目的意义，仅仅为选择法律而选择法律。如果由冲突规范指引的准据法能够真实地反映法律关系的本质，也就是进行法律选择并适用法律能够平衡利益和负担的配置，那么法律选择的目的才能得以实现。忽略法律适用结果的传统法律选择方法无法实现法律选择的这一目的。以形式正义为基础的传统法律选择方法的目的是追求确定性，而忽略法律的适用结果给这种追求带来了困难。冲突规范间接调整实体权利和义务，忽视法律的适用结果、忽视结果的正义会给确定性带来损害。为了矫正僵硬性，传统法律选择方法创立了反致制度、公共秩序保留制度等。这些制度能够在一定程度上削弱其所追求的确定性的目标，进一步使人们怀疑忽视了法律适用结果的公正性的传统法律选择方法。

随着科技的进步与人们生活方式的改变，科学技术、资金与资本、劳务等的国际流转也不断频繁、扩大，国家之间的交往愈发打破地域的限制。涉外民商事法律关系的特征逐步表现为主体多元化、法律行为多样化等新特点。由于受技术革命的冲击，涉外民商事法律关系的各个方面都有着巨大的变化，而国际私法作为调整工具，自然会被赋予更大的责任，即实现法律适用的确定性、灵活性、公正性。这些目标是传统法律选择方法所无法实现的。在侵权领域，尤其是在涉及产品责任问题时，传统法律选择方法的这一缺陷更为明显。交通设施、通信设备在不断进步，生产社会化程度也在不断扩大，有关产品责任案件的“国家或地区”的因素复杂多变，特别是“侵权行为地”的确定不易使得传统冲突规范所指引的侵权行为地法无法发挥原有的调整作用。例如，1976 年，得克萨斯州就有过这样一个案件：由于油罐车自身的缺陷，在运输的过程中出现了漏油现象，使得石油公司蒙受了巨大的经济损失。该油罐车穿越了美国东部的各个州，如此法官难以确定损害发生在哪个州。在这种情况下，如果将“侵权行为地”视为唯一的连结因素，就会使案件适用带有偶然性的法律，而对于这一法律的适用能否实现结果的公正性、能否平衡当事人的利益和负担，法官都是无法预知的。因此，种种情况表明，传统法律选择方法已经不能很好地适应新形势的发展，传统国际私法必须面对新理论学说的挑战，迎接变革，经受考验。

第二节　最密切联系原则的过渡

法律关系本座说对最密切联系原则有着启蒙作用，法律适用结果的确定性和稳定性是其优势，但单一的法律选择有失灵活性，只关注形式上的逻辑，排除了法官的裁量权，忽视了法律规则的内容和实质正义，已无法满足社会发展的需求。随着美国冲突法革命的爆发，一系列新的理论学说相继出现，对法律适用结果的追求转向实体正义。

一、冲突法革命和最密切联系原则

美国和英国的理论学说以及司法判例对于最密切联系原则的成熟发展有着不可磨灭的作用，随着美国实用主义法学思潮的膨胀，自 20 世纪 30 年代起，美国法学界出现了强烈讨论、批评国际私法的现象。现实主义学者们主张，以形式主义为基础的法律规则具有过于抽象的特征，从而机械地适用一个固定的、封闭的、僵化的法律体系，这与现实是不相符的。美国学者利·布里梅耶（Lea Brilmayer）指出，一提及法律规则的形式特征，即法律规则仅认为一些因素是有关联的，而忽视了其他的相关因素；法律规则的抽象特征，即法律规则刻意地简化现实，以至于忽略了一些潜在的相关因素。〔1〕

以卡弗斯（Cavers）和库克（Cook）为代表的早期的国际私法学者的主要成就是对传统国际私法的批判，而并没有提出可替代的、相对成熟的、完善的法律选择理论。最先对传统法律选择方法进行批判并指出其实质性弊端的学者是卡弗斯。1933 年，他在《哈佛法学评论》上发表了《法律选择过程批判》（*A Critique of the Choice of Law Process*）一文，抨击传统国际私法的法律选择方法。卡弗斯认为，传统冲突规范不是选择实体法，而是选择管辖权，很容易带来不公正的结果。想要公正地解决案件，关键在于法院应当适用怎样的法律来审理。传统法律选择方法根据机械的冲突规范，由单一、固定的连结点进行指引，从而确定具有管辖权的国家或地区的法律，并适用于具体的案件（例如，侵权行为适用侵权行为地法），但是并不关注法律规则的内容。如此，人们就很难得到一个公正的判决结果，势必会损害当事人的合法权益。卡弗斯提出，法院在进行法律选择时，应当考察分析相关的、各个国家的法律规则的具体内容，如果适用某一法律能够得到公正的判决结果，那么就可以适用；如果适用某一法律将会违反本国的公共利益，那么便须通过法院地法来决定应当如何解决这一问题，即以“结果选择、规则选择”来替代传统的法律选择方法。〔2〕卡弗斯迈出了现代国际私法理论向传统国际私法理论宣战的第一步。但是，他的“结果选择理论”从机械的冲突法规则走向了全然依靠法官自由裁量权的极端。〔3〕卡弗斯的结果分析法为后来理论的发展指出了方向，但其理论本身并不是值得追求的法律选择方法。

---

〔1〕 宋晓：《当代国际私法的实体取向》，武汉大学出版社 2004 年版，第 85 页。

〔2〕 许光耀：“试论最密切联系原则的利弊得失”，载《法学评论》1999 年第 1 期。

〔3〕 F. Cavers, “Critique of the Choice of Law Problem”, *Harvard Law Review*, 1933, (47): 173~193.

库克在其著作《冲突法的逻辑学与法律基础》(*The Logical and Legal Bases of Conflict of Laws*)中批判了传统国际私法理论的教条主义思想。他认为，应当以实用主义为基础，重点关注法院的判例。法律选择遵循的是司法实践中的具体态度，而不是某种固有的原则，库克的这一主张引发了人们对传统国际私法理论的哲学基础的思考，为后世的研究提供了全新的思路。人们开始注重探索选择法律的方法，跳出为外国法的适用而寻找理由的固有模式。[1]20 世纪 30 年代虽然开始猛烈地抨击传统国际私法理论，但是美国法院在司法实践中仍然采用传统的法律选择方法，原因在于缺少可以替代的、相对完善的、成熟的理论方法。这种现象一直存续着，直到柯里（Currie）的政府利益分析说出现。

20 世纪中期，美国冲突法革命达到高潮，柯里的政府利益分析说理论是最具革命性的学说，在世界范围内都具有很大的影响，成了美国国际私法的新传统，为国际私法的发展以及最密切联系原则的产生提供了基础。柯里的理论学说来源于现实主义思想，他同样将法律作为控制社会的工具，[2]发现了隐藏于法律冲突背后的实质问题。柯里提及，不同州的政府利益的实现都是根植于州的法律实施内容，政府要想达到调节不同州之间的利益关系的目的，势必要借助适用的法律手段，避免利益冲突，这就是冲突法的核心。[3]传统的冲突法理论一般都通过普遍适用的抽象的冲突规范来掩饰法院应当最先考虑的问题，即适用什么法律才能符合本国的国内外利益。[4]柯里指出，政府利益决定了法律的适用，而法律规则背后的政府政策又决定了政府利益。他认为，无论是由法院形成的普通法，还是由立法者制定的成文法，目的都是实现社会政策和经济政策。柯里把立法的过程看作是利益集团之间的斗争过程，出于自身利益的考虑，每个利益集团都会努力让立法者适用他们认为的具有公正性的法律。立法是各方利益

---

〔1〕 Hay, "Flexibility versus Predictability and Uniformity in Choice of Law: Reflections on Current European and United States Conflicts Law: Recueil des Cours", *Kluwer Law International*, 1989.

〔2〕 Currie Scholar, *Selected Essays on the Conflict of Laws*, Durham: Duke University Press, 1963, p. 64.

〔3〕 参见杜新丽："法律选择方法研究"，中国政法大学 2004 年博士学位论文。

〔4〕 李双元主编：《中国与国际私法统一化进程》，武汉大学出版社 1993 年版，第 44 页。

平衡的产物，体现国家的公共利益。但是，立法不能总是保护特殊利益，不能总是产生特殊政策。如此，在涉及公共利益的立法中，也会包含个人的利益，二者是不可分割的。柯里以此为出发点，认为能够从私法的法律规则中找出保护特定个人利益的有关政策，并据此建立起他的理论学说。

柯里对传统国际私法理论的批判到达了顶点，甚至提出要完全抛弃形式上的、传统的法律选择规则。他认为，传统的法律选择规则忽视了政府利益，忽视了法律的内容和功能。在柯里看来，利益和政策不是同一个概念，不能相互替换。无论是在涉外民商事案件中，还是在内国法案件中，政府政策所指向的都是同一事物，即包含于法律规则中的社会、管理以及经济政策。政府利益指的是法院地在适用具体政策来解决案件时所体现的利益。因此，有政府利益，就一定会有政府政策；但是有政府政策并不意味着有政府利益。政府利益的产生需要三个条件：首先，某一个州与当事人或交易或诉讼之间存在真实的联系；其次，真实的联系违反了该州的政府政策；最后，该真实的联系是适当的，只有有意义的、适当的联系才能证明合法的政府利益。柯里没有将国籍、住所等连结点视为固定的、传统的连结点，他只是用来表明某一州的政府政策与当事人之间的联系。此外，柯里的政府利益说并不是指一般的公法利益，这里的“利益”在本质上是指国家承认且保护的私人利益。在柯里看来，法律冲突实际上就是指政府利益冲突，法院应当分析比较相关法律所体现的政府利益，从而进行法律选择。如果经分析后发现只有一个州的政府政策与案件存在利益联系，其他州尚且不存在任何的利益关系，此时的法院便应在不同州法律中所明确主体利益联系，即“虚假冲突”。如果法院经分析发现两个州之间存在明显的利益冲突，即“真实冲突”，那么就应当重新分析审查，对其中某一州的政府政策或利益进行限制性解释，以避免冲突；若是反复审查仍然无法避免两个州之间的利益冲突，则应当以适用法院地法为主要前提。若是法院所处的州同案件尚且不存在利益关系，那么势必会存在其他两大州之间利益冲突、矛盾无法避免的情况。这时，法院也没有合适的理由撤销案件，那么就应当适用法院地法。[1]

以规则的内容为出发点来解决法律冲突，虽然柯里的主张回归了“法则区别说”的理论形式，但是他始终以冲突法具体规则的内容、法律规则背后的政府政策和政府利益为中心，重点关注的是政策、利益。柯里的政府利益说也包含着联系分析理论，该学说根据每个案件中涉及政府利益的具体情况来决定法律规则的适用。法官首先需要考虑案件和各州之间的联系，还要衡量案件与各法域之间的联系程度，进而分析认定适用某一州的政府政策时是否存在政府利益。当然，柯里的理论也存在着些许漏洞。例如，怎样从法律规则的内容中找出应当适用的范围，怎样在真实冲突的情况下适用合适的法律，怎样从具体的法律规则中找出隐藏的政府利益等。柯里的理论引发了激烈的争辩，有批判也有赞同。还有学者在柯里的理论基础上继续深入研究。例如，巴克斯特（Baxter）在柯里的政府利益分析说基础上提出了“利益损害比较说”。[2]和政府利益分析说一样，利益损害比较说也是以具体法律规则为出发点，分析政府政策和政府利益，区分真实冲突、虚假冲突以及无利益的冲突。不同之处在于，巴克斯特在柯里理论的基础上尝试解决真实的法律冲突。他认为，想要解决真实冲突，就要考虑当事人、案件以及各州之间的联系，分析该联系是否具有利益，找出应当适用的法律。如果忽视了这一点，就要适用带来不利后果的地方的法律。即存在真实冲突时，如果因为规则的缘故，某个州的法律不能被适用，还有可能遭受较大的利益损失，那么就应当适用该州的法律，至于该州是不是法院地则在所不问。利益损害比较说的目的是客观地、公正地评价各州所遭受的利益损失，促进各法域之间的合作交流，克服政府利益分析说的“法院地中心主义”，避免无视其他各州的利益而直接适用法院地法。如此能更好地促进国家间的交流以及平等地适用各法域的法律。事实上，从着重考虑权衡案件与有关当事人及各州之间的联系这一点来看，利

〔1〕 李双元：《走向21世纪的国际私法：国际私法与法律的趋同化》，法律出版社1999年版，第230页。

〔2〕 F. Baxter, “Choice of Law and the Federal System”, *Stanford Law Review*, 1963, (16): 1~42.

益损害比较理论与最密切联系原则理论已相差不远。

二、现代法律选择学说与实质正义

（一）“结果选择说”和“政府利益分析说”

卡弗斯指出，传统冲突规范不关注法律规则的具体内容以及适用法律的后果，只进行管辖权的选择，也不关心案件的结果是否合理、公正。进而认为，应以结果选择、法律规则选择的方法代替仅进行管辖权选择的传统冲突规范。其针对适用法律的结果也提出了两条标准：一是公正地对待当事人；二是与社会目的相符。随后，卡弗斯潜心研究法律选择的程序，并主张以“优先选择原则”来解决法律冲突，适用该原则不应当重复传统的选择管辖权的道路，应当在分析有关法律的基础上，赋予审理案件的法院以独立的、足够的审判空间。卡弗斯的批判将传统法律选择方法的缺陷揭露无遗：传统理论忽视结果正义，积极关注管辖权的选择，使得法律的选择程序局限于“识别→连结点→准据法”这一范围，只要找到准据法，法律选择就完成了任务，但是这一方法已无法应对诸多新变化的现代社会。卡弗斯的结果选择理论体现了法律选择的目的，适用最合适的法律来平衡社会关系，改变了传统法律选择方法“为选择而选择”的机械思维。

柯里的政府利益分析说首先要求审查相关法律的实质，以便确定法律背后的政策；其次要求确定与法律的适用存在利益关系的州；最后要求根据虚假冲突、真实冲突、利益损害比较的方法来决定适用有利益关系的州的法律。柯里及他的政府利益分析说较为彻底地批判了传统的法律选择方法，在美国冲突法的变革时期有着较大的反响。冲突法革命改变了由传统冲突规则主导的局面，使单一、固定的冲突规则变得多样、灵活。柯里本人也因此成了20世纪中期最具影响力的学者之一。[1]他从政府政策和政府利益的全新视角来解决法律选择的问题，并被美国司法实践所采纳。

两种学说都不赞同固定化的连结点，提倡以结果和利益为指向的法律

〔1〕 Currie Scholar, “Notes on Methods and Objectives in the Conflict of Law”, *Duke Law*, 1959, (1): 171.

选择方法。现代的法律选择方法不再将传统的、固定的地域连结点作为确定法律选择的指向标，而是充分考虑法律规则中的结果和利益导向，即法官在进行法律选择时应当充分衡量和关注具体案件中的利益或者适用法律的结果，不应当再受限于单一的连结点。国际私法对涉外民商事法律关系的调整是一种间接调整，即通过选择准据法的方式来实现，但不能将选择法律的过程和适用法律的结果分割开来，而是应当将选择法律的过程当作一个机械的、与案件结果没有关系的程序。选择法律的价值导向影响着准据法的选择，适用的准据法不一致会使案件得到完全不同的审判结果。现代的法律选择方法将当事人权利义务关系、法律选择、法律适用视为整体进行考虑，与当事人有关的利益等因素也被考虑进了法律选择的程序之中，以法律适用的目的来指引选择的程序将会是一种新视角。与追求结果一致性的传统法律选择方法不同的是，这两种学说都以结果正义为目标，关注法律的适用结果，更为注重通过法律选择所适用的法律能否给予当事人公正的审判结果，能否恢复原有的平衡的关系状态。使利益受损者获得应有的补偿，使受益方或者过错方承担应有的责任，种种这些在传统法律选择方法中均没有得到体现。例如，卡弗斯认为，在进行法律选择时应当注意案件适用法律的结果是否适当，而不是关注如何确定管辖权。

虽然现代各种法律选择方法的理论基础、对待传统冲突规范的立场不尽相同，但是在关注法律适用的结果方面是相同的。例如，各方理论对于美国纽约州最高法院的“贝科克诉杰克逊案”的看法。该案没有适用传统冲突规范中的侵权行为地法，而是适用了能够使受害方获得补偿的纽约州的法律，这是一个具有代表性的案件。卡弗斯、柯里等学者们纷纷赞扬、肯定了法院的这一判决，但对于法院的推理过程和方法却各有评说。值得一提的是，学者们普遍将该项判决作为理论指导实践的力证。例如，卡弗斯一向都是持“个案公正”的立场。但经过此案后他认为，与损害地法相比较，案件所适用的法律规则更能实现结果公正的目的。在过去的许多相关案例中，法院都会直接适用损害地法，如今法院的努力更接近公正的目标。[1]柯里说，他不应当再抱怨，虽然法院的说辞比较隐晦，但是仍然能发现他们在尽最大的努力，以客观、合理的方法来进行判决。他们会考虑州的政府政策和利益，也会关注法律的宗旨和法律解释。如此，结果公正性已然成为现代法律选择方法所追求的目标，各种学说则是这一目标的理论基础。

（二）现代法律选择方法是实质正义的核心

实质正义是个人权利和义务的正义，是社会的正义目标，是确定人们的权利和义务时应当遵循的价值取向。形式正义的本质是维护社会秩序，以怀疑、否定的立场对待法律中蕴含的人类价值。这正是凯尔森和罗斯被当作形式正义的提倡者的原因所在。他们拥护形式正义，即严格地适用法律规则；对狭义的正义——实质正义——持怀疑态度。实质正义的核心思想是要注重法律制度的基本内涵内容、给人们的生活与生存带来持久性的影响、在促进文明建设和人类幸福生活方面的意义，满足个人合理的主张和需求是实质正义的目标，同时，增强社会凝聚力、推进生产发展进程都是社会文明生活的必需品。[2]实质正义会涉及权利、义务、要求，同法律有着密切的联系。[3]法律改革的征兆是社会正义价值观的改变。18世纪的欧洲普遍认为，利用严刑峻法强迫人们认罪的行为是非正义的，因此人们进行革命，催生出了一部反对自证其罪的法律，而该革命也取得了成功。因同事的过失而遭受损害，却不给予工人对雇主提起诉讼的权利，这是不公正的。这一现象在19世纪的美国尤为盛行，因此要求颁布相关法律的呼声也愈发高涨。该现象表明正义是高级别的法律，社会实在法应当同正义相符合，正义观念不应当低于社会实在法。而将实在法的内容法排除在外，仅认为正义就是在严格地适用实在法则违反了正义观念的普遍性。[4]

---

[1] F. Cavers, "Comments on Babcock v. Jackson: A Recent Development in Conflict of Laws", *Columbia Law Review*, 1963, (63): 1229.

[2] [美] E. 博登海默：《法理学：法律哲学与法律方法》，邓正来译，中国政法大学出版社2004年版，第252页。

[3] [美] E. 博登海默：《法理学：法律哲学与法律方法》，邓正来译，中国政法大学出版社2004年版，第269页。

[4] [美] E. 博登海默：《法理学：法律哲学与法律方法》，邓正来译，中国政法大学出版社2004年版，第270页。

在法律秩序中，势必会存在基本的价值判断。在法律秩序理性化过程之中，势必会存在客观的、系统化的理论与实践价值，以及法律意识理性化形态的确定、完善和论证。曾有学者认为价值判断是法律制度的祸端，不断地抑制和克服法律制度才是法律现代化的曙光。[1]但是，排除法律制度中的价值判断从而达到绝对的客观几乎是不可能的。从立法的角度来看，其原本就是价值观念体系化的过程；从司法实践的角度来看，法律在推理过程中需要价值判断发挥更大的作用，现代社会绝不会放纵法官随意作出判决，法律制度会制约法官的行为；根据条文内容所得出的形式推理结果，若是同法律体系明确规定的目标不一致，法官不可将形式化的推断结果作为判断依据。因为案件处理逻辑同数学计算逻辑大不相同，前者更加偏向于一种理性化的、价值化的法律工具。[2]如果为了使用某种手段而牺牲了法律制度的目的，那么这样的审判结果便是与法官的使命相悖的，也违反了人类活动的目的本质。为了化解该矛盾，法官就应当适当地运用价值判断的功能，以便获得法律的正义价值。法律程序中的实体理性化是结构上的进步，全社会的整体秩序发展的大方向将是平等与自由原则、公平与法治原则、人权与法律原则，从而让这些实体性标准、实质化的原则趋于同化，而这些实体性标准的目标就是实质正义。

随着社会的进步与发展，蕴含着实质正义和人文关怀的价值取向得到了实体法领域的认同。例如，与劳工赔偿相关的政策法规是，如果工人因工受伤，必须对其进行赔偿，同时免除雇主相应的责任；与婚姻相关的法律，诸多国家任务婚姻的效力原则上应当是维持；与侵权相关的法律，随着社会保险的不断发展，涉及人身伤害的法律制度的基本价值是合理地对受害人进行赔偿。人类具有共同的需求，虽然各国的社会工业化程度不同，但都向着工业社会前行，且各国的法律制度的社会价值大致相同。即使各国的发展水平各有差异，对价值的认知也有所不同，但这只是“数

〔1〕 夏锦文：“司法的形式化：诉讼法制现代化的实证指标”，载《南京师大学报（社科版）》1995年第4期。

〔2〕［日］川岛武宜：《现代化与法》，王志安等译，中国政法大学出版社1994年版，第245页。

量”上的区别，无法借此判断其他各个国家的法律价值、法律本质上的矛盾点。国际私法针对涉外民商事法律关系的调整，通常是间接性的，其实也是在为通过实体法实现实质正义的目标提供便利。沃尔夫指出，国际法中虽然没有明确的法律规定，国际礼让中也没有明确的理论依据来阻止某一个国家任意地援引它认为合适的国际私法法律规范，但是在正义的基础上，国家在制定法律时应当考虑到法律的内容对于国民、海外同胞以及和外国人之间的社会交往的影响。国际私法并不具有国际性，但却是从调整国际案件的角度制定的。实际上，几乎所有的实体法原则都会对涉及法律冲突的案件造成影响。国际私法法典中提及的法律冲突规范是较为直接、直白的导向结果。譬如，1978 年《奥地利联邦国际私法法规》第 22 条规定，非婚生子女准正的政策可以作为选择法律的连结点，非婚生子女由于事后婚姻而准正的，适用父母属人法。假设父母属人法存在差异，则适用有利于准正的一方的属人法律。〔1〕这样的规定已被许多国家的国际私法所采纳，以利益的联系程度确定连结点的方式就是国际私法在政策导向中的体现。

此外，灵活的现代法律选择方法也是以实质正义为目标的，为正义价值的实现提供便利，尤其是在侵权领域。现代侵权行为的相关法律，从惩罚到赔偿，从转移损失到扩散损失，这是共同的社会政策趋势，即社会保险的出现使侵权责任变得分散。与之前相比，侵权人所要承担的赔偿也逐渐减少。如此，相关法律应当将及时、充分地对受害人进行赔偿作为直接追求的价值。过去传统法律选择方法中的“侵权适用侵权行为地法”的规定已无法适应现代社会的价值要求。社会不断地发展、前进，偶发性的侵权行为地不断增多，在处理侵权案件时，法官在冲突规范的指引下找到侵权行为地法，如果该法规定不给予受害人赔偿或者赔偿的数额有限，且该数额无法弥补受害人的损失，那么该侵权行为地很有可能是双方当事人都无法预见到的偶然性的地方。现代法律选择方法运用灵活性的“联系、利益、政策”等因素来平衡各方的关系，以摆脱传统连结点的限制，尤其是

---

〔1〕 李双元主编：《中国与国际私法统一化进程》，武汉大学出版社 1998 年版，第 53 页。

在产品责任、劳工赔偿等领域。例如，1973 年纽约第二巡回法院审理的"Wheeter v. Standard Tool and Manufacturing Co. 案"。在该案中，康涅狄格州公司的员工在使用新泽西公司制造设计的机器时发生事故，于是便提起产品责任诉讼。法官在分析了两个州的利益之后，认为康涅狄格州是具有利益联系的州。法官认为，虽然新泽西州与产品质量标准之间存在本质利益关系，但是在本案中，首先是要对受害人进行赔偿，产品责任是基于"对受害人进行赔偿"，而不是基于"惩罚侵权人"。因此，不应当适用产品制造地法，而应当适用侵权结果发生地法。后者规定了相关的赔偿标准，因不合格产品受到损害，该州受雇的工人能够获得赔偿，在这一点上，该地法律具有直接的利益关系。[1]类似的案件在美国司法实践中还有许多，这些案件所依据的理论不同，但都是现代法律选择理论，都是以实现实质正义为政策导向，再次表明现代法律选择方法的核心价值是实质正义。

（三）对实质正义的思考

现代法律选择方法最显著的特征就是灵活地进行法律选择，为克服机械的传统法律选择方法而产生。法律是稳定的，但不是一成不变的，确定性和稳定性并不能为社会提供一套有效、长久的法律制度，法律应当满足合理、多变的社会正当需求。在特殊的案件中，连续有序性需要让位于强制正义性。这时，法律的普遍性就会被牺牲，以满足个案的公正性。虽然倾向于遵循普遍性，以及遵守固有的规则，但是为了实现正义的利益目标而适当突破既有的规则是被允许的。[2]同时应当注意，没有法律要素的社会制度不能成为法律制度，但普遍性并不排斥为个案公正而违反规则的做法，也不排斥公共秩序保留和行使自由裁量权的做法。[3]传统法律选择方法是按图索骥的过程，连结点是固定、唯一的，法官几乎没有自由裁量

〔1〕 Pound, *Interpretations of Legal History*, Cambridge: Cambridge University Press, 1923, p. 1.

〔2〕［美］E. 博登海默：《法理学：法律哲学与法律方法》，邓正来译，中国政法大学出版社 2004 年版，第 321 页。

〔3〕［美］E. 博登海默：《法理学：法律哲学与法律方法》，邓正来译，中国政法大学出版社 2004 年版，第 324 页。

权。相对静止的法律适用和变化发展的社会现状所产生的内在矛盾给法律的适用带来了疑惑。在"识别→冲突规范→准据法"这样的模式下确定的实体法，如果产生不公正的结果，法官也无法发挥任何主动性，因为严格的法律规定没有赋予其自由裁量权。现代法律选择方法的优势在于，以灵活的"联系、政策、利益"等因素取代单一、固定的连结点，使法官能够发挥自身的主观能动性，在法律选择过程中运用自由裁量权，如此便符合法律的客观规律。法律是逐渐分化的，要逐渐适应复杂多变的社会生活。如果在这一过程中没有法官的自由裁量权，就无法突破传统规则的限制，也无法发挥法律应有的作用。在变化多端的社会中，如果把法律当作永恒不变的工具，那么法律就无法持续、有效地维护社会秩序，我们需要在僵化和变化、保守和创造、静止和运动之间寻找某种和谐。

不可否认，现代法律选择方法也存在着"矫枉过正"的负面影响，即全然推翻冲突法律选择中连结点的指引作用，完全运用法官的自由裁量权来进行法律的适用，损害了法律的确定性。柯里的政府利益分析说不断指出传统法律选择理论是机器、是没有价值的、是概念式的、是失败的。柯里主张抛弃传统法律选择方法，完全由政府政策和利益的分析方法代替。其认为，国际私法的核心是两个或两个以上的州存在利益冲突时，如何适用合适的法律规范，即使哪个州的利益进行让位。这种完全抛弃传统法律选择方法的价值取向不但破坏了法律的确定性，而且动摇了国际私法的理论基础。现代法律选择理论应当是矫正传统法律选择方法的不妥之处，找出确定性和公正性的最优平衡点，促进两者的有机统一。这个时期的理论学说还无法完成这一使命。另外，法院地的利益驱使使得现代的法律选择学说都呈现出"回家去"的趋势，即通过法官的自由裁量权，适用法院地法的情况较多，这种趋势违背了现代法律选择方法追求实质正义的目的。从僵化到不确定，从一个极端到另一个极端，这不是国际私法的目的。将传统法律选择方法和现代法律选择方法和谐、有机地结合起来是国际私法领域的重要问题。传统法律规则固然存在缺点，但我们不能完全抛弃；法官自由裁量权固然具有灵活性，但我们不能完全依赖。于是，一种折中的理论应运而生，它就是"最密切联系原则"。该原则的特点在于：使得法律选择方法更加明确，使得传统冲突规范的作用更加明确，使得传统法律选择价值追求、现代法律选择的价值追求更加明确。同样，其既维护形式正义秩序，又关注实质正义价值的条件。应当说，“秩序和正义”这两种价值的矛盾运动决定了最密切联系原则的产生和发展。

第三节 美国早期司法实践

理论的滋养使最密切联系原则得以萌芽，而实践的培育则为最密切联系原则的发展提供养分。美国司法界将最密切联系原则运用于合同领域和侵权领域，给美国传统法律选择理论带来了挑战，更为最密切联系原则的发展奠定了坚实的实践基础。

一、“奥廷诉奥廷案”

“奥廷诉奥廷案”（Auten v. Auten）[1]是于1954年由富德（Fuld）法官审理的合同纠纷案件。后来，该案成了有关合同法律适用的著名案件，它否定了美国传统的法律选择方法。该案的案情如下：

20世纪10年代，奥廷夫妇于英国完婚，婚后育有两个孩子，并一同生活在英国。1931年，奥廷先生同妻子、孩子分居。1932年，奥廷先生于墨西哥同奥廷夫人办理离婚手续，并与另一女子完婚。奥廷夫人在得知该情况后找到奥廷先生协商两人的纠纷问题。1933年，奥廷夫妇达成协议，协议中商定，奥廷夫人要回到英国，两人依然分居，并且不可根据任何国家、任何地区的法律以离婚后再婚为理由向奥廷先生再次发起诉讼请求。奥廷先生每个月向奥廷夫人支付一定的费用，以便维持生活。签订协议后，奥廷夫人回到英国，但是奥廷先生并没有按期支付费用，奥廷夫人和孩子的生活陷入窘境。1934年，奥廷夫人在英国法院对奥廷先生提起诉讼，请求法院判决分居，法院分别于1936年和1938年先后两次传讯被告，要求被告承担原告的基本生活费。基于奥廷夫人维权角度，这是唯一一个

〔1〕 Auten v. Auten, 308 N. Y. 155, 124 N. E. 2d 99 (1954).

在强制协议条件下获取基本生活费的法律途径。但是，1947 年，奥廷夫人发现其在英国法院提起的诉讼并无法律效力，并特意赶到纽约州法院再次提起诉讼，要求奥廷先生承担原告的基本生活费。奥廷先生在承认协议的同时认为，奥廷夫人以协议提起诉讼就是在否认协议的效力，她已经丧失了获得生活费用的权利。初审以及上诉两次庭审均根据纽约州的法律驳回了奥廷夫人的赔偿请求，支持了奥廷先生的申辩。富德法官的观点是，《冲突法重述（第一次）》明确指明，合同的签署生效应与合同缔结地的法律相适应，关于合同的履行应当适用合同履行地法，但是本案应当按照另外的方式来处理，即“关系集聚地”的方法。在这种法律选择方法中，法官在审理案件时尚未结合合同缔结地的法律、双方当事人的基本意愿等因素，应用的是与案件具有最密切联系的地方法律。富德法官在考察相关因素后发现，纽约州仅是协议的缔结地，除此之外并无其他联系，因此这种联系带有偶发性。至于英国，双方当事人都是英国人，在英国结婚生子，共同在英国生活 14 年，且奥廷先生的遗弃行为也发生在英国，因此英国与该案的联系最为密切，英国法律与案件具有利益联系。最终，法院适用英国的法律来审理该案，支持了奥廷夫人的诉讼请求。

该案之前，在确定合同的准据法时，如果当事人已选择了准据法，则法院尊重当事人的选择。除此之外，主要适用《冲突法重述（第一次）》中的“既得权”方法，即首先对合同纠纷的类型进行界定，或是合同履行争议，或是合同成立、效力等争议。合同履行争议是合同履行地法的适用内容之一；合同的成立、合同效力的争议是合同缔结地法的适用内容之一。这是对传统法律选择规则“合同争议适用合同缔结地法”的发展。硬性冲突规则的运用较为方便，也有利于实现结果的确定性、可预见性。

在该案中，富德法官采用“关系集聚地”理论的影响有：首先，以“分割法”确定案件的争议，考虑分析与案件有关的连结点。传统法律选择方法，往往是寻找到切合完整合同的最密切联系的国家法律或者区域法律。但是，富德法官却利用合同分割的方法，寻找到与合同争议而不是合同整体具有最密切联系的国家法律或者区域法律。就此案例而言，该地的法律是此次案例适用的准据法之一。从表面来看，英国、纽约州与合同之间的联系是相近的：双方当事人在英国居住，合同在纽约州订立，奥廷先生长期居住在纽约州，奥廷夫人履行地在英国，丈夫履行地在纽约州。但该案的争议是奥廷夫人在英国提起的诉讼是否会使协议失效，从而使其丧失获得生活费的权利，即关于奥廷先生履行义务的争议。解决该争议还应当考虑相关的婚姻连结点。例如，生活中心地、婚姻缔结地、住所地、居住地等都是英国；而纽约州只是偶然性的协议成立地。由于英国的重要性更大，因此本案与英国的联系最为密切。其次，分析和争议有关的法律背后的政府政策。纽约州的法律规定，奥廷夫人在英国起诉的行为使她丧失了相关权利；英国的法律规定，虽然奥廷夫人违反了协议，但是依然能够行使协议中的权利。两国的法律目的都是保护在本国居住的人、调整本国人的夫妻关系。本案的双方当事人在英国都有住所，纽约州和当事人之间没有利益关系；英国和当事人之间有利益关系，适用英国的法律既可以调整夫妻关系，又可以保护妇女和孩子。最后，关注当事人的正当期望。法院在进行法律选择时，应当分析出当事人订立合同的期望，判断是否合理，对因依赖合同条款而产生的期望应加以保护。若双方当事人就协议中规定的某项条款提出有效争议，法院应当推定当事人期望受到合同的约束。该原则往往会产生合同有效的结果。该案原告在签订协议时既期望被告根据协议支付生活费，也应当意识到自身要受协议的约束而不能再对被告提起诉讼。同时，被告也期望通过协议阻止原告诉讼。富德法官认为，原告无法预见到适用英国法之外的法律来解决争议；按照英国法律的规定，原告无权起诉的约定对原告没有约束作用。但是，双方的协议中没有此类共识：原告的起诉，将无法享受到签署协议中规定的权益，针对无法达成一致共识的情况，被告不必依赖，也没有值得保护的正当期望。

本案中的“重力中心说”奠定了最密切联系原则的实践基础；解决案件所运用的分割法，对不同方面的合同争议适用不同的冲突规则；比较分析与案件有关的法律背后的政府政策和利益决定法律的适用。这些为最密切联系地的确定提供了分析方法。

二、"贝科克诉杰克逊案"

其后，富德法官在审理过程中处理了另一侵权纠纷案件——"贝科克诉杰克逊案"[1]，指出了传统侵权法律选择理论的不足。该案成了美国侵权领域的代表型案例。本案的案情是：1960年，纽约州的杰克逊夫妇邀请同城的贝科克小姐一同到加拿大旅行。在途经安大略省的时候，杰克逊先生驾驶的车辆失控发生了车祸，贝科克小姐严重受伤。贝科克小姐在纽约州对杰克逊先生提起诉讼，要求其承担赔偿责任。根据安大略省的法律规定，在非营利性的运载途中，任何人遭受损害，车辆的所有人或者驾驶人员都不承担任何责任。但是，根据纽约州的法律规定，在这种情况下相关人员要承担一定的责任。

富德法官认为，解决案件的关键在于究竟适用安大略省的法律还是适用纽约州的法律，该判断是明确贝科克小姐是否可以得到补偿的重要标准。根据美国的传统冲突法理论，应当适用侵权行为地法来审理案件，即安大略省法律。然而，在冲突法革命的过程中，学者们对于传统"既得权理论"的批判非常尖锐，他们认为，该理论忽视了除侵权地之外的与案件具有利益联系的法域。虽然根据该理论能够保证结果的确定性、可预见性，但是不能使案件得到公正、合理、灵活的解决。因此，富德法官没有适用传统理论，而是以"关系集聚地、重力中心地"确定了应当适用的法律。他认为，问题的关键是受害者能否得到补偿，而不是被告的行为是否侵权。由于双方住所地、法律关系成立地、车库所在地、车辆保险所在地都是纽约州，因此纽约州的法律与案件的联系更为密切，应当优先适用。从富德法官的分析中我们可以得知，纽约州的政府政策是以保护乘客为先，侵权人应当对自己的过失行为承担责任，因此法院不能因为事故发生地的偶然性而不顾及乘客的利益。此外，根据安大略省的法律规定，纽约州原告遭受侵害，其地址是在安大略省。于是，原告便向对纽约州法院发起诉讼，诉讼称被告的行为属于侵权行为，如果不给予原告补偿，安大略省的政

[1] Babcock v. Jackson, 12N. Y. 2d. 473, 240 N. Y. 2d 743, 191N. E. 2d 279 (1963).

策利益也无法实现。关于补偿，纽约州与案件的争议具有更为密切的联系。因此，富德法官认为，关于侵权行为的标准问题应当适用安大略省（侵权行为地）的法律，但并非案件的所有问题都应当适用同一法律。本案中，针对贝科克小姐的补偿问题，应当适用最密切联系地的法律，即纽约州法律。

该案产生的影响有："质"是衡量最密切联系因素的标准，即分析政府政策和利益。除了法院地的政府政策之外，适用的法律能否实现公正的目的也是需要考虑的因素。分割法的运用，能够区别对待案件中的不同问题，对于不同的争议适用不同的法律。"奥廷诉奥廷案"使法院冲破了传统冲突规则的枷锁，但并没有说明最密切联系地的确定方法，法院在选择法律时便会缺少依据。"贝科克诉杰克逊案"则提出最密切联系地是与案件之间具有重大利益关系的地方，同时提出只有与案件具有联系的因素才值得被考虑。应当说，其进一步发展了"奥廷诉奥廷案"中的最密切联系分析法，为法律选择理论的发展奠定了实践基础。"贝科克诉杰克逊案"的审判理念顺应了时代发展的需求，追求了公平、正义的审判结果。

第四节　最密切联系原则的确立

在运用最密切联系原则进行法律选择时，要充分考虑与案件、当事人有关联的因素，灵活地适用法律（不管是国内法律，还是国外法律）。美国起草并完善的《冲突法重述（第二次）》不断地质疑、挑战里斯的理论。而正是这些不和谐的声音的存在，使得里斯的理论不断得到完善，使最密切联系原则成了主导思想。

一、最密切联系原则的正式确立

早在19世纪，"最密切联系"这一概念就已经在欧美国家的判例和学者们的著作中出现了。[1]例如，英国学者韦斯特莱克（Westlake）最先提

〔1〕殷爱荪："美国'鲍勃科克案'及其意义——兼析美国现代冲突法的三个特点"，载《外国法译评》1994年第2期。

出了“最真实联系学说”。在英国，应当从实质层面考虑选择适用使合同具有效力和效果的法律，应当优先适用与案件最具有真实联系的国家或地区的法律。[1]韦斯特莱克的最真实联系说是在萨维尼的法律本座说的基础上发展起来的，二者有相似之处。韦斯特莱克没有继续原本的默示推定，而是尝试寻找合适的、具有弹性的客观“公式”。吉尔克（Gierke）用“引力中心、重心”等概念代替“本座”，主张适用法律关系中心所在地的法律。该理论已经在萨维尼理论的基础上有所进步。

《冲突法重述（第二次）》是正式确认最密切联系原则的重要法律成果。里斯在编撰《冲突法重述（第二次）》的时候，整理、研究相关的司法判例，综合分析各种学说，尤其是柯里的政府利益分析说，在合理吸收的基础上提出了“最重要联系”这一概念，形成了最密切联系理论。丹麦法学家兰多曾说，1960 年《冲突法重述（第二次）》草案中提到的“重力中心说”是在多数学者的理论之间选取了折中的方式。里斯反对机械地适用法律选择规则，赞同柯里的理论。同时，他也反对绝对化的政府利益分析说，提及了在法律研究过程中政府是如何运用法律与行政手段来矫正冲突规范的。[2]里斯提出，在明确准据法时，应当在明确分析个案与个案所处的国家或地区法律的基础上，寻找到同案件符合的法律切点。譬如，在某些司法个案的判决过程中，所涉及的侵权事件往往是不适用当地侵权行为法、劳务合同法以及其他法律，甚至也不适用合同履行地、缔结地的法律。但是，在此期间最关键的便是当地的法律。

里斯的最密切联系原则理论是在美国法律选择方法上颇具指导性意义的一场革命。该理论保留了传统法律选择方法，也接受了冲突法革命一些合理的内容。作为现代法律选择理论在传统法律选择理论基础上发展、融合、吸收的重要成果，[3]其使得传统较为机械化的法律选择方法更加具备

---

〔1〕 Westlake, *A Treatise on Private International Law*, Germany: 2010, p. 288; K. Juenger, Juenger, *Juenger B. Choice of Law and Multistate Justice*, New York: Transnational Publishers, 2005, p. 5.

〔2〕 Hay, “Flexibility versus Predictability and Uniformity in Choice of Law: Reflections on Current European and United States Conflicts Law: Recueil des Cours”, *Kluwer Law International*, 1989.

〔3〕 参见杜新丽：“法律选择方法研究”，中国政法大学 2004 年博士学位论文。

灵活特性。20世纪70年代，《冲突法重述（第二次）》明确指明了“最密切联系原则”的基本定义，并重新阐述了冲突法。到此，最密切联系原则得以正式确立，并且在司法实践中被接受、承认。1981年，兰多研究分析了相关的美国司法判例，发现多数法院都适用了里斯的理论。[1]可见，最密切联系原则在理论方面及司法实践方面取得的成就是两者相互贯通的结果。[2]

二、最密切联系原则的价值取向

单纯地追求形式正义、单纯地追求实质正义都无法实现当代法律选择方法的目标，全盘否定传统法律选择理论是行不通的，没有触及本质的观望改良也是不可行的。当代法律选择理论应当合理地界定形式正义和实质正义的关系，并且让二者的关系处于较为平衡的状态，就如同正义这座天平，倾向哪一边都会产生不公平的现象。为此，力求形式正义和实质正义的平衡（即确定性和灵活性）同等重要。这种平衡不是简单意义上的“平均”，也不是所有的涉外民商事法律关系都能实现二者的对等，而是应当根据不同的法律关系的不同性质，使二者和谐统一，即传统的形式正义、地域选择规则、法律适用的确定性、可预见性和当代的实质正义、内容选择规则、法律适用的合理性、灵活性的有机统一。这种统一具备历史意义。同样，其在不同历史环境下、不同法律地域环境下、不同的法律关系背景下是有差别的。最密切联系原则的基本追求——软化连结点——让法律颇具灵活性。但对灵活性也应当有所限制，否则就会动摇法律选择理论的基础。最密切联系原则既重视传统法律选择理论的确定性、可预见性、稳定性，也重视法律适用的灵活性、合理性，将二者有机结合起来能够更好地适用法律。

实际上，自《冲突法重述（第二次）》完整地呈现最密切联系原则以来，该理论在世界范围内便有着较大的影响。它能够被成文法国家、大陆

---

〔1〕 邓正来：《美国现代国际私法流派》，法律出版社1987年版，第220页。

〔2〕 Hay，“Flexibility versus Predictability and Uniformity in Choice of Law：Reflections on Current European and United States Conflicts Law：Recueil des Cours”，*Kluwer Law International*，1989.

法系国家、国际条约所接受的主要原因有：首先，该理论避免了一定的盲目性。政府利益分析说具有合理性，其分析法律背后的隐晦的政策和利益，使美国的学者和法官分析比较相关的政策和利益。但大陆法系国家的学者更为看重国际礼让说，注重法院的趋势理论。他们提出，就大陆法系国家、传统的成文法国家而言，这些国家更倾向于折中的最密切联系原则。其次，该理论能够平衡法律选择的确定性和灵活性。虽然最密切联系原则的稳定性不如传统的法律选择规则、灵活性不及政府利益理论，然而，就大陆法系国家、成文法国家而言，其从前的法律选择规则的特点（即机械特性）不强，特别容易存在担心政府利益理论太过灵活的情况。因此，能够平衡法律适用的确定性和灵活性的最密切联系原则备受推崇。此外，国际冲突和区际冲突存在差异。在联邦制国家（例如美国），各个州根据正当程序、充分信任条款就能够比较分析当地的政策和利益，从而得出合法的判决结果。政府利益分析说源自于州际冲突。而在国际冲突下，既要考虑本国的政策和利益，也要考虑其他国家的主权、承认与执行法院判决、维护国际秩序等。在此情况下，带有法院地倾向的政府利益分析说难以被大陆法系国家和成文法国家所接受，而兼顾个人利益、社会利益、国家利益的最密切联系原则则更容易受到重视。另外，基于大陆法系学说的引导，最密切联系原则在大陆法系国家的司法实践中得以运用。例如，在“De Beer v. De Hondt 案”中，[1]法院审理认为，在通常情况下，侵权行为应当适用侵权行为地法，如果该侵权行为会给其他法域带来影响，那么就有可能适用其他法域的法律。该案的主体是荷兰人，且拥有在荷兰的稳定的住所，在荷兰订立计划，出发地和返程地都是荷兰，法国只是计划中的一个途经之处而已，因此该案应当适用荷兰法律。法院的判决同最密切联系原则类似，因此其通常是大陆法系主权国家适用的主要原则，也是最坚实的实践基础。最后，里斯深受大陆法系的影响，因此他的理论与大陆法系国家的理论更容易结合。

---

〔1〕 朱志晟：“从涉外侵权行为的法律适用原则看‘最密切联系理论’”，载《河北法学》2003 年第 5 期。

综上，最密切联系原则被广泛运用于各国立法，但是由于每个国家的法律制度不尽相同，因此最密切联系原则的适用方式和领域也有所不同。首先，从最密切系原则的法律地位来看，不同的国家给予了它不同的地位。有的国家将最密切联系原则作为基本原则适用于国际私法领域（如奥地利）；[1]有的国家将最密切联系原则作为一般性的补充原则，并列举不应当适用的情形（例如瑞士）。[2]其次，基于最密切联系原则的适用范围角度分析，有的国家将最密切联系原则适用于国际私法领域（如奥地利、瑞士以及美国）；有的国家将最密切联系原则适用于合同领域和侵权领域（如土耳其和英国）；[3]有的国家将最密切联系原则适用于合同领域（如法国和希腊）；[4]有的国家将最密切联系原则适用于个别法律冲突的问题（例如南斯拉夫）。[5]

法律选择理论的价值追求是形式正义和实质正义对立统一的结果，最密切联系原则也是如此，是历史的、具体的。不同的案件，适用最密切联系原则的结果不同。由于法官的价值取向、专业素养、文化基础、教育程度都存在差异，在审理案件的过程中，很容易出现滥用自由裁量权的现象，但我们不能因此便否定最密切联系原则的优越性。我们应当跟随发展的脚步，全面、细致地理解最密切联系原则，厘清最密切联系原则的基本地位、本质属性，让该原则真正实现历史的、具体的和谐统一。

第五节　最密切联系原则与其他法律选择方法

最密切联系原则为法律选择提供了科学的思路和工具，在设计准据法

---

〔1〕 李双元、欧福永、熊之才编：《国际私法教学参考资料选编》，北京大学出版社 2002 年版，第 356 页。

〔2〕 李双元、欧福永、熊之才编：《国际私法教学参考资料选编》，北京大学出版社 2002 年版，第 411 页。

〔3〕 Morris, *The Conflict of Laws*, London: Stevens and Sons, 1980, pp. 267~278；李双元、欧福永、熊之才编：《国际私法教学参考资料选编》，北京大学出版社 2002 年版，第 162 页。

〔4〕 李双元、欧福永、熊之才编：《国际私法教学参考资料选编》，北京大学出版社 2002 年版，第 355 页。

〔5〕 李双元、欧福永、熊之才编：《国际私法教学参考资料选编》，北京大学出版社 2002 年版，第 242~243 页。

时，与其他的法律选择方法之间有着不同程度的互相影响、互相作用。不同的法律选择方法不是对立的，而是相辅相成的。

一、最密切联系原则与意思自治原则

意思自治原则在越来越多的领域中得以适用，这对最密切联系原则也产生了一定的影响，二者有相互依托之势。意思自治原则强调当事人的主观意志，最密切联系原则强调法律与地域的联系。从本质上来说，二者是相契合的，都是从自身的利益角度出发进行法律选择。

（一）最密切联系原则与意思自治原则的联系

最密切联系原则和意思自治原则相互作用、相互影响、相互补充、相互补充。它们是确定现代国际私法适用法律的两个基石。在意思自治原则的补充或从属地位基础之上，最密切联系原则并非完全被动。虽然国际私法立法者都对意思自治原则表示赞同，但所有国家都毫无例外地限制了当事人选择法律的权利。最密切联系原则包括对政策和利益的分析，可被用作监督、管理和控制的手段，国家通过这种手段调整具体的法律关系，从而就意思自治原则缔结条约。例如，尽管《冲突法重述（第二次）》的第187条赋予了当事人选择法律的权利，不过它有两条约束性条件：被选择的国家和当事人或交易存在一定的关联，或当事人能够提供合理的理由，当事人在确定倾向的法律时必须遵守相关的决定。也就是说，意思自治原则受到最密切联系原则的制约。

最密切联系原则和意思自治原则是不同的。部分学者指出，最密切联系原则的范围比意思自治原则更大，因此基于前者确定的法律涵盖了当事人的意愿所倾向的法律，或这一法律被当作和法律关系最密切的法律。[1]这一观点并未考虑到两项原则的不同之处，并且过于绝对化，没有讨论的意义。诚然，从法律选择方法的角度来看，两者都是主观联系点，均为缓和冲突规则的方法，将法律的灵活性充分地展示出来，但二者也有不同之处，这一点必须引起足够的重视。从适用主体立场分析，意思自治原则是

---

〔1〕 沈涓：《合同准据法理论的解释》，法律出版社2000年版，第110~111页。

由争议当事人执行的，而最密切联系原则的执行者则为法官或仲裁员。在价取取向方面，意思自治原则和私法自治思想是相符的，也就是私法主体可以独立地开展私法行为，当事人的意愿和权利理应被尊重。意思自治原则的重点在于法律的自由价值以及利益价值。法官为了实现法律的正义，会以最密切联系原则为依据，其作为指导原则主要是为了实现正义和法律秩序的价值。在通常情况下，为了熟悉和方便，当事人会选择具有最密切的法律关系的法律。然而，意思自治原则体现出了私权中的法律选择权，而最密切联系原则体现的则是司法中的法律选择权，所以并未赋予当事人自由选择权，法律关系与最密切相关的法律是一致的。若认为意思自治原则是最密切联系原则的一部分，则它存在的意义有哪些？实际上，就目前的国际私法来看，法律选择方式是多种多样的，并且往往都会有多种方式并行利用。尽管笔者并不赞同将当事人意愿纳入最密切相关原则，但认为废止暗示选择是很有必要的。意思自治的判断方法和最密切联系原则里面最密切相关地方的考虑是相同的，所以无需专门规定意思自治，最密切联系原则可以在没有明确表达的情况下直接适用。[1]

作为一项重要的法律选择，意思自治原则和最密切联系原则很可能同时被引入某一法律关系。在这方面，怎样创建立法技术？笔者的观点是：按照先意思自治、后最密切联系的顺序予以确定。这是因为：首先，当事人对法律适应的协商，其本质即为实质性问题的协商。所以，若当事人有权选择法律，这必然会增强各方之间的交流，为更快地解决冲突奠定基础，法律适用的可预见性也将得到改善，并且，它也有助于提高法律适用结果的相对确定性。这两点在过去几千年间一直都是国际司法领域的主要价值取向。其次，优先确定意思自治原则，赋予当事人法律选择权。事实上，与当事人分担外国法律确定的责任可以使法官的工作量降低，这样就能够使法官将更多的精力放在其他事务上，从而在更短的时间内给出判决。而且，法官也会倾向于以双方达成一致的法律为依据进行裁决，这样

〔1〕 孙南申、杜涛主编：《当代国际私法研究：21 世纪的中国与国际私法》，上海人民出版社 2006 年版，第 4 页。

的裁决结果更容易被双方接受。艾伦·茨威格等人曾经提到："当发生法律冲突时，赋予当事人法律选择权早已是法律界的趋势。从表面上来看，在对政府利益予以分析的竞争中，各方的诉求在最后会占上风。"[1]诚然，意思自治原则给予当事人的法律选择权也是有限的。正如前文分析的那样，它有可能会受到最密切联系原则的限制。不过，考虑到国际私法的私法属性，除非当事人选择的法律违反法律，否则这种限制不会经常发生。法院地的禁止性规定会影响到善意第三方的利益。若当事人放弃法律选择的权力，法官应该基于最密切联系原则，在权衡各方面的因素后，最终选择以具有最密切联系的法律为依据进行裁判。

（二）最密切联系原则与意思自治原则的联系思考

意思自治学说源于准据法的主观主义理论，是确定合同准据法的基本理论。这种学说从"契约自由"原则出发，认为合同既然是一种合意之债，当事人在主观上便应当具有依照自己的意愿选择他们认为合适的法律作为合同准据法并按照该法律在合同中设立自己的权利和义务的自由。[2]当事人意思自治原则一方面从根本上适应了自由资本经济和国际贸易发展的要求，另一方面又适应了司法实践对法律简明化的需要。[3]意思自治原则和最密切联系原则是当前合同法律适用中的主要依据，各国立法和实践都在不同程度上采取了意思自治原则和最密切联系原则相结合的做法，把后者作为前者的补充理论，即允许当事人自主选择合同或合同某一方面所适用的法律。但如果当事人没有选择法律或所做的选择被认为无效，各国便会采用不同方式对最密切联系原则加以运用，并确定准据法。但在目前，以最密切联系原则补充意思自治原则的合理性问题有反思的必要。当事人意思自治原则已发展为现代合同冲突法的首要价值目标，[4]而目前各

---

〔1〕 A. Ehrenzweig, Jayme, *Private International Law*: *A Comparative Treatise on American International Conflicts Law*, *Including the Law of Admiralty*, New York: Oceana Publications, 1973, p. 31.

〔2〕 刘凯湘、张云平："意思自治原则的变迁及其经济分析"，载《中外法学》1997年第4期。

〔3〕 李金峰："试论最密切联系原则的本质"，载《长春市委党校学报》2001年第4期。

〔4〕 适用意思自治原则不能规避一国的强行法。

国在当事人未做有效选择时，如前文所述，一般都会采用最密切联系原则来选定准据法，此种做法并不一定可靠。当事人选择一国法律可能是出于对其的了解和信赖，也可能是出于排斥另一特定法律的适用。如果当事人从一无效选择中明显表现出对某一法律的排斥，或可推知其法律选择的最起码的目的在于排除某一法律的适用。然而，法律选择被认定无效后，后者依最密切联系原则却刚好应予适用。一般的实践是，既然选择无效，则当适用与案件有最密切联系的法律，但这与当事人意愿相悖，而之所以允许当事人选择法律却正是出于对其意愿的尊重，不将这种尊重贯彻始终是没有道理的。依笔者之见，当事人无效的法律选择应对最密切联系原则产生一定的限制作用，合同是当事人之间的协议，由当事人双方自行决定，合同关系的性质体现了法律对一当事人意志的尊重，当事人既然有权选择合同的内容，也应有权选择合同应适用的法律。〔1〕

在当事人未作有效选择时，应区别不同的情况予以处理：当事人未进行法律选择时，各国按照法律规定运用最密切联系原则为当事人找到最适当的准据法是正当且恰当的。当事人的选择被认定为无效时，当事人进行无效选择和完全没有选择的情况不同。前者表明了当事人的意愿，即其愿意适用某法律而不愿适用其他法律；〔2〕而后者则是一种对法律选择的放弃，表明一种任意的心态，既不赞成也不反对某种法律的适用。所以，在这两种情况下，法官的自由裁量权应有所不同。对于后者，既然当事人放弃了权利，法官应当有权替他们选择法律；对于前者，由于当事人并未放弃其选择法律的机会，其选择的法律无效可能仅仅是因为选择与合同无任何联系的国家的法律，而法院地国的立法要求必须选择与合同有联系的国家的法律，或者是当事人的法律选择不符合法院地国形式上的要求。当事人因对该国法律的了解与信赖而选择了该国法律，就应享有一种“正当期待权”，对此应当予以保护。此时，法院在运用最密切联系原则时应以保

〔1〕　不得规避某些合同领域的硬性冲突规范。

〔2〕　在实践中也不排除在某些情况下准据法的选择仅反映一方当事人的意愿，对方是被迫接受，例如格式合同中的法律选择条款，或者双方在缔约谈判中由占有较大优势的一方提出的法律选择条款等。

护当事人的合理预期为目标，抛弃以往那种比较各种连结点以后选择其一的做法。

二、最密切联系原则与直接适用的法

（一）最密切联系原则对直接适用的法的价值导向

最密切联系原则指的是兼顾私人主体的权利意识、国际民商事关系的性质、私人主体的公共秩序政策，在此基础上创建内部和实质性联系的多元法律体系的公共秩序政策。其涉及来自不同国家、不同主体利益的法律。其重点体现在四点上：其一，国际民商事关系以及多元化的法律体系表现出内在性、实质性特征。如此一来，多元法律体系的冲突才可以被纳入进来，国际私法的作用才可以体现出来。举例来说，《冲突法重述（第二次）》的相关内容指出："冲突法是任何一个主权国家法律体系的构成组分，它决定了事件可能会涉及两个或更多国家是有效的。"〔1〕其二，国际私法是一项规范多元化国家和多个私人主体利益的法律。实质上，争夺适用于国际民商事关系的多重法律制度的冲突是多个国家和多个私人主体之间的利益博弈。1963 年，美国人柯里创建了政府利益分析理论，让人们意识到关联到不同国家、不同私人主体利益的法律冲突是存在的。该理论提倡基于政策和利益分析的方法来选择法律。其三，最密切联系原则对国际私法具有指导性作用，它能够有效地解决多元法律体系涉及的公共秩序的政策矛盾。从国际私法角度来看，在进行法律选择时，需要结合私人主体权利意识的地位、国际的民商事关系的性质和公共秩序政策等多方面的因素进行考量。应该将重点放在事实和价值上，事实是价值的现实基础。〔2〕以往的国际私法在主权冲突方面无法准确地理解法律冲突，因此不能有效地解决公共秩序的矛盾，国际私法领域经常出现分居的案例。1971 年《冲突法重述（第二次）》所确定的最密切联系原则阐明了公共秩序政策，该

〔1〕 刘颖、吕国民编：《国际私法资料选编》，中信出版社 2004 年版，第 63 页。

〔2〕［德］伯恩·魏德士：《法理学》，丁小春、吴越译，法律出版社 2003 年版，第 5 页。

政策侧重于法律选择中的多种法律制度。[1]其四，如今的国际私法同时遵循最密切联系原则和冲突规范，从而将二者的方法整合起来。最密切联系原则在调整国际私法过程中具有谨慎性，并且充分发挥出了客观冲突规范的作用。若遵循客观冲突规范的法律属于私法，其适用的结果能够在来自不同国家的各个主体的利益之间达到平衡。这种情况不但是传统国际私法的基本价值，更是国际私法以客观冲突规范为载体的原因。若遵循客观冲突规范选择适用法律，属于公法范畴，则国际私法就会被涂上浓厚的法院地主义色彩。纵览历史，很多国家在拓展法院地法律适用范围时，都会以遵循客观性冲突规范的他国法律属于公法为理由。在过去，公法性质的法律被认为在他国不具有法律效力。最密切联系原则是能够解决任何法律冲突的有效方法，因此，这种情况应该基于最密切联系原则来应对。目前，国际私法逐渐朝着如下方向发展：在需要的情况下，确保可以适用多国的强制性法律或公法。美国学者里斯认为："《冲突法重述（第二次）》是考虑中立法院的立场而设计的，它只是为了寻求最合适的法律的适用。"[2]最密切联系原则是国际游戏规则，目的是实现各国国际私法的彼此协调，从而适应国际关系日益复杂化的现状。这就解释了为什么多数国家的国际私法会采纳最密切联系原则。现代国际私法的立法模式是将最密切联系原则与冲突规范相结合。实际上，它确定了法律选择适用的广泛标准，即所适用的法律必须与国际民商事关系有内在的实质性关系，并且能够合理平衡多元化国家和多元化私人主体之间的关系。最密切联系原则起到了指导性原则和法律选择方法的作用。

最密切联系原则的诞生和演变具有必然性。在经济全球化的发展过程中，国际交流日益频繁，保持国际秩序的有序性更为重要。基于利益平衡的基础，国际私法的概念已经从国家主权标准转变为国际社会标准，国际社会标准概念的加强将不可避免地导致国际私法理论和实践发生重大变化。如今，国际私法已经进入了全面合作阶段。若没有一致的原则或标准

[1] 刘颖、吕国民编：《国际私法资料选编》，中信出版社2004年版，第65页。
[2] 韩德培主编：《国际私法新论》，武汉大学出版社2003年版，第54页。

予以规范，很难调和不同国家国际私法的混乱局面。为了实现平等，恢复良好的国际秩序，各国都对最密切联系原则表示认可和接受。实际上，最密切联系原则是在现代经济和生活背景下诞生的，是国际私法价值体系的现代重构。〔1〕国际私法必须全面地权衡各国政治、经济、宗教、文化、外交等方面的状况，从而对利益分配进行优化，若不遵循最密切联系原则，将难以实现这一目的。

（二）最密切联系原则对直接适用的法的定位

在国家对社会和经济干预力度不断加大的过程中，直接适用的法独立存在的作用日益凸显，在全球范围内得到了广泛的应用。德国学者认为，该法律直接适用于干涉或侵权规则，证明国际社会已经在尝试利用法律选择来满足公共利益。选择某一法案，就相当于选择了与之对应的规则和结果。所以，学者们将很多直接适用的法律称作法律冲突的实质性现象。〔2〕大部分国家都会适用内国的直接适用的法，这种行为早已被法律所认可。〔3〕在过去几年间，外国直接适用法律的要求逐渐降低。1987年，《瑞士联邦国际私法法典》提出，最密切联系原则适用外国强制性法律或公法。这是全球第一部明令禁止适用属于公法范畴的外国法律的法案。后来，加拿大、突尼斯效仿瑞士，先后在20世纪调整国内的国际私法法典。目前，有相当一部分的学者认为，应该对国内外公法一视同仁，但学术界在立法和司法方面极为谨慎。一般来说，国际私法基于最密切联系原则，会以他国的直接适用法律为依据，包括《罗马公约》《海牙代理法适用公约》在内的一系列国际公约也有类似的规定，揭开了双边主义取代单边主义的序幕，同时代表着最密切联系原则已经被强制法或公法所采纳。

尽管直接适用法是国际私法的强制性法律，不过其立法、司法的价值取向应该和最密切联系原则是一致的。此类法律的立法、司法不应该具有

〔1〕谭岳奇："从形式正义到实质正义——现代国际私法的价值转换和发展取向思考"，载《法制与社会发展》1999年第3期。

〔2〕韩德培主编：《国际私法问题专论》，武汉大学出版社2004年版，第23~24页。

〔3〕肖永平：《冲突法专论》，武汉大学出版社1999年版，第159~182页。

随意性的特点，否则就会给单边主义、属地主义的生长提供良好的条件，难以有效地避免、解决法律冲突，导致国际合作进一步受阻。直接适用法的适用则有所不同，有人认为，直接适用法的适用不需要冲突规范的调解，因此它曾经被视为与统一实体法并列的另一种国际私法规范。它避免或绕过冲突规范，并通过国内民商法直接规范特定的国际民商事关系。部分学者认为，直接适用法和冲突规范、冲突法之间存在一定的关联，不过前者的适用范围和后者无关，所以它也被叫作“自限法或空间条件法”。当前，单一地基于自我定向的空间适用范围规范来选择直接适用法律是不合理的，而且，直接适用法在作为裁判依据时往往会发生冲突。所以，否认直接适用法和冲突规范、冲突法的关联是不正确的。基于最密切联系原则，在以直接适用法为法律依据时，应该遵照如下程序：首先，直接适用法和国际民商事关系之间存在一定的实质性关系。国内外直接适用法仅适用于和国际民商事关系存在实质性关联的情形，此即为国内外适用直接适用法的前提。其次，兼顾他国认可的原则和方法。若以直接适用法为依据得到的结果违背了国际惯例，或与国内公共秩序政策存在严重的冲突，此时便应该放弃适用该法律，再基于最密切联系原则来选择适用法律。应当指出，仅仅因为外国直接适用法的内容违背国内公共秩序政策就不以他国法律为依据是不合理的。为此，必须考虑其适用结果会不会导致国内利益被严重侵害。比如，我国最高人民法院于 2007 年发布的《关于审理涉外民商事合同纠纷适用法律若干问题的规定》（以下简称《2007 年规定》）明确指出，若以他国法律为依据会导致国家公共利益受损，则不适用外国法律，但适用中华人民共和国法律。总的来说，各国的公共秩序政策都应该在维护自身利益的基础上，考虑到有关国家的利益，同时结合本国国情和国际合作程度进行考量。最密切联系原则要求对多元化法律体系下的公共秩序政策进行整体规划，目的是合理平衡多元化国家和多元化私人主体之间的利益。最后，确定了直接适用法的优先原则。若本国和他国的适用法律是不一致的，应该首先考虑适用本国的法律。针对这一点，笔者的观点是我国应该对该领域进行更深入的比较研究，基于自身的国情制定和适用直接适用法，对他国的直接适用法的使用保持谨慎态度。

三、最密切联系原则的优势和劣势分析

（一）优势分析

第一，规范法律体系。由于传统冲突规范具有硬性、机械性，法官可以根据他们所指的法律作出判决，这可能是不公平的，甚至是会影响到当事人的合法权益的。所以，一些有正义感的法官会使用一些技能来阻碍法律的适用。在正常情况下，法官将采用承认、减刑和公共秩序保留等制度。考虑到将法院地法律适用于程序问题这种行为在各国十分常见，若法官能够在公平正义原则的指导下将争端确定为程序问题，其便可以将法律关系所要适用的准据法改为法院地法。此外，在一般情况下，法院都会基于互惠制度或公共秩序制度而摒弃冲突规则指向的外国实体法，从而适用法院地实体法。另外，转致也可以指向外国实体法，从而更好地体现出法律的“公平正义”属性。尽管识别、逆转和保留公共秩序的初衷不尽相同，但法官会违心、刻意地曲解这些制度的内涵和功能，以得到理想的判决结果，从而导致上述制度因规避技术而受到质疑，甚至是以法律的严肃性、权威性为代价。回避技巧受到部分法官的青睐，原因在于以往的法律选择规则不够灵活。如果能够基于最密切联系原则，他们便可以作出公正的判决，而无需诉诸规避技术，从而规范法律体系的运作。[1]另一方面，国际私法相关的理论成果，为法律的选择指明了方向，但是许多理论并没有解释这些理由。最密切联系原则指出，法律关系与法律之间有着紧密的联系，尽管这一原因较为抽象，但其却能够有效地将问题的本质揭示出来。它不再关注法律关系应该被置于哪个国家的管辖权之下，而是关注法律选择是否最合适，法律适用能否体现出其公平性，实际上就是以“结果选择”替代“管辖权选择”。即对某个国家来说，法律关系选择法律不仅是因为法律对法律关系具有管辖权，而且是因为法律的应用可以达到最佳效果。[2]这样的操作方式并不复杂，并且能够支撑某种法律被当作准据法

---

〔1〕 王承志：《美国冲突法重述之晚近发展》，法律出版社 2006 年版，第 98 页。

〔2〕 沈涓：《合同准据法理论的解释》，法律出版社 2000 年版，第 113 页。

适用，从而提高法制的规范化水平。

第二，可以拓展国际私法的适用范围。在科技日益精进、国际民商事务交流增多的当下，各种新型的国际民商事案件不断涌现，这其中涉及的法律关系更加复杂，而与之形成鲜明对比的是过于简单的冲突规则。因此，这一规则很难为法律选择和适用提供有力的依据。梅因曾经提到：法律总会落后于社会的需求以及意识，也许我们能够努力促进二者的同步，但从长期的角度来看，最终是无法达成这一目标的，原因在于法律具有稳定性，但人们所处的社会无时无刻不在向前行。[1]针对以往并未遇到的国际民商事法律关系，考虑到冲突规范是落后的，在司法实践中难免会碰到无法可依的情况。例如，在航空运输领域，适用侵权行为地法时会碰到这样的问题：飞机移动速度快，能够在短时间内移动很长的距离，因此难以确定侵权行为地；航空事故具有不可预测性，导致基于侵权行为地的法律无法预测当事人权利被侵害的行为；飞机在途经无主权国家时，不存在侵权法。[2]此时，遵循最密切联系原则能够很好地补充国际私法体系的不足。将这一责任委托给法院反映了主权者的意识，即传统立法者的局限性越来越明显，基于此，其可以真正准确、有效地反映主权者在复杂国际关系中的意愿。面对现代国际关系的新趋势，法官的自由裁量权只有通过直接参与实际案件才能弥补立法机关的缺陷。[3]作为备用方案，最密切联系原则对于任何法律关系、任何形式的冲突均有一定的价值。尽管预制规则使法律适用具有了一定的确定性，其在司法活动中也能够提供法律选择上的指导，但其指引的法律有可能与案件或者当事人均只具有偶然的或非实质性的联系，法律难免有所疏漏，难以在所有情况下均公平地选择法律，因此能够体现最密切联系原则精神的例外条款，就能够在一定程度上缓解这一问题。也就是说，若法律仅比预制规则指引的法律更为密切，那么该规则

---

〔1〕［英］梅因：《古代法》，沈景一译，商务印书馆1959年版，第15页。

〔2〕王瀚、孙玉超：“国际航空运输领域侵权行为法律适用问题研究”，载《河南省政法管理干部学院学报》2006年第1期。

〔3〕李金泽：“最密切联系原则：冲突法在现代国际社会中的自我超越”，载《甘肃社会科学》1998年第1期。

指向的法律便并不是不能被推翻的。这种规则以原则和例外的形式将法律选择方法的硬性条款和软化条款有机地结合起来。由于在实践中总会发生一些例外状况，因此该规则能够避免硬性冲突规则导致的不合理结果。最密切联系原则的补充和纠正功能可以让法官在国际民商事案件中得到法律上的依据，从而增强国际私法的适应性。

第三，有利于实现个案公正。针对法律适用这一问题，传统冲突规范通常基于预先确定的固定连结点的指导来选择审理具体案件的法律，不要求法官确定同一连结点在具体案件中的相对重要性，从而对所有的案件“一视同仁”，不重视具体案件的特殊构成。显然，这种处理方式会损害到法律的公平性和正义性。最密切联系原则克服了传统国际私法的缺点，后者只为每种法律关系规定了一个单一的联系因素来指导适用的法律。该原则给予法律选择更大的灵活性，同时在法律的不同价值中进行选择，以确保法院能够依据具体情况选择适用法律，充分体现出平等协调的思想，有利于法律正义目标的实现。根据最密切联系原则，法官必须结合案件的情况，对与案件有关的法域的相应法律内容进行分析，找出关键的、本质的利益因素，同时，还需兼顾法律背后所隐藏的政策目的及其与案件相关利益的关联程度。要解决利益冲突，首先必须厘清“主线”，然后在此基础上完成法律的选择，将法律的实体正义充分体现出来。以最密切联系原则为基础，国际私法不仅应该起到导向作用，还应该为有关当事人制定公平的行为规则。这意味着，它的意义在于更好地调整国际民商事关系。在个案审理过程中，法院应制定公平的解决方案，如果可能的话再实现确定性、可预测性等目标。因此，法院必须对案件展开全面的分析，从而找到最应当适用的法律，而不是一味地“闭门造车”。这样能够有效地避免传统国际私法的盲目性、机械性。另一方面，通过改造传统冲突规范，增强了适应性，在国际私法范围内尽可能促进国际民商事关系的合理调整，使其脱离激进的“政府利益分析理论”，并为其开辟了广阔的道路。[1]法官的内心都藏有一架名为“个案公正”的天平，法官可以发挥主观能动性，适用最密切

〔1〕 许光耀：“试论最密切联系原则的利弊得失”，载《法学评论》1999年第1期。

联系原则，从而保护弱者的利益，这在一定程度上实现了个案公正的目的。

（二）劣势分析

最密切联系原则提供了更多的法律选择，从本质上来看，它能够有效地抵消冲突规则的刚性，使法律的适用变得更加灵活。因此，法官在选择法律时不但要考虑单一的、机械的联系因素，同时还应该兼顾和法律关系存在关联的所有因素，从而找出最根本的联系。这一环节给予了法官极大的自主权，即由其决定最密切的法律并适用，有可能在两个类似的案件中采用不同的法律作为依据进行判决。因此，这一原则的适用提高了法律选择的灵活性，但却是以法律的确定性为代价的。如果法官本身的素质或道德水平较低，便很有可能滥用或不合理地使用该原则，这也是这一原则最大的缺陷。最密切联系原则基本上是进行多边法律的选择，但是如果自由裁量权被滥用甚至失控，后果将非常严重，这可能导致单边主义，甚至是引发国际私法体系的崩溃。

还有学者认为，这一原则会使法律的适用范围发生不合理的扩大。然而，将“回家去”的趋势完全归因于最密切联系原则是一种偏见。事实上，在司法实践中，各种涉外民商事案件最后都是根据法院地法的法律进行判决的，这样的做法一直从古代延续到今天。在面对国际民商事案件时，即便是遵循以往的冲突规则，法官也能够通过身份识别、回归、公共秩序保留等方式，拒绝以他国法律为依据，而是按照本地法律进行裁判。换句话来说，传统冲突规则下的各项制度使法官有机会任意排除外国法律的适用，传统法律冲突中的法院地法趋势也难以避免。正如一些学者所说的：“在外国法律的适用中，只有一个半知半解的初学者，如履薄冰；但是在法院地法的适用中，则是精通专业知识和技能的专家，处在主导地位的裁判。法院遵循他国法律的质量和本地法律的质量存在差异，原因在于法官是在实行本地法的环境下生活的，因此会死板地而非灵活地适用外国法律，这是非常危险的。”〔1〕一些学者说，出于本能或教育背景，总有一

〔1〕 Zweigert, “Some Reflections on the Sociological Dimensions of Private International Law: What is Justice in Conflict of Laws”, *University of Colorado Law Review*, 1973, (44): 293.

种倾向认为法院地法追求的目的具有特殊价值，保护法院地各方的期望特别合法。因此，法院地法一直被赋予特殊的意义并被优先适用。简而言之，从法院地的政策利益角度来看，法官会倾向于不断地拓展法律的适用范围，而且法官熟悉法院地法，这将导致其滥用法院地法。法院认为，适用法院地法将降低诉讼成本，提高诉讼效率；从当事方的角度来看，如果法院运用最密切联系原则，并把法院地法的帽子戴在最密切联系原则上，当事方将尽一切办法选择法院，进而比较和权衡具有管辖权的当地法律。它会消耗太多的人力和财力，导致诉讼成本提高，使司法资源得不到有效的利用。所以，我们要采取措施防止法官出现上述倾向，并适用真正具有最密切联系的法律。

通过前文的分析可知，最密切联系原则的优势体现为：提高法律制度的标准化、现代化程度，适用于不同的国际民商事法律关系，将法律的公正性充分地体现出来。不过，它会赋予法官更大的自由，提高法律选择的灵活性有可能出现权力被滥用的问题，这就是该原则最大的缺点。最密切联系原则的优点是其他制度不能取代的，但是它的缺点可以通过一些方法得到改善，比如制定某些规则，以便更好地结合确定性和灵活性，提高法官自身的素质，以及适当地行使他们的自由裁量权。

第二章
最密切联系原则的发展原因

起源于英美国家司法判例的最密切联系原则在当代国际社会中是一项较为流行的法律选择规则或方法，学者们的理论学说对最密切联系原则的发展起到了非常重要的作用。但是，我们应当透过这种表面现象来思考其深层次的理论渊源。最密切联系原则之所以能够萌芽、确立、发展至今，进而被承认、接受并被广泛运用于各国的立法和司法活动中，其当然有着深刻的思想根源。

第一节　最密切联系原则的法哲学分析

美国冲突法革命衍生出的最密切联系原则与不同时期的法哲学思潮有着密不可分的关系。学者们在研究不同的法哲学思想对于冲突法理论的影响时，或者单纯地论证实用主义法学，或者单纯地论证社会学法学，或者单纯地论证现实主义法学，或者将三种思想完全等同，认为它们都是在对机械性理论观念的批判的基础上产生的。虽然这三种思想存在着承继关系，都对最密切联系原则的产生发展起到了一定的作用，但是我们不能因此而忽视它们的历史背景和差异。

一、主要学说

（一）实用主义法学

19 世纪末期，繁荣的经济和统一的国家使美国在世界范围内的地位提高。在这样的历史背景下，实用主义法学逐渐形成，体现了美国的国家精神。霍姆斯是美国历史上最先运用实用主义的方法来研究法律的学者。其在著作《普通法》中曾提到，法律的生命不是逻辑，而是经验。他认为，在判例法的产生发展过程中，人们所感受到的当代社会的需求、盛行的道德观念和政治理论、政策和利益的制度、法官们所共有的观点和看法等公开的、无意识的因素与演绎推理相比起到的作用更大。判例法的精粹之处便是法律推理。但是，此处的推理并不是“三段式推理”，不同于形式逻辑中的推理，而是法官根据司法实践中的经验所做的推理。这种经验推理是法官充分了解生活百态，以遵循先例为前提，根据社会不断变化而相应地发展法律，赋予先例新鲜的血液，是有限制地遵循先例。[1]法律不是随意的事物，人们应能够根据法律的具体规定来预测法院将会作出怎样的判决，法官能够将个人对政治、经济、社会等的看法通过判决进行解释，即法官造法。[2]实用主义法学的本质是让法官从实证的角度出发，不再坚持传统的法律选择规则，分析具体的社会状况，考察法律背后所隐藏的政府政策和利益，把握符合社会发展趋势的价值标准，在实践中发现、创造法律，反对机械地、盲目地适用法律。与概念主义法学相比，实用主义法学转移了法律的重心，从主权者到法官，并赋予了法官一定的自由裁量权，期待法官以公正的态度来实现法的价值追求。

实用主义法学对法律适用结果的确定性目标持怀疑态度，霍姆斯曾说，法律只不过是在预测法院将会做些什么而已。弗兰克也曾说，法律是由法院的判决所组成的。针对具体情况来说：“实际的法”即是对于某个情况的过去的判决；“大概的法”即是对于某个情况的未来推测，直至法院审理某一案件，但该案件并不涉及任何法律。[3]事实上，最密切联系原则的运用离不开法官对于案件的判断，该原则强调适用法律的灵活性和结果合理性的和谐统一，不赞同机械的传统法律选择方法。应当说，实用主义法学给最密切联系原则带来了一定的启示，霍姆斯的实用主义法学促进了现实主义法学和社会学法学的产生。

---

〔1〕 张乃根：《西方法哲学史纲》，中国政法大学出版社 1997 年版，第 278~279 页。

〔2〕 吕世伦：《西方法律思潮源流论》，中国人民公安大学出版社 1993 年版，第 36 页。

〔3〕 张文显：《二十世纪西方法哲学思潮研究》，法律出版社 1996 年版，第 135~139 页。

（二）社会学法学

社会学法学是实用主义法学进一步发展的结果。庞德跟随霍姆斯的步伐，也是在反对概念主义的基础上形成了自己的理论。与霍姆斯不同的是，在形成和发展社会学法学的过程中，庞德吸收了欧洲大陆的法社会学理论，以及各种相似的理论。特别是德国学者耶林的社会利益理论对庞德的理论的发展造成了很大的影响。庞德认为，法哲学的基本任务是要意识到隐藏在法律背后的、法律想要实现的社会目的。因此，应当积极地分析研究法律所产生的实际效果，使法律的适用具有公正性，法律即是控制社会的手段。[1]通过庞德的理论发现，无论是法律实效论还是法律控制论，实际上都是围绕着认定、协调社会利益而展开的。因此，庞德理论的核心思想是社会利益说。[2]社会学法学重点强调法律的社会属性，强调社会利益等问题，对影响发现法律过程的各种因素进行探讨，根据政治、经济、社会等政策来适用、解释法律。社会学法学对待规则的态度是谨慎的，也反对以形而上的、先验的理论来推理法律规则。庞德认为，人们深信不疑的适用法律的结果的一致性、确定性是不可能存在的；适用封闭的、机械的法律规则与现实是不符的。因此，社会学法学也反对传统法律选择方法对一致性、确定性的追求。当代法律选择理论追求个案公正，反对确定性和一致性，追求灵活性。而最密切联系原则就是在这样的理论环境下产生的。此外，社会学法学从社会、经济、道德、文化等多视角分析问题的方法论，对于最密切联系原则有一定的借鉴意义。

（三）现实主义法学

在第二次世界大战以后进入高潮的现实主义法学，是反思辨、重现实、重经验的运动，曾在美国的法学界占据支配地位，至今还有一定的影响力。现实主义的法学思想在适用主义法学中也有所体现，社会学法学引导学者们从“书本”走向“行动”。从反对概念主义法学的立场来说，现

---

〔1〕［美］罗斯科·庞德：《通过法律的社会控制》，沈宗灵译，楼邦彦校，商务印书馆 1984 年版，第 9 页。

〔2〕张乃根：《西方法哲学史纲》，中国政法大学出版社 1997 年版，第 292～293 页。

实主义法学、实用主义法学、社会学法学是没有差别的。但是，支持现实主义的学者的观点也并不完全相同。有学者将现实主义法学看作是一场运动，而不是一个学派。现实主义法学对待现实较为谨慎，且具有改革精神。〔1〕卢埃林认为，法律是变化的，是实现社会目的的手段之一，法律是由司法创造出来的；社会也是变化的，而且比法律变化得更快，因此要不断地审视现有的法律是否符合社会的需求；通过传统法律选择规则和理论观念来说明法院行为的，应当谨慎对待；至于法律选择规则对法院判决所起到的作用，也应当谨慎对待；要将实然法和应然法区分开，以免影响法官对现实的分析判断；要重“现实法”，反对“书本法”等。〔2〕最密切联系原则诞生于繁荣的现实主义法学时期。从该原则的内容和适用来看，它重视实效性，重视具体的经验分析，反对固定的、抽象的原则，将原则当作实现目的的手段之一，根据适用的结果来判断优劣，二者是相通的。〔3〕

二、最密切联系原则法哲学上的解读

冲突规范是间接调整涉外民商事法律关系的法律适用规范，包含着法律适用结果的确定性、可预见性、一致性，法院地国家的利益，国际社会秩序的稳定，当事人的正当期待以及案件结果的公正性目标。这些价值目标很难同时实现。首先，法律选择规范应当具有稳定性、确定性、可预见性和结果一致性，否则在处理涉外民商事法律关系时就没有确定的依据。其次，当代社会复杂多变，没有哪一项具体的法律规则完全符合客观情况的要求。因此，法律选择规范又应当具有合理性和灵活性，这样有利于实现个案公正。对立统一的价值追求构成了法律选择规范的内在矛盾，传统的法律选择规范以不变应万变，注重适用法律的确定性、一致性，如果发生特殊的案件，则不易变通，难以实现个案公正。之后，新自然法学派逐渐兴起，社会物质条件也在不断变化，法律中的正义价值重新被提及，并得到了逐步弘扬和发展。追求适用法律的灵活性，赋予法官一定的自由裁

〔1〕张乃根：《西方法哲学史纲》，中国政法大学出版社1997年版，第306~308页。
〔2〕沈宗灵：《现代西方法理学》，北京大学出版社1992年版，第309页。
〔3〕郑自文：“最密切联系原则的哲学思考”，载《法学评论》1994年第6期。

量权，以便保证充分实现个案的公正性是法律选择理论发展的必然趋势。如此，法律选择规范中的内在矛盾促进了最密切联系原则的产生和发展。在第一次世界大战后出现，在第二次世界大战后进入高潮的反思辨、重现实、重经验的哲学运动在西方国家蔓延开来，尤其是美国（最密切联系原则的发源地），更为盛行这种实用主义哲学。当这场哲学运动风靡全美国的时候，最密切联系原则开始萌芽。因此，最密切联系原则就自然而然地将实用主义哲学作为其理论基础，并与它紧密结合。从最密切联系原则的内容和运用情况来看，它强调具体问题具体分析的经验，反对一成不变的、抽象的理论，重视实效，把理论作为手段来实现目的，根据适用的结果来判断好坏。这显然是和实用主义哲学一脉相连的。

最初有关最密切联系原则的表述，来自于20世纪中期美国和英国对于合同和侵权法律适用的判断。从实质上的思想渊源来看，该原则的形成经过了相当长的一段时间。它发源于萨维尼的法律关系本座说。其认为，所有法律关系都能够被划分到一个法域，即法律关系的“本座”，所以法律关系要适用该地法律。20世纪50年代，富德法官在“奥廷诉奥廷案”中提出的“关系集聚地、重力中心地”概念，使最密切联系原则初见端倪，之后的“贝科克诉杰克逊案”完全是根据最密切联系原则理论作出的判决。在以上司法判例的影响下，《冲突法重述（第二次）》正式确立了最密切联系原则。此后，许多国家的立法和司法活动都采纳了最密切联系原则。从方法论的角度来看，最密切联系原则和法律关系本座说之间既存在着某种联系，又相互区别。由于理论在一定程度上是相通的，因此最密切联系原则是对法律关系本座说的发展。但由于主观因素的介入，最密切联系原则又在一定程度上否定了法律关系本座说，尤其是在具体的运用中，这种否定表现得更为明显。站在辩证法立场上，该原则是对旧有法律选择理论的颠覆和突破，但又区别于20世纪60年代之前的“法院地说、政府利益分析说”。应当说，从法律关系本座说到最密切联系原则，是唯物辩证法中的“否定之否定”规律在国际私法发展过程中的一种体现。最密切联系原则的产生、发展会受到社会经济、政治文化、法律文化、各种意识形态以及法律选择规范内在的矛盾等的影响，该理论是第二次世界大战后的由经济决定的社会因素的相互作用、内外因的相互运行、协同运用的结果。最密切联系原则的理论基础是稳定的，也有充分的实践基础，不仅仅依靠法官的分析判断以及案件的审理结果。[1]

最初，最密切联系原则是为了解决诸如美国、英国这样的多法域国家的内部冲突而被创设的。该理论反映了法律选择规范在辩证发展过程中的要求和趋势，一经产生便快速成了当代法律选择方法中解决法律冲突问题的新潮流，且各国还根据本国立法和司法的要求赋予了该理论一些新的特点。这个过程符合事物具有矛盾的普遍性与特殊性的唯物辩证法原理，最密切联系原则的发展及其运用是"全球思想，民族执行"的表现。最密切联系原则在处理涉外民商事案件时，不是按照原本机械、单一的连结点来确定应当适用的法律，而是考虑分析与该案件有关的各种因素，从而找到本质上的联系地，并适用该地的法律，如此来克服传统法律选择规则的缺点。具体可以从以下几方面分析：

首先，从系统论中认识事物的科学方法论原则来看，[2]最密切联系原则要求法官在审理案件时综合考虑、分析与案件有关的各种因素，不但包括和法律关系主体有联系的因素（例如当事人住所地、国籍、合同缔结地、合同履行地等），还包括和法律关系客体有联系的因素（例如财产所在地、标的物所在地等）。[3]将对象看作一个动态整体，并从多方面加以联系把握，这种方法既是定性的，又是定量的；既可以找出与法律关系具有联系的各要素之间的关系，又可以衡量各主客观要素，找到法律关系的"重心地"，为法官审理案件提供一个最优的选择。从辩证法的理论来看，最密切联系原则既使冲突规范具有灵活性，又始终围绕"最密切联系"。这也与重点论、两点论相统一的原理相符，有利于克服"单一论"或"均衡论"的缺陷。其次，从客观辩证法的角度来看，事物是现象与本质的对立统一。如果将这种方法适用于最密切联系原则，则法官不能凭空想象法

---

〔1〕 李双元：《国际私法（冲突法篇）》（修订版），武汉大学出版社 2001 年版，第 84 页。

〔2〕 即整体性原则、相关性原则、有序性原则、等级系统原则、模型化和优化原则。

〔3〕 肖永平："最密切联系原则在中国冲突法中的应用"，载《中国社会科学》1992 年第 3 期。

律关系的本质，而忽视现象，例如客观连结点；也不能根据法律选择规范本身来决定法律的适用；应当通过连结点这一现象来分析法律背后所隐藏的政策和利益，即应当从实质层面来解决法律冲突，而非形式上的。再次，最密切联系原则强调个案的公正和正当期待的保护，也关注法律适用的确定性、一致性和可预见性，以便对相关因素进行系统的分析，作为适用法律的出发点、目的地和重要原则。以结果为出发点来寻找最密切联系地，进而决定应当适用的法律，这种方法可被称为“从后思索”。马克思认为，思索生活的形式，科学地进行分析，按照社会与实践全然相反的道路，这是从事后开始的思索，是从已经确定的结果开始的。马克思提出的这种思维方式在运用最密切联系原则的过程中是值得借鉴的。最后，黑格尔曾这样理解思维和存在的统一。他认为，这是绝对观念“自在→自为→自在自为”的一个过程。从唯物辩证的角度来看，就是在认识一个客体之前，以主体的视角，该客体的规定性还没有充分展示，这是“自在”；在认识一个客体之后，该客体的规定性得以充分展示，这是“自为”；客体“自在”和主体“自为”相结合，这就是“自在自为”。最密切联系原则赋予法官一定的自由裁量权，法官要考虑分析各种相关的因素（因素在分析前是自在，在分析后是自为），找到与案件最具有联系的地方，并适用该地的法律，使案件获得一个合理、公正的结果（此为自在自为）。因此，适用最密切联系原则的过程也是法律关系“自在→自为→自在自为”的过程，法官在这个过程中具有主动性，能够实现法律选择的灵活性。

三、最密切联系原则具体适用中的分析

最密切联系原则所具有的这些特点使它成了许多国家在进行法律选择时都会普遍适用的原则（矛盾普遍性）。在运用最密切联系原则时，各个国家的立场观点是不统一的，甚至存在很大的差别，即矛盾特殊性（民族性）。其主要表现在以下几方面：

首先，各个国家和地区对最密切联系原则的适用范围和接受程度不同。有些将最密切联系原则作为适用于特定领域的法律选择规范，例如，1980 年欧共体《关于契约债务的法律适用公约》第 4 条。有些国家将最密

切联系原则作为指导性原则，并以列举的方式体现，例如《奥地利联邦国际私法法规》第 1 条。有些国家将最密切联系原则作为补充性原则，例如《瑞士联邦国际私法法规》。有些国家将最密切联系原则适用于合同、侵权等特定领域，或者仅适用于个别冲突问题的解决。加拿大国际私法在不断变革完善的过程中也逐渐纳入了该原则，但在不同领域，最密切联系原则的适用不同。例如，在合同领域，最密切联系原则等同于一般规则；在侵权领域中则是一个例外条款；在管辖权领域，该原则间接通过不方便法院原则发挥作用，间接解决外国法院判决的承认与执行。这一情况和 1994 年《魁北克新民法典》第 10 章相像。[1]

其次，各个国家适用最密切联系原则的方式不同。[2]一是特征性履行，主要是大陆法系国家。在双务合同中，如果一方当事人的履行在功能上体现了合同的最主要的特征，那么就应当适用该合同方的法律。将这种方法作为确定准据法的依据，既与矛盾普遍性和特殊性的辩证关系相符，又有利于法律适用的确定性、可预见性。但是，特征性履行地（矛盾特殊性）并不当然得到合理的结果。如果有与合同关系更为密切的连结点，那么再适用特征性履行地的话就会有不合理的结果。二是法官考虑分析相关的因素，从而找出与案件最具有联系的地方的法律，这主要是英美法系国家采用的灵活性方法。三是将最密切联系原则和固定标志相结合的方法。方法上的不同反映了法官自由裁量权的程度不同。大陆法系国家重视立法者，在立法上将最密切联系原则作为具有决定性意义的标准；英美法系国家重视法官，赋予法官裁量权，使法官有权根据具体案件找出最具有联系的法律；1985 年《海牙公约》则采取了折中的方法，这在一定程度上体现了最密切联系原则的发展趋势。

最后，作为一项法律选择规范，最密切联系原则既受到国内强行法以及公共秩序保留的限制，又受到法官能力的限制。在司法实践中，各个国

---

〔1〕 G. Castel, "Some Recent Important Trends in Canada Private International Law", *Netherlands International Law*, 1993, (40): 15~30.

〔2〕 王军："关于合同法律适用最密切联系原则的运用方法"，载《比较法研究》1998 年第 4 期。

家的规定和适用是不同的，至于法官的能力则更是千差万别。因此，即便是同一个案件，在不同的国家，由不同的法官审理，其结果也是各不相同的。

我国国际私法在最初的立法中就接受了最密切联系原则，既采用了1985年《海牙公约》的理论，同时又结合了我国的实际情况，兼具确定性和灵活性，即普遍性和特殊性的有机统一。因此，其是科学的、先进的，且适用范围也比较广泛。但是，我国现行立法关于最密切联系原则的规定并非完美，条款过于抽象。更好地结合普遍性和特殊性的原理，立足于我国国情，借鉴有利的实践经验，这应当是我国最密切联系原则在未来发展中需要遵循的原则。

最密切联系原则的本质是以法官的自由裁量权代替机械的传统法律选择规范。该原则与传统法律选择理论的区别是既具有灵活性，又考虑到了与法律关系相关的因素。这种灵活性能够增强法官审理涉外民商事案件的能力，但是却难以把握适用最密切联系原则的“度”。对最密切联系原则“度”的正确认识有利于合理、公正地解决案件，对理论和实践的发展都具有重要的意义。唯物辩证法认为，事物是“质”和“量”的统一，“度”则是统一的体现。度，是指事物需要保持自身质和量的范围、幅度，事物的度的两端都有极限，也就是临界点。度，是在临界点范围内的变化幅度，也就是质所能容纳的量的限度。只要不越过临界点、不过度，事物就能保持相对的稳定。在总量幅度内，事物不会发生根本质变，只会出现量变和部分质变。一旦超越临界点，超出总量的幅度范围，事物就会发生根本质变。事物在变化过程中，达不到“度”即“不及”，超过“度”即“过”，在事物相对稳定的情况下，“不及和过”都会造成司法实践中的失误。最密切联系原则中的“度”就是维持最密切联系条件下的法律适用的范围，在最密切联系原则的主体、客体范围，自由裁量权以及适用目标中都有所体现。

从立法论的角度来看，最密切联系原则是一种综合分析方法。虽然该原则依赖法官的自由裁量权，但是并不代表法官可以随意进行裁判，也不代表最密切联系原则中的“度”不具有客观性。度是事物本身固有的，是客观的，人们不能违背客观性，更不能消灭、废除，只能具体分析，正确把握。在实践中把握和研究最密切联系原则中的“度”是十分困难的，它既是客观存在的，又是不能随意背离的。任何偏离或者超越“度”的行为都会给最密切联系原则的适用造成阻碍。度的客观性决定了度的性质和特点：一是层次性，即界限。最密切联系原则的适用有利于增强法律适用的确定性、可预见性，也有利于增强法律选择的合理性、灵活性。两方面的价值追求是统一的。同时，在司法实践中，既要赋予法官一定的自由裁量权，又要保持法律的确定性，还要关注两者的平衡问题。二是复合性，即与法律关系有关的因素往往是两个或两个以上，具有可分性。在众多的因素中，法官要根据具体案件，分析相关因素的重要性（度），以便找到法律关系的重心地。三是非均衡性。最密切联系原则不同领域中的发展是不同的、不平衡的。一般来说，最密切联系原则会被运用在合同领域和侵权领域，而婚姻家庭领域和不动产领域等不适合该种方法。此外，即便法律关系的类型相同，但案件情况不同，连结点的构成也不同，那么该原则的适用便会有所区别。

通过对该原则中的“度”进行分析，在具体运用最密切联系原则时，应当注意以下几个问题：

首先是结果的一致性、可预见性、确定性和个案公正性的关系。传统法律选择规范侧重于结果的一致性、可预见性和确定性，往往通过单一的连结点或是硬性的冲突规范来实现。在一定程度上，该方法是合理的，但却带有盲目性和机械性，容易给当事人带来不公正的后果。因此，对于传统法律选择规范而言，确定性、稳定性和不利的公正性是相辅相成的，最密切联系原则的产生发展能够弥补这类缺陷。作为一种新生理论，最密切联系原则对传统理论持扬弃的态度，既不是否定，也不是照搬照抄；该原则既追求结果的一致性、可预见性、确定性，也追求个案的公正性；将这两方面规定在立法中没有困难，难点在于如何使二者和谐共处，既不损害结果的一致性、可预见性、确定性，也不损害当事人的合法权益。这便要求法官根据案件的具体情况、与法律关系相关的冲突规范和连结点，客观地、灵活地做出分析和判断。

其次是法律规范性和自由裁量权的关系。一方面，法律应当具有规范性，维护社会秩序的统一；另一方面，不能局限于抽象的法律规范，因为社会在不断变化，需要法律做出相应的调整，此外只有和具体案件相结合，普遍性规范才能发挥应有的作用。在调整、结合的过程中，不能忽视法官的自由裁量权。同时也应当注意到，只有在不影响规范性的范围内，自由裁量权的运用才有利于法律稳定性、变动性的和谐统一。因此，适当地限制法官的自由裁量权是有必要的。关于“限制”，法律会限制法官的自由裁量权，即法官要根据法律的规定来行使权力；审判权也会限制法官的自由裁量权，即这种权力的行使只能发生在审判过程中。一旦超过限度，就会打破规范性和裁量权之间的界限，最密切联系原则应有的作用就会被减损。

最后是关于最密切联系地的确定。最密切联系原则的实质是找到与案件、法律关系具有密切联系的因素，但在众多的连结点中确定“最密切”联系的因素并不容易。根据一些国家的司法实践，最密切联系地的确定需要考虑以下的因素：一是相关因素与案件的联系程度；二是法律的具体内容与隐藏于法律背后的政策、利益的关系；三是判决案件对有关法域利益方面的影响是增多还是减少；四是案件的判决对于当事人来说是否公正，如果公正，则公正的程度如何。不同的案件，具体情况不同，相关因素的重要性也不同。例如，在合同案件中，当事人的正当期望相对重要；在监护案件中，子女的利益相对重要；在侵权案件中，有利于被害人的判决成为趋势。因此，关于最密切联系地的确定，法官既要合理分析主客观因素的分布情况，还要客观地、灵活地分析不同连结点的价值和重要程度。如此，才有可能正确把握最密切联系原则中的“度”。

第二节　最密切联系原则的法律分析

传统法律选择规则较为简单，且缺乏适当性及灵活性，侧重于实现形式上的公正，很少关注实体上的合理公正。伴随着频繁的涉外民商事交往，各种冲突也日渐复杂多变，在保证法律适用结果的确定性、稳定性、一致性的同时，也需要灵活的法律选择方法。

一、法律的稳定性与变动性

一方面，法律是社会秩序的基本保障，法律必须保持相对稳定。另一面，众所周知，社会关系是在不断发展变化的，那么调整它的法律也应当不断随之变化。在这种情况下，法律工作者必须兼顾这种变动和不变，在两者之间达到一种平衡。这种平衡其实就是法律规定性和法官自由裁量权的统一。知名法学家庞德曾经有过一句名言："法律体系之所以成功是因为它有效地平衡了极端任意权力和极端受限权力。"这种平衡会被打破，尤其是社会的发展和进步经常会打破这种平衡。当然，在理性和经验的不断对抗当中，这种平衡会被重新构建。正因为如此，小到个人，大到整个社会才能够持续地发展。当传统冲突规范已经无法适应时代和社会发展的要求而广受诟病时，法官的自由裁量权获得了更多的关注。庞德曾经明确提出过"无法司法"这一理念。"无法司法"具体指的是法官有权力不受一般规则的限制和约束，所享有的自由裁量权相对广泛。他认为，整个法律的变革都是在确定的规则和自由裁量权之间来回摇摆，最密切联系原则归根结底是对自由裁量权的一种规范。它的本质在于改变硬性的规定，软化传统法律规范，增强法律适用的灵活性，在这种情况下要给予法官一定的自由裁量权。当然，法官的自由裁量权也应当是有边界的。20 世纪 80 年代，多个大陆法系国家纷纷以立法的形式对自由裁量权进行了明确限定，自此之后，确定性规则和自由裁量权逐渐变得和谐。

二、秩序和正义的平衡

法律体系要想发挥出应有的功效，就必须兼顾秩序和正义。准确地来说，法律的价值追求应当是秩序和公平正义。通俗而言，法律存在的目的就是构建更加公平、正义的社会秩序（just social order）。由于法律寻求提高社会秩序的价值，它必须注意连续性和稳定性的概念。众所周知，社会生活中的秩序与人类行为或行为模式的构建有关，只有行为具有一定的稳定性，行为模式才能够被有效构建。如果法律没有能力制止混乱，那么，造成的结果就是更加混乱，社会秩序将不复存在，无人能够有效预知未来发生的事情。所以，参照成文法来规范自己的行为和遵循先例原则就变成了维护社会秩序的有效工具。除此之外，在执行法律的过程当中，为了实现公平正义的价值追求，必要时也会有其他的考量。正义期待的平等并不代表过去同现在之间是完全平等的，这种平等不仅应是时间上的（an equality in time），更应当是空间上的（an equality in space）。通俗而言就是说，要平等地对待各种人和物。所以，当过去的价值判断已经不符合现在社会的需要时，追求公平正义和遵循先例之间就会产生冲突，在这种情况下，在两者之间找到一种有效的平衡就显得任重而道远了。遵从法律规则的原则，所反映的法律的有序功能有一种僵化法律和坚持当前社会经济形势的趋势。这增强了法律固有的追溯力和惰性，借助于整个司法行动从内部纠正劣势的难度很高，要想纠正甚至是克服它必须要从外部入手。可以说，最行之有效的方式就是构建出相对公平的制度，通过该制度来实现对法律制度的修改和补充完善。比如说，英国的公平制度其实就是一种补充和修正。它有效地克服了传统冲突法僵化和保守的缺点，最大限度地实现了对正义的价值追求。换而言之就是，由目的论指导的力量，旨在保持法律和社会道德之间的平衡。传统国际私法通过固定连结点追求的形式正义归根结底就是一种秩序。这种秩序同法律适用相匹配。基本上，传统国际私法始终在追求一种和谐、有序的国际民商事秩序。在这种情况下，涉外民商事案件都能够以冲突规范为基础找到可以适用的法律。现代国际私法更多地关注公平和正义，但是两者并没有在秩序和正义之间找到平衡点。最密切联系原则是对旧有的僵化方式的打破和颠覆，在成文规则和自由裁量权之间实现了一种和谐，是两种价值取向逐渐达到平衡的结果。

三、内在功能的作用

该原则功能众多，较为突出的主要有以下两方面：首先，在法律冲突时进行补充和辅助；其次，对硬性规定造成的非公平、公正进行纠正。法律在一般情况下是非常稳定的，但社会关系正在迅速变化，因此如果没有变化，应对变化往往更加被动和不足。梅因说："无论是社会需求还是社会意识一般都会排在法律前面。"在一定情况下，可以不断地缩小两者之间的差距，但是整体的趋势是相对开放的，法律的稳定性推动着社会不断向前发展，[1]这就是我们常说的法律带有一定的滞后性。冲突规则也是如此。在一般情况下，冲突规则无法穷尽现实生活中出现的全部民事状况，特别是高新技术的革新和全球经济一体化的趋势，使得国家与国家之间的经济贸易往来规模越来越大，由此便衍生出了诸多全新的法律关系，但是却没有与之相匹配的规则。因此，必须要拟定出对应的规则来填补相应的空白，最密切联系原则是法官最好的选择。比如说，在合同领域，一方违反诚信未尽到应尽的义务给另一方造成损害且存在过失，各个国家和地区对于这种过失应当承担的法律责任和承担方式的规定各不相同。由于国际私法没有规定相关的准则，也没有对具体适用法律进行规定，这就导致法官难以确定所适用的法律。在此情况下，最密切联系原则能够很好地解决这个问题，法官可以对过失因素进行分析，同时依据该原则，将与案件有最密切联系的法律确定为适用法律。在纠正功能方面，《瑞士国际私法联邦法典》第 15 条明确指出："在所有情况下，本法规定的法律适用，除非该案件显然仅与本法规定的法律松散相关，并且与另一法律关系更密切。"也就是说，在所有的涉外民商事案件当中都应当优先适用现有的冲突规则，在对具体案件进行具体分析后，如果现有的冲突规则不够公平、合理，那么就可以适用最密切联系原则，以便使最终的结果趋向于公平、公正和合理。[2]最密切联系原则在对传统冲突规范的批评、对它们简单机械的联系的极度不满以及艰苦的探索中蓬勃发展。土耳其的《国际私法和国际诉讼程序法》第 25 条规定："侵权行为发生地的法律应适用于非合同侵权行为的责任，若侵权行为衍生出的法律关系与其他国家联系更紧密，那么应当适用该国法律。"《国际货物销售合同适用公约》第 8 条第 3 款规定："总的来说，如同双方之间的商业关系一样，合同应受管辖。如果合同显然与本条规定的合同适用法律以外的法律更密切相关，则该合同受另一国法律管辖。"

---

〔1〕［英］梅因：《古代法》，沈景一译，商务印书馆 1959 年版，第 15 页。

〔2〕徐伟功："从自由裁量权角度论国际私法中的最密切联系原则"，载《法学评论》2000 年第 4 期。

第三节 最密切联系原则的成本分析

法律与经济密不可分。法属于上层建筑，从根本上来说，其是由经济基础决定的。与其他理论学说一样，最密切联系原则也是在一定的社会经济环境中发展起来的，满足了特定时期的社会需求，顺应了社会的价值追求，发挥了应有的作用。

一、最密切联系原则立法和司法上的经济学解读

冲突规则可以通过规则或方法来体现。最密切联系原则不同于既定规则，这是一种模糊的法律选择方法，它只给出了衡量法律的一般标准。法律的适用没有明确的法律规定，从这个角度分析，它的最终确定离不开司法实务。简而言之，它有极强的非确定性。比如，若法律明确规定合同应当受合同订立地的法律管辖，这将使当事人能够迅速找到适用的法律，也便于法官审理案件；如果法律规定合同应受与其关系最密切的地方的法律管辖，这便是一种不确定的选择方法。这是立法性的，司法费用和既定规则之间有很大差异。

在立法上，制作方法的成本不高，但司法成本很高。相对来说，制定某些规则的成本很高，但是规则可以重复应用，司法成本很低，因此可以被巨大的制定成本抵消。如果冲突规范以确定性规则的形式出现，它们可以反复应用并稳定推理。因此，最密切联系原则和其他法律选择方法应该符合经济学中的成本效益定律。判断最密切联系原则并确定规则的成本效益分界线取决于法律是在个体行为之前给出规则，还是在个体行为之后给出方法。[1]也就是说，需要考虑法律行为的性质。在应用最密切关系原则时，我们应该避免“提前给出规则”的领域，这些领域的规则将带来稳定的利益。也就是说，如果将最密切联系原则应用于以下领域，将会产生很

---

〔1〕 L. Kaplow, “General Characteristics of Rules”, *Encyclopedia of Law and Economics*, 1997, (3): 14.

多费用：

首先，该原则的具体适用范围不包括内容相对确定、频率相对较高的领域。具体指的是，当法律行为模式出现的频率较高、内容没有太大变化时，制定规则所需付出的成本价值将同司法实务里冲突规范能够反复应用的优势、将同案件当事人能够得到的更加清晰的指引相抵扣。在这种情况下，最密切联系原则不适用。例如，婚姻的形式要求适用于缔结婚姻的地方的法律；合同的形式适用于合同订立地的法律。上述行为有着统一的特点：发生频率较高、具体内容相对固定、没有太大差别，因此具体规则同此类行为的匹配度较高。

其次，最密切联系原则不适用于高效率的领域。模糊方法的预见性很差，会导致问题。在一般情况下，当事人最终选择为一定行为耗时较长。若法律行为模式能够明确地兼顾效率这一价值追求，则将高效率领域内的明确具体规则模糊化显然并不合理。常见的高效率领域是票据流通领域。在该领域，各个国家或地区基本上都对具体的流通行为进行了界定和划分，同时依据不同的行为拟定了对应的法律制度。在此类领域，模糊方式并不适合。

再次，该原则适用的范围不包括对包括经济在内的社会条件敏感度不高的领域。众所周知，法律制定的成本在一定程度上受行为模式的影响。若地区的经济发展状况和整体社会条件同法律行为有着密不可分的关系，则必须承认的是，该领域应当由弹性更强、灵活度更高的方法填充，刚性规则并不合适。例如，大多数国家均允许当事人合意选择法律，及将最密切联系原则运用于合同领域。同理，对于对经济和社会条件不敏感的地区来说，既定规则是较好的选择，诸如婚姻领域、继承领域。

最后，该原则适用的范围也不包括要由公权力进行强制管理的领域。据社会学理论可知，一个良性、正常、健康发展的社会离不开最基础和普遍的社会秩序和善良道德，即我们常说的公序良俗。若法律行为同这种管理有重合的地方，则明确具体的规则也能够在很大程度上服务于国家对公共事务管理。必须注意到的是，部分地区往往选择采取弹性较大、灵活度较高的方法，在特定情况下允许个人进行选择。比如说，在我国合同的领域就能够适用该原则，但是对该原则适用的合同范围实行严格的管理和限制，即中华人民共和国的三种类型的合同：中外合资经营企业合同、中外合作经营企业合同、中外合作勘探开发自然资源合同，适用中华人民共和国法律。

从司法角度来看，最密切联系原则最早出现在美国。在美国，法官的决策权内涵和外延较大。之所以会出现这种情况是由于最密切联系原则过于笼统、不够清晰，演绎推理往往很难独立完成。在这种情况下，必须而且只能够凭借法官的专业知识和经验进行个人推理。它造成的弊端之一就是司法成本上涨：法院法的可预测性、一致性和倾向性降低，更为关注当事人和政府的利益。由此可知，要想在司法中使该原则被更好地适用，同时兼顾成本控制，那么就一定要满足以下几方面的条件：

首先，该原则要求法官掌握一定数量的信息。立法人员对规则信息掌握的数量不够，就不足以帮助立法人员制定出更为清晰、准确的规则。此时，立法者只能设定一个标准，剩余的就需要依靠法官来完善解决，通过这种方式来达到控制成本的目的。部分法律行为信息在立法的全部步骤和过程中未能被充分表达，但是纠纷发生后会产生大量的信息。所以，法官在审理案件的过程当中获得的信息要远比立法人员掌握的信息更全面、更系统。这是一种更合适的方法，由法官来决定这些案件中法律的适用，而不是由立法者来决定。但是，对于一些较为特殊的领域（主要指的是信息在法律行为前已被充分表达），法官在信息方面同立法人员相比并无显著优势。此时，最密切联系原则并不适用。

其次，该原则还要求法官掌握一定数量的专业知识，特别是国际私法领域。在该领域，无论是一些基础法律概念，还是对应的法律制度，抑或者是司法实务中审理案件的具体方式方法都同其他的法律部门差异很大。除此之外，立足于最密切联系原则的推理也有可能被应用于其他国家和地区。在这种情况下，法官必须掌握相应的比较法律专业知识，还要具备熟悉他国法律、运用他国的法律审理案件的能力。所以，它对于审判人员专业素养的要求更为严格。

再次，该原则要求法官必须经历过相对严格的培训和再教育。最密切联系原则非常注重整个推理过程，因为只有确保整个推理的步骤、过程的逻辑性严密性、完整性，才能够保证整个的推理结果质量。它对法官综合素质的要求更加严格。但是，在实践中，法官要想获得成长，变得成熟、专业，需要经过相当长的一段时间，特别是涉外民事案件对法官的经验要求更高。如果法官不具备相应经验，那么在适用该原则的时候，可能无法取得预期的效果，导致司法实践处于不稳定状态，从而影响该原则的适用。

最后，该原则还对整个司法系统的独立性有一定的要求，这是出于公共选择的考量。若司法系统受制于其他的机构或个人，并不完全独立，那么案件的审判就会不可避免地受到其他因素的干扰，甚至是被其他因素决定。最密切联系原则本身附带的优势会被抵冲，在此种情况下，该原则的弹性也会在一定程度上造成司法状况恶化。

二、最密切联系原则的立法成本分析

（一）精确最密切联系原则适用的领域

近几年，无论是学术界还是实务界都开始关注最密切联系原则。许多学者都主张扩大该原则的适用范围。然而，从经济角度来看，最密切联系原则作为一种弹性方法，只有在制定规则的成本大大高于收益时才被允许干预。通过对受管制行为的属性展开研究我们可以得出这样的结论，规则在大多数情况下更适合于发生频率高、内容相对稳定、追求效率价值、对经济及社会条件不灵敏、由公权力进行强制管理的领域。尽管制定规则的成本非常高，但这些成本将会因其应用的稳定性而产生一定的可预测性。该原则自身附带的许多优势也能够被发挥。同时，在前述领域之外，该原则适用的空间恰恰相反，该原则已经被广泛地应用到多个领域，比较常见的有合同、国籍、居住地和营业地冲突领域。这些领域是否符合对最密切联系原则的评价，值得重新考虑。

首先，从经济学理论的角度分析，该原则在严格意义上来说并不是一项原则。尽管中国仅以最密切联系原则作为补充原则，但互补充分说明，如果某个法律条文对某个问题没有作出相对明确规定，就能够依据最密切联系原则依据案件实际情况来确定适用法律。这意味着最密切联系原则对所有领域都是开放的。此外，中国没有根据《中华人民共和国涉外民事关系法律适用法》（以下简称《法律适用法》）第 2 条的规定作出任何解释规定，这为该条在司法实践中的适用提供了很大的空间，并且没有任何理论限制。这可能会导致在不应适用最密切联系原则的地区适用该原则。例如，该法律没有规定在跨界环境侵权案件中适用该法律，在这种情况下，法官一般援引《法律适用法》第 44 条。侵权行为的规定是否直接适用最密切联系原则？法律的盲点是否可以在与经济发展几乎没有关系的一些传统领域（例如婚姻和继承领域）被援引？第 2 条的相关表述能否被援引？依据经济学的理论可知，上述问题的答案是否定的，在我国亦是如此。特别是在涉外司法经验不充足的情况下，这样做并不合适。这主要是由于它会打破确定规则的优势，同时带来较高的成本。

其次，最密切联系原则可以适用于合同领域，但是具体的范围是有界定的。当前，在合同里适用的基本原则是意思自治原则及最密切联系原则。通俗而言，意思自治原则就是给予当事人选择适用法律的权利，如果当事人并没有作出选择或当事人作出的选择没有效力，在此时便可适用最密切联系原则，我国的情况也是如此。在该领域，给予当事人选择权是毋庸置疑的。但是，当当事人别无选择、只能选择适用最密切联系原则时，西方国家普遍采用了立法限制的方式，对该原则适用范围进行控制，希望能够达到有效控制成本的目的。比如说，在欧洲，最密切联系原则基本上都是借助于特征性履行原则来确定的。而在美国，最密切联系原则的运行经验是从实际案例中总结出来的，并且立足于结论衍生出全新的规则：最密切联系原则的适用主体不是全部的未选择当事人，而是只适用于特征的表现或新的实践，有些特殊的场合超出了规则。在中国颁布《合同法》之前，相关的适用依据主要是《2007 年规定》，该规定在一定程度上为该原则适用圈定了范围。但是《最高人民法院关于适用〈中华人民共和国合同法〉若干问题的解释（一）》的颁布标志着《2007 年规定》相关条款失效，结果就是在我国最密切联系原则呈现出了相对开放的状态。从经济角度来看，这是不合适的，会导致应用成本过高。一方面，司法机关在应用最密切联系原则推理时使用了许多非法定的、任意的推理。除此之外，该原则确实适用于类型众多的合同纠纷。最密切联系原则在合同领域的适用稍微复杂一些。

最后，最密切联系原则通常不适用于扶养领域。扶养领域不仅稳定，与经济条件的变化几乎没有关系，而且涉及保护弱者的利益，这是国际私法的另一项原则。无论是国际上的海牙公约还是其他国家和地区的司法实践都选择了被扶养人的属人法，以其作为案件所应适用的法律，若想要明显地提高灵活度，法院通常被允许根据被扶养人利益的原则决定法律在被扶养人属人法中的适用。中国关于扶养的法律规定体现在1988年的《最高人民法院关于贯彻执行〈中华人民共和国民法通则〉若干问题的意见（试行）》中，现在已经无法深究立法人员作出在监管适用该原则，同时放弃对弱者权益地位保护的初衷。然而，从适用于最密切联系原则的法律行为类型来看，我们可以找到监护原则和范围。当然，也有部分专家认为，在该领域适用该原则时要兼顾弹性，那么适用结果同保护弱者权益原则便不会有太大的差别。当然，这两项原则在作用机制方面没有任何相同点。在大陆法系中，该原则涉及的推理及判断依然是停留在区域这一级别。通俗而言，就是法官一般依据案件和区域的关联度来选择、确定所适用的法律。[1]保护弱者利益的原则强调的是弱者情感、物质等因素，强调的不是客观因素，如果单单只从这方面对最密切联系原则进行判断，显然并不合适。如果是从经济立场上分析，那么稳定规则的最大优势之一就是能够给个性非常突出的领域营造一种极高的安全感，通过这种安全感完成和实现价值更高且更为稳定的回报。这种回报是最密切联系原则无法实现的。

此外，笔者认为，在国籍、居住地和多重管辖权冲突领域中适用最密切联系原则更为合适，因为最密切联系原则在这些领域居于补充地位。也就是说，只允许在少数无法判断既定规则的情况下适用，实务当中基本上不会出现前述情况。在这种情况下，选择最密切联系原则这种灵活度更强

---

〔1〕 C. Symeonides, "Codification and flexibility in Private lnternational Law", *General Reports of the XVIIIth Congress of the lnternational Academy of Comparative Law*, Karen B. Brown, David V. Snyder, Springer, 2011. p. 30.

的方式，一方面能够有效地控制立法成本，而且在不造成更多司法成本的情况下拖延了立法。

（二）增强最密切联系原则的可操作性

我国法律中有关最密切联系原则的条款通常被表述为“与纠纷或案件有最密切联系的法律”。之前适用性较强的《2007 年规定》已于 2013 年被废止，这就意味着法律并没有过多的指示性规定，那么法官在该原则的适用方面便拥有很大的自由裁量权。正是由于该原则的可操作性不强，它的原理也就相对高昂。法官不受限制地自由评估证据不仅破坏了法律的确定性、统一性和可预见性。同时，由于不同法官的标准会有所出入，在一定程度上也影响到了法律和判决本身的权威性，特别是当法官的独立性受到干扰时，就会在无形当中提高该原则的司法成本。对我国立法现状进行分析可知，该原则在司法适用方面还存在一定的不足：错误率很高。例如，一些常见的错误，如“援引旧法律、援引无效法律、法律的不正确搭配”、最密切联系原则的法律规定不可操作。法官在适用最密切联系原则时使用的众多任意推理依据表明，在法官根据一般法律条款具体运作的过程中，该原则的任意性非常强。当前，该原则在我们国家适用的基本情况如下：大部分的案件都适用的是我国的法律，这不禁引发了我们的思考，即该原则的存在是否在一定程度上弱化甚至剥夺了自身的冲突规范功能，进而完全沦为法官属地主义的工具？该原则最为显著的优势就是它在司法实务当中的弹性很大，它最显著的劣势是它的灵活性太高、不好掌控。经济学的相关理论不认可在开放的立法情形下存在该原则，它认为该原则要想存在，就必须要对整体的适用范围、方式以及逻辑进行限定。西方发达国家的国际私法在很大程度上验证了该趋势。欧洲大陆的普遍做法是通过特征的表现来确定最接近的接触地点，并规定如果一个案件与一个国家或地区的关系显然比特征的表现更密切，就能够适用该国家该地区的法律。但必须要注意到的是，在此情况下，应当由更高级别的法官承担相应的举证责任。英美法系国家在这方面也在不断变革、发展和完善，从最开始的完全不受限制，到后来的《冲突法重述（第二次）》，再到近期的通过多个州以立法的形式对司法实务中的最密切联系原则进行确定。[1]根据这一逻辑思维，中国最密切联系原则的立法研究仍需进一步深化，以使其更具可操作性。

三、最密切联系原则的司法成本分析

（一）限制最密切联系原则的司法适用

前述已经提及，笔者在分析之后认为，经济学的相关理论在很大程度上是认可规则在国际私法中的适用的，[2]最密切联系原则只能在规则运行成本很高的少数情况下适用。除此之外，还需要考虑整个国家和地区的司法系统运行的问题，若整体的司法状况较为勉强，那么势必会增加司法成本，这会在一定程度上抵冲该原则本身附带的优势。因此，笔者认为，中国不适合在司法实践中过度适用最密切联系原则。主要原因有以下几点：

第一，该原则对法官的自由裁量权有一定程度的要求。卡弗斯说："自由裁量权只由非利益相关者掌握，作为工具它才是相对安全和可靠的。"[3]然而，我们国家当前整体司法状况尚且不够理想，特别是中国几千年的传统非常关注关系、裙带。除此之外，我国法官整体地位同西方国家相比有一些差距，容易受到其他机构和个人的干扰和影响。法官在国际私法领域的裁量权没有得到有效的规制，并且，很容易引发这一原则的负面影响。比如说，适用法院所在地法律的情况更多。

第二，我国整个法官群体对涉外案件的接触频率不高、案件数量少、接触时间短、审判经验也相对匮乏、[4]法官的分布也不均衡。法官无法展示最密切联系原则本身所包含的适用法律的价值，因此势必会产生一些谬误，或者是造成使用成本的增加。

---

〔1〕 M. Richman, L. Reynolds, *Understanding Conflicts of Laws*, Miamisburg: Matthew Bender, 2003, p. 209.

〔2〕 田洪鋆："国际私法中规则和标准之争的经济学分析"，载《法制与社会发展》2011年第1期。

〔3〕 宋珊珊、胡丽华："论最密切联系原则的硬化处理"，载《云南公安高等专科学校学报》2000年第4期。

〔4〕 宋连斌、赵正华："我国涉外民商事裁判文书现存问题探讨"，载《法学评论》2011年第1期。

第三，法官在适用该原则方面必须要具备一定程度的专业知识，尤其是国际法和其他国家和地区的民商法，如果能够掌握一定的比较法的知识就更好了。但是，在我国，这一状况却不容乐观。法官长期面临的都是案多人少的状况，要求他们在琐碎而繁忙的日常工作之余再学习相关的专业知识显得有点强人所难，因此他们基本上无法达到该原则的具体要求。

第四，我国当前还处于一个发展的阶段，无论是法官个人的成长，还是整个司法体系的改革和完善，都还需要相当长的一段时期。法官没有就该原则进行相对严格的培训和再教育，那么就势必会导致推理过程出现谬误，或造成使用成本的增加，甚至会导致错判误判。除此之外，我国整个司法体系的独立性同西方国家也有很大的区别，除了内部互相干扰之外，还容易受到其他体系机构甚至是个人的干扰，尤其是在财政和人事等方面没有办法做到完全的独立。在这种情况下，适用最密切联系原则会在一定程度上导致受干扰的程度加深，无法收获预期的效果。

笔者认为，经济思维更支持规则，规则在一定程度上是允许演绎、允许决策的。可以说，它的实际应用基本上只需要非常少量的信息和一定的专业知识就能够完成。在国际私法的相关案例当中，并不要求法官必须掌握全球范围所有国家和地区的法律，也不当然预设他们能够轻易获知案件所需信息。除了主动性，民商案件中的法官在审判时的自由裁量权也非常有限。在法国，“法官是法律的代言人”。这就意味着法官的审判行为被严格地限定在了法律的框架内。也就是说，法官不能够依据个人的主观意愿从事相应的行为。即使是在个别国家，法官也有权制定法律，如果他们的专业水平不够强，赋予他们做出决定的权力便是不明智的。

（二）规范最密切联系原则的司法操作

最密切联系原则允许法院自由、短视和自私地行动，当真正的法律冲突出现时，法院会主动牺牲其他国家的利益来提高自身利益。[1]当然，这

---

〔1〕 Micheal, J. Whincop, Marvkeyes, *Policy and Pragmatism in the Conflict of Laws*, Canberra: Dartmouth Publishing Company, 2001, p. 41.

并不代表该原则不能够适用。只有对该原则进行限制，同时对整个的司法程序进行规范，对它的适用成本进行有效的控制，才能使该原则的优势被彰显，实现预期的目的。在该原则适用的范围内，笔者认为，要想有效规范它的运作，应当从以下几点进行着手：

首先，一定要准确地援引相关的法律条文，该要求对我们国家当前的整个司法实务至关重要。对我国整体司法实务中该原则适用案例进行研究可以发现，部分案件于法无据，部分案件援引错误。而这种于法无据和援引错误的情况已经成了制约该原则适用的最大问题，它在一定程度上加剧了法官滥用裁量权，也会造成属地主义的盲目扩张。这同该原则有效控制成本的初衷相违背。在这个层面上，从上到下的各级法院都应当首先明确，该原则一定要同法律的规定融合。不应允许各级法院直接根据最密切联系原则作出相应的判决而不援引判决中的具体法律规定。这种判决方式属于非正常态。同时，司法体系与司法系统也必须关注不同的法律条文之间的关系，区分它们的异同点，做到准确援引相关的法律，特别是要注意新法和旧法、有效和无效等多种因素。综上所述，最密切联系原则有它的弊端。比如说，削弱可预测性、一致性，影响法院法趋势，忽视弱者权益等。特别是不援引或者是不当援引都会导致该原则的优势无法被发挥。同时，相关经验也充分地表明，该原则的运作成本不低。

其次，推理要有说服力，该原则基本上不能被适用于演绎推理。因此，在许多情况下，推理过程会被人为省略。造成这种状况的因素有很多，我国的法官大多数都不熟悉该原则的具体推理的步骤，因为该原则同我国司法实务当中的演绎推理的步骤有很大的差别。运用最密切联系原则审理案件的法官需要改变他们的思维，并且需要有一个全景思维来全面考虑许多案件的影响，这样做并不容易。该原则在实践当中的可操作性并不强，因此法官不能够简单、直接地援引同案件联系最密切相关的法律来构建整个推理的框架和填充具体的内容。这需要更加详细的立法，最好是能够在推理因素层面帮助法官不断地完成整个推理的框架，得出说服力更强的推理过程。

再次，要努力克服属地主义倾向。众所周知，国际私法所调整的法律关系基本上都是涉外的，该原则既牵扯到国家内部利益，也牵扯到外部利益，唯有超越属地主义的视角，才能够站在更加公平、公正的立场上来处理案件，才能够使该原则的效果得到更好的发挥。如若不然，该原则的灵活性优势也会因为法院地法律的扩散和地域保护而不复存在，势必会在一定程度上给国家与国家之间的交流造成障碍。

最后，还要不断地对外国法律制度进行必要的筛选和排除。在过去的司法实践中，识别、转致、公共秩序保留制度等起到了排除外国法律适用的作用，其职能和目的是使国内法适用并保护国家利益。随着国际私法实践中最密切联系原则标准的出现，其适用的频率降低，但是并未完全消失。为了能够充分地发挥该原则在司法方面的优势，在一定程度上对外国法律制度进行排除是非常有必要的。

（三）及时固定成熟经验

站在经济的立场上，最密切联系原则不属于常态法律适用。从属性上分析，它更是一个过渡的阶段、一个过程。在它发展到一定的阶段时，要对实务当中出现的案例和相关的经验进行总结，同时联系理论，拟定操作冲突规则，[1]这在一定程度上给立法机关和司法机关提出了长期的、可持续的要求。一方面，司法机关要在自己的司法实务当中不断地累积相关的经验，对各种因素进行归纳和总结，拓展多元化思维，不断地完善该原则，增强它的实用性。另一方面，对立法机构而言，要不断加强同司法机关和审判人员之间的沟通和交流，对冲突规则不断进行修改和完善，以实现最密切联系原则应用的标准化。只有这样，最密切联系原则的最大效果才能真正发挥出来。

---

〔1〕 L. M. Reese，"Choice of Law：Rules or Approach"，*Comell Law Review*，1971，（57）：319.

第三章 最密切联系原则在主要国家中的适用

最密切联系原则自正式确立以来，被多数国家承认、接受并广泛运用，但不同的国家对该原则的接纳程度不同，适用最密切联系原则的方式也不尽相同，涉及的具体领域也有所不同。

第一节 最密切联系原则立法中的相关问题

最密切联系原则的定位问题一直为各国学者所争论，各国的不同观点也在立法中有所体现。无论是英美法系国家，还是大陆法系国家，在适用最密切联系原则时都有自身的方式特点，同时在对最密切联系原则的运用限制方面也各有千秋。

一、最密切联系原则的地位

有些国家将最密切联系原则作为一项基本原则，适用于国际私法领域。如奥地利于 1979 年颁布了重要法律——《奥地利联邦国际私法法规》。该法的总则部分对“最强联系原则”进行了明确规定，“最强联系”也就是为最密切联系之意。该法在其第 1 条就进行了明确规定：“和外国存在连结的事实若从私法上来进行裁定，需依据的是和该事实具有最强联系的法律，并据此来进行裁决。”[1]与此同时，《奥地利联邦国际私法法规》还对应当适用与事实具有最强联系的法律进行了规定。具体见该法规总则第 1 条第 1 款之规定。应当说，该国的立法把最密切联系原则当作一

〔1〕 李双元、欧福永、熊之才编：《国际私法教学参考资料选编》，北京大学出版社 2002 年版，第 365 页。

项基本原则，来为如何选择法律以及法律适用方面提供指导。该法总则第1条第2款也明确表示，其他条款在与法律选择方法相关的适用方面，也应体现这一原则要求。一般来说，一项基本原则应体现这些方面的特征：广泛性、指导性与稳定性。[1]该法中的相关条款对于最密切联系原则的释明，显然体现了这些特征。该法总则之后的相关法律条文，也把最密切联系原则体现了出来。如该法第9条第1款也涉及这些方面的内容规定。具体为："如果一个人拥有外国国籍以外的国家的国籍，则以奥地利的国籍为准。对于拥有多种国籍的人，依据的标准是以与他们接触最为密切的国家国籍这个标准。"[2]该法第18条第2款还规定："倘若婚姻依据第1款规定的法律被认定为无效，且隶属于奥地利相关法律这个管辖范围之内，那么其个人的法律效力需要与奥地利的相应法律相符合。不过若其配偶存在和第三国有关系非常密切的现象，并且婚姻根据其法律也是有效的，那么奥地利法律就能为该第三国的法律所替代。"[3]由此可见，这些条款均强调最密切联系原则，并被运用于奥地利的司法实践中。

有些国家将最密切联系原则定位为补充性原则，并在具体的社会实践中加以适用，且采取该做法的国家并不少。如俄罗斯与瑞士等国就采取该立法模式。其中，俄罗斯出台的《俄罗斯联邦民法典》在第6编"国际私法"部分涉及最密切联系原则方面的内容规定，具体规定为兜底条款，用以指导确定多法域国家的准据法。例如，《俄罗斯联邦民法典》第1186条第2款明确规定："倘若依据本条第1款无法对应适用的法进行确定，则可改为适用具有最密切联系的国家所制定的法律。"[4]第1188条规定："当法律适用的法律中有几个国家时，一个国家适用于州法律确定的法律体系。如果无法根据该国的法律确定应该使用哪一种法律制度，将适用与

〔1〕 曲波："《比利时国际私法典》例外条款立法评析及其启示"，载《东北师大学报哲学(社会科学版)》2010年第6期。

〔2〕 李双元、欧福永、熊之才编：《国际私法教学参考资料选编》，北京大学出版社2002年版，第366页。

〔3〕 李双元、欧福永、熊之才编：《国际私法教学参考资料选编》，北京大学出版社2002年版，第367页。

〔4〕《俄罗斯联邦民法典》，黄道秀译，北京大学出版社2007年版，第411页。

其最密切联系的法律制度。"〔1〕在合同领域，如果双方当事人对法律选择没有达成协议，最密切联系原则对此类情况也作了特别规定。例如，有关合同准据法的确定等。第1211条第1款和第2款规定："倘若当事人就应选择适用于合同的相应法律没有明确，就可以适用存在最密切联系的国家的法律；在法律、合同条款或合同性质中没有任何其他规定的情况下，或者在总体实际情况下，履行对合同内容具有重大意义的义务各方应驻留，活动地点或主要活动地点的国家法律被视为与合同关系最密切的国家法律。"〔2〕第1213条第1款也涉及对这部分内容的规定："如当事人就房地产合同应适用于哪些法律没有形成共识，就应选择适用和合同存在最密切联系的国家所制定的法律。归结起来则为房地产所在国的法律就是与合同关系最密切的国家的法律。"〔3〕设置这些条款，能够使最密切联系原则弥补法律适用过程中可能出现的漏洞。再如，于1999年出台的《列支敦士登关于国际私法的立法》第1条第1款也对此进行了规定："倘若存在某种指引规范缺失的现象，那么就应适用与该案件联系最为密切的法律。"〔4〕1987年《瑞士联邦国际私法》将最密切联系原则作为主线贯穿于法律体系之中，明确规定了每一种法律关系应当适用的最密切联系地的法律，在进行法律选择时，更为注重特定法律和法律关系之间的联系。这是该部法律的亮点之处。此外，该部法律还对例外条款进行了规定，如在第15条就对此进行规定："倘若案件与本法未存在密切相关，而与另一法律更密切相关，则本法规定的法律不得作为例外适用。如果当事人自愿选择法律，则该条款不适用。"〔5〕该条之所以这样规定，是为了填补法律选择方法的不足。法官根据最密切联系原则来确定准据法，倘若因法律适用而引发案件结果未能体现公正性，则可依据相应理由改适用更为密切的法律来调整法

〔1〕《俄罗斯联邦民法典》，黄道秀译，北京大学出版社2007年版，第411页。

〔2〕《俄罗斯联邦民法典》，黄道秀译，北京大学出版社2007年版，第418页。

〔3〕《俄罗斯联邦民法典》，黄道秀译，北京大学出版社2007年版，第420页。

〔4〕李双元、欧福永、熊之才编：《国际私法教学参考资料选编》，北京大学出版社2002年版，第433页。

〔5〕李双元、欧福永、熊之才编：《国际私法教学参考资料选编》，北京大学出版社2002年版，第411页。

律关系。这种立法方式有利于法官在审理案件时适用更为合理的准据法，以确保判决结果的公正。2004 年《比利时国际私法法典》第 19 条第 1 款规定："如果总的来说，该案件与法律指定国家的联系并不明显，存在密切联系的是另外一个国家，那么适用的法律就应是另一国颁布的相应法律。关于适用上一段方面的规定时，需强调对适用法律具有可预测性方面进行考虑，以及在法律关系已经有效的情况下，发生争议的法律关系的相关国家的国际私法规则。"〔1〕该条规定与《瑞士联邦国际私法》的第 15 条有异曲同工之处。

二、最密切联系原则的适用方法

（一）大陆法系国家的"特征性履行方法"

1926 年《波兰国际私法典》最先规定并适用"特征性履行理论"。该理论是由瑞士学者 A. F. 施尼策尔提出的，其根据合同的特征性履行来确定适用的准据法，即"特征性给付"。〔2〕该理论体现了法律适用结果的确定性、可预见性，但却存在两个方面的问题：一是特征性履行方的确定标准是什么；二是在确立了特征性履行方以后，如何对合同所应适用的相关法律法规加以确立。就如何确立特征性履行方这点来说，一般通过以下两种方法：一是非金钱履行方。就一般的双务合同来说，订立合同的双方在通常情况下履行义务的方式是不同的，其中一方采用金钱支付的方式进行，而另一方则为非金钱支付方式进行（例如，提供商品和服务）。各种类型的合同的共性是需要支付价款，但是非金钱履行方的义务则根据合同的类型各有不同，这是用来划分合同类型的依据。根据这种方法一般都可以找到合同的特征性履行方，并基于此标准对所适用的相关立法予以确立，以便调整法律冲突问题。在有些情况下，如果没有货币介入合同的履行标的，这个时候，可以参考杜新丽教授所提出的方法：对合同所具有的

〔1〕杜涛：《国际私法的现代化进程：中外国际私法改革比较研究》，上海人民出版社 2007 年版，第 350 页。

〔2〕汤立鑫、于芳："最密切联系原则的具体运用：如何确定最密切联系地"，载《当代法学》2002 年第 6 期。

功能加以有效辨别，特别是在合同双方签署协议的情况下双方希望通过合同的订立实现什么样的目的，对其中各方的法律关系予以理清。在此之中，最能够彰显出合同功能的其中一方便可认定为特征性履行方。[1]采用这一辨别方式可以使法律选择的灵活性得以最大限度的满足。在确定合同的准据法时，应当综合分析合同双方当事人的利益、合同的性质和功能。但这种方法也有一定的缺陷，在实践操作中难以把握，因此没有得到广泛的适用。在司法实践中，一般通过以下方式来确定合同的特征性履行地法：一是特征性履行方的住所地或惯常居所地法；二是特征性履行方的营业地法；三是特殊合同（如不动产合同），适用不动产所在地法。[2]

许多大陆法系国家都会综合适用最密切联系原则和特征性履行理论，这种方式的好处在于，能够实现法律选择的确定性、可预见性。《奥地利联邦国际私法》对最密切联系原则加以特别规定，不仅在总则中对该项原则予以明确，同时也在债权领域涉及这一原则。从该法的具体表述来看，主要由合同订立的其中一方当事人承担金钱债务的这种双务合同，其履行应当以另一方习惯居所所在国立法为依据。倘若另一方在订立合同时其身份为企业家，此时则不以其习惯居所所在国立法为依据，而改为以订立合同有关的常设经营所所在地法律作为适用法律。[3]最密切联系原则是该法中的一项基本原则，因此也适用于合同领域。同时，该法在第36条中还提到，要对合同最密切联系地加以确认，应当以特征性履行理论作为重要依据。可见，该法是将两种理论综合适用的。依照《瑞士联邦国际私法》的相关条款，倘若订立合同的双方当事人未对合同适用的法律加以明确，那么在通常情况下，所适用的法律应为同合同关系最密切国家所出台的相关法律。而该国在一般情况下主要指的是负有特殊义务履行责任的一方当事人长期居所所在国。倘若合同内容同商业活动有关，在这种情况下，合同

---

〔1〕 杜新丽主编：《国际私法》，中国人民大学出版社2010年版，第224页。

〔2〕 Hay, "Flexibility versus Predictability and Uniformity", in *Choice of Law: Reflections on Current European and United States Conflicts Law: Recueil des Cours*, Kluwer Law International, 1989.

〔3〕 李双元、欧福永、熊之才编：《国际私法教学参考资料选编》，北京大学出版社2002年版，第369页。

关系最密切地主要指的是营业机构所在国。当特征性履行方在对最密切联系予以认定时，以下合同的特征性履行方可以分为：捐赠合同中的捐赠者；物业使用合同中的使用方；劳动服务合同中约定以劳动服务方式履行义务的一方当事人；仓储合同中负有保管义务的一方当事人；担保合同中负有担保义务的合同缔结者。[1]该法是通过特征性履行理论来确定合同的最密切联系地法律的。

（二）英美法系国家的“灵活方法”

在判例法国家中，法官起到的作用非常大，法官拥有一定的自由裁量权，在对具体案件加以审理的过程中，通常会凭借个人断案经验对所有相关因素进行全面、综合的考虑。就合同来看，法官在确定最密切联系地时，会衡量双方当事人所在地、合同缔结地、合同履行地等因素，还会权衡当事人的利益、国家的政策利益等，至于哪个因素与合同的联系最为密切，很难有一个确定的标准。这和法官的专业素养、教育背景、意志形态等都有一定的关系。不同的法官对同一个案件的判决很有可能是不一样的。法律选择的确定性、可预见性无法得到保证。为此，学者们也纷纷提出了不同的主张。部分学者表示，可立足于数量这一重要标准。换而言之，便是以连结点作为依据作出判断，如果多数连结点都指向同一个地方的法律，那么该地的法律就是法律关系应当适用的准据法。这种方式的优势是突破了传统连结点的机械性，保证了法律选择的灵活性。弊端在于，如果相关因素的分布较为平均，那么“数量标准”就起不到很好的作用了。《冲突法重述（第二次）》第145条和第188条提到，合同领域、侵权领域中的最密切联系地的确定，应当衡量相关因素的重要程度。其中第6条中的原则在法官运用最密切联系原则确定准据法的过程中，可以对司法实践给予有力指导。

（三）《国际货物销售合同法律适用公约》的“混合方法”

1985年《国际货物销售合同法律适用公约》吸收了最密切联系原则和

---

〔1〕李双元、欧福永、熊之才编：《国际私法教学参考资料选编》，北京大学出版社2002年版，第422页。

特征性履行理论的优点。该公约第 8 条体现了对这两种方法的综合适用。其中第 1 款规定，倘若缔结合同的双方当事人均未对合同所适用法律加以选择，那么在通常情况下，合同所适用法律应为双方签署合同时卖方营业地所在国的立法。同时，该条约还明确，倘若缔结合同的双方当事人作出协商以及签署合同行为的地点为买方国，或是双方所签署的合同中明确写清交货义务的履行地为买方所在地，抑或是合同基于买方所确立的条款以及所发出的邀请书而订立，在这样的情况下，合同应当适用合同缔结时买方营业所在地法。第 1 款和第 2 款的做法适用了特征性履行理论。第 3 款规定，如果合同与第 1 款、第 2 款规定之外的法律具有更为密切的联系，则适用该地的法律。第 3 款的做法体现了法律选择的灵活性。[1]两种方法的结合，既可以保证法律选择的确定性、可预见性，又可以保证审判结果的公正性，使最密切联系原则更好地服务于法律选择。

三、最密切联系原则的适用限制

国际私法的价值追求从形式正义转向实质正义，最密切联系原则是这一过程中的一种选择。然而，国际私法制定的初衷不只是局限在法律适用结果是否公正方面，还需同时确保所选择适用的法律是否明确、可预见以及一致，以此平衡当事人之间的利益关系、保护国家利益、维护国际秩序。然而，传统冲突法理论没有办法很好地确保这一系列要求都逐一得到实现。最密切联系原则的灵活性特征不仅能够使传统冲突规范中连结点过硬的问题得到有效解决，同时也能够让法官运用恰如其分的自由裁量权以保证判决结果更加公正。同时，灵活性既是最密切联系原则的优点，也是缺点。过于灵活会给司法操作带来困难，法官的自由裁量权也呈现过度适用法院地法的趋势。法官自然对法院地法更为熟悉，在运用裁量权时，主观上容易将法院地法认定为最密切联系地法。因此，在适用最密切联系原则时，许多国家都会做出一定的限制。

适用最密切联系原则时应遵循指导性原则。例如，美国的《冲突法重

---

〔1〕《国际货物销售合同适用法律公约》第 8 条。

述（第二次）》第 6 条列举了 7 项原则，指导法官适用最密切联系原则。与此同时，该法也能够有效地规避法官滥用自由裁量权情况的发生。

最密切联系原则适用于特定领域时，以列举的形式规定了应当遵循的连结点。例如，美国的《冲突法重述（第二次）》第 145 条规定了侵权领域中的连结点。举例来说，即当事人居住的处所所在地、当事人的国籍所在国、设立公司的所在地、公司经营的所在地、损害发生地、侵权行为发生地等。第 188 条规定了合同领域中的连结点。举例来说，即合同缔结地、标的物所在地、合同履行地等。随后指出，必须对这一系列连结点同特定问题彼此间存在直接关联的重要程度加以权衡。简而言之，便是对如何在司法实践中准确地适用最密切联系原则进行必要的规制。

采用遵循先例这一方式对法官所享有的自由裁量权加以限制。在英美法系国家，在法律适用的过程中遵循先例并不是一件新鲜事，司法制度历来便是将先例作为后案判决的重要参照。除此之外，英美法系国家还普遍设立有判例报告制度；法官可以对法律进行解释，甚至可以制定法律。这些都影响着整个审判过程，既能保证法律选择的确定性、可预见性、一致性，也能在一定程度上限制法官的自由裁量权。

大陆法系国家一般是通过特征性履行理论来限制法官的自由裁量权。大陆法系国家有别于英美法系国家，其既没有先例传统，同时也未设立判例报告制度。如果不对法官自由裁量权进行限制，很容易造成法官权力膨胀，使法院所在地的法律成为案件中法律适用的主流。特征性履行理论的出现为法官在司法实践中更多地适用最密切联系原则提供了依据，进而起到了限制法官权力的作用。

第二节 侵权领域

侵权行为对自然人、法人、国家的利益都会造成损害。尤其是涉外侵权行为，与国际人员流动以及经济往来密切相关，同时为涉外侵权领域运用新型的法律选择方法创造了条件。在此，本书将以美国和欧洲国家和地区为代表，具体分析美国、欧盟、奥地利对于最密切联系原则的适用。

一、欧洲国家和地区

（一）奥地利

"自体法理论"和"贝科克诉杰克逊案"分别从理论和实践两个方面为最密切联系原则在涉外侵权领域的适用奠定了基础。但是，怎样宽严相济地运用最密切联系原则才是关键问题。最密切联系原则的适用应当具有合理性，同时制定较为确定的法律规则，实现法律适用结果的确定性、一致性、可预见性。要善于从比较的层面出发，取他国之精华，结合具体国情，提高国际私法的立法质量。[1]关于侵权领域的冲突问题，笔者将以欧洲和美国为代表，探讨最密切联系原则的适用情况。《奥地利联邦国际私法》并未对最密切联系原则的适用范围加以限制。其认为，该原则的重要性不言而喻，所有涉外法律关系均可适用该原则。最密切联系原则可谓[2]是处理涉外案件时的首选。最密切联系原则在立法中有两种形式：一是通则性模式；二是分则性模式。例如，总则部分第 1 条就是以通则性模式规定的，具有一般指导性意义，采用这种模式的国家非常少。莫里斯的"自体法理论"采用了分则性模式，将最密切联系原则作为主导性原则适用于涉外侵权领域，至于适用侵权行为地法则只是一种推定。

（二）欧盟的《罗马条例Ⅱ》

欧盟的《罗马条例Ⅱ》是将最密切联系原则作为例外规则适用于侵权领域的代表，由于内容丰富、细致、进步，[3]深受成文法国家和国际社会的青睐和推崇。该法第 4 条以阶梯模式规定了涉外侵权的法律选择规则：首先将适用侵权行为地法作为基本条款；其次将适用共同惯常居所地法作为例外条款；最后将最密切联系原则作为前两款的例外规定。具体来说，第 4 条第 1 款明确表明侵权行为地为损害发生地；《罗马条例Ⅱ》的前言

---

〔1〕 陈卫佐："中国国际私法立法的现代化：兼评《中华人民共和国涉外民事关系法律适用法》的得与失"，载《清华法学》2011 年第 2 期。

〔2〕 黄进："中国冲突法体系初探"，载《中国社会科学》1988 年第 5 期。

〔3〕 C. Symeonides, "Rome Ⅱ and Tort Conflicts: A Missed Opportunity", *American Journal of Comparative Law*, 2008, (56): 174~175.

详尽叙述了适用损害发生地法的政策，有学者认为该规定带有明显的利益倾向，会使发展中国家的利益受损。[1]但同时也有许多支持者认为该规定能够促进平等的国际交往。[2]第 4 条第 2 款体现了最密切联系原则的适用，规定惯常居所地法优先于侵权行为地法。[3]当今的涉外侵权案件往往是错综复杂的，侵权行为地也常常带有偶然性，如果直接适用行为发生地法，很可能会违反实质正义的追求。而惯常居所地这一连结点则考虑到了案件与当事人之间的联系。当下，涉外交往非常频繁，人员流动性很大，以人的生活利益为中心的惯常居所地与当事人之间的联系更为密切。[4]因此，国际私法有抛弃国籍这一连结点的趋势，[5]海牙国际私法会议的成果之一就是将惯常居所地作为属人法的连结点。第 4 条第 3 款是例外中的例外。[6]《罗马条例Ⅱ》在立法说明中提到，例外条款在法律适用规则之上创立了弹性结构，[7]设立例外条款能够矫正前两款的不合理之处，以便实现个案公正。但是，《罗马条例Ⅱ》关于“例外之例外”的规定非常简略，许多标准都需要法官自己来把握。该条款前半部分有“事实”和“密切联系”两个限制，后半部分强调“既存关系”，即与其他国家的联系更为密切，则有可能是建立在既存关系的基础上，且此关系与侵权案件也有密切的联系。有学者认为，这里的既存关系不是事实关系，而是法律关系。[8]《罗马条例Ⅱ》的设置维持了法律适用的一致性，至于是否具有合理性还有待商讨。例如，合同关系是既存关系，但当事人协议适用的法律与侵权

---

〔1〕宋晓：“侵权冲突法一般规则之确立：基于罗马Ⅱ与中国侵权冲突法和对比分析”，载《法学家》2010 年第 3 期。

〔2〕许庆坤：“一般侵权冲突法的正义取向与我国司法解释的制订”，载《法学家》2013 年第 3 期。

〔3〕曾二秀：“我国侵权法律选择方法与规则解析”，载《学术研究》2012 年第 10 期。

〔4〕Fawcett et al., *Private International Law*, 14thed, Oxford University Press, 2008: 154.

〔5〕F. Cavers, “Habitual Residence: A Useful Concept”, *American Journal of Comparative Law*, 1972, (21): 475~478.

〔6〕戴霞：“我国涉外产品责任法律适用之立法完善：以《罗马Ⅱ》为借鉴”，载黄进、肖永平、刘仁山编：《中国国际私法与比较法年刊》，北京大学出版社 2013 年版。

〔7〕Rome Ⅱ.

〔8〕宋晓：“侵权冲突法一般规则之确立：基于罗马Ⅱ与中国侵权冲突法和对比分析”，载《法学家》2010 年第 3 期。

行为没有任何联系，只是为了维持法律适用的一致性，如此便违背了最密切联系原则的初衷。但是，《罗马条例Ⅱ》没有强制规定侵权法律关系和既存法律关系所适用的法律必须一致，只是让法官以此协调二者的关系。此外，《罗马条例Ⅱ》中"从案件各个事实来看"的表述，表明欧盟依然从整体的角度来分析例外条款，没有采用分割的方法，即区分行为规范和损失分配的争议的法律适用。[1]分割方法是美国冲突法领域惯用的方式，大陆法系国家很少采用。有学者认为，虽然大陆法系国家排斥分割方法，但是还是无法避免分割现象。例如，如果法律分别规定合同形式和合同内容，那么不同的法律规则就有可能适用不同法域的法律，即分割现象。[2]

我国学者对于分割方法的态度也各有不同。有学者认为分割方法不适合体系化的大陆法系国家，[3]也有学者认为分割方法有利于法律正义的实现，最密切联系原则的适用将更为具体化、更具操作性，可以根据不同的争议选择适用不同的法律。[4]法系的不同不是排斥分割方法的理由，关键在于涉外侵权实体法律规则是否可分。有学者就认为大多数的涉外侵权法律规则都没有被分为行为规范和损失分配，二者具有双重属性，往往无法区分。[5]对此，我国的法律体系也没有相关的区分设置，分割方法的适用性非常小。我国有学者认为可以将最密切联系原则作为一般指导性原则。[6]但是，如果最密切联系原则的灵活性过大，就会损害法律选择的确定性、一致性、可预见性，因此要注意平衡法律选择的确定性和灵活

---

〔1〕 C. Symeonides, "The Third Conflicts Restatement's First Draft on Tort Conflicts", *Tulane Law Review*, 2017, (92): 5.

〔2〕 C. Symeonides, "The Conflicts Book of Louisiana Civil Code: Civilian, American, or Original", *Tulane Law Review*, 2009, (83): 1067~1068.

〔3〕 宋晓:《当代国际私法的实体取向》，武汉大学出版社 2004 年版，第 126 页。

〔4〕 许庆坤:"论我国债权冲突法司法解释的制定：以美国路易斯安那州立法为镜鉴"，载《法学论坛》2013 年第 6 期。

〔5〕 Collins Perdue, "A Reexamination of the Distinction Between Loss-Allocating and Conduct-Regulating Rules", *Louisiana Law Review*, 2000, (60): 1252.

〔6〕 参见肖永平:"最密切联系原则:《美国第二次冲突法重述》与中国法之比较"，载黄进、肖永平、刘仁山编:《中国国际私法与比较法年刊》，北京大学出版社 2007 年版。

性。如果将最密切联系原则适用所有涉外民商事领域，则太过夸大该原则的地位。由于有意思自治原则和公共秩序保留制度的存在，最密切联系原则无法成为一般性的原则。[1]该原则不具有普遍性和全局性的指导作用，因此多数国家也没有赋予其一般原则的地位。在《罗马条例Ⅱ》中适用侵权行为地法和共同惯常居所地法能够确保适用法律的确定性、可预见性，并赋予法律选择一定的灵活性，即辅助最密切联系原则的适用，避免个案的不公正、不合理。设置例外条款就是为了打破传统法律选择规范的机械性，这是转向实质正义的重要一步。如果就此止步，最密切联系原则将没有具体的适用准则，很容易成为法官滥用权力的工具。[2]《罗马条例Ⅱ》也没有规定具体的适用标准，虽然“既存关系”有一定的指向性意义，但是仍属于建议性的规定，不具有强制性，最密切联系原则的适用还是难以把握的。简略的规定会使国际私法的立法简单化，在司法实践中会造成一种“法官主义”，即法官凭借个人的理论观念、价值追求等来适用最密切联系原则。[3]

二、美国

(一)《冲突法重述（第二次）》

20 世纪中期的美国在经历冲突法革命后涌现出了大量的经典判例。里斯在分析、整理各州的判例法的基础上，编撰了《冲突法重述（第二次）》。他认为，侵权行为地法的适用是合理的，且可以确保法律适用结果的确定性、可预见性。但是，侵权行为地会削弱一些相关因素的重要性。首先，如果一个侵权案件涉及不正当竞争，那么查明侵权行为地就比较困难；其次，当侵权行为发生地和侵权结果发生地不一样时，如何认定侵权行为地；最后，仅通过适用侵权行为地法来解决所有的涉外侵权案件

---

〔1〕 马志强：“最密切联系原则地位的思辨”，载《西南政法大学学报》2011 年第 5 期。

〔2〕 黄进、何其生、萧凯编：《国际私法：案例与资料》，法律出版社 2004 年版，第 514 页。

〔3〕 参见刘晓红、胡荻：“论我国《涉外民事关系法律适用法》的若干实践困境”，载黄进、肖永平、刘仁山编：《中国国际私法与比较法年刊》，北京大学出版社 2013 年版。

是不可能的。[1]最密切联系原则可以让法官冲破传统法律选择方法的牢笼，探索新颖的、精准的法律选择规则。有别于基本原则模式，美国法院在长期的司法实践中综合适用最密切联系原则和政策利益分析理论。[2]例如，在前文提到的“贝科克诉杰克逊案”中，法官运用分割方法将行为规范和损失分配区分开来，分析安大略省和纽约州的政府政策和利益，最终适用安大略省的法律；损失分配与纽约州联系更为密切，因此适用纽约州法律。

《冲突法重述（第二次）》第145条第1款规定了最密切联系原则，该条第2款与第6条第2款列举了7项政策性因素和4个可供参考的连结点。其中，连结点包括：联系集中地、当事人属人法、损害发生地法以及侵权行为地。[3]这些连结点所适用的涉外侵权案件的类型不同：涉及人身伤害、有形物损害的案件，适用损害发生地法；如果很难确定损害发生地，或者当事人无法预见某个行为会在某地损害他人，或者有两个以上的损害发生地，则适用侵权行为地法；涉及人身权的案件，与当事人国籍、住所地、居所地的关系较为密切；不正当竞争、商业诽谤等具有较大的属人法意义，倾向于适用公司营业地法和公司成立地法；如果原被告之间有某种关系，且在关系存续期间所发生的行为造成损害，该法律关系的“重心地”是应当考虑的连结因素。[4]虽然列出了应当考虑的连结点，但还是没有确定连结点重要程度的方法。第145条第2款“倾向性适用”不具有指导性的意义，与“数量方法”（即计算连结点）差别不大。第6条列出的政策因素在一定程度上能够指引最密切联系原则的适用。[5]这些政策因

---

〔1〕 Collins Perdue, “A Reexamination of the Distinction Between Loss-Allocating and Conduct-Regulating Rules”, *Louisiana Law Review*, 2000, (60): 1252.

〔2〕 许庆坤：“美国冲突法中的最密切联系原则新探”，载《环球法律评论》2009年第4期。

〔3〕 Restatement (Second) Conflict of Laws, 1971: 145.

〔4〕 R. Shreve, *Conflict-of-Laws Anthology*, Cincinnati: Anderson Publishing Co., 1997, pp. 165~166.

〔5〕 Hay, “Flexibility versus Predictability and Uniformity”, in *Choice of Law: Reflections on Current European and United States Conflicts Law: Recueil des Cours*, Kluwer Law International, 1989.

素的重要性各不相同，例如，一般很少会考虑州际、国际制度的需要。〔1〕首先，要考虑法院地的政府政策和利益，任何法律的适用都有其目的。如果要适用本州的法律，那么依据就是和其他州的法律相比较，本州的法律更有利于实现法律的目的。〔2〕其次，法官需要尊重其他州的相关政策和利益，分析和权衡其他相关的州在案件中的意义，一般应当适用利益所受影响最大的州的法律。最后，如果相关各州的政策和利益基本相同，则选择适用能使根本利益得以实现的州的法律。〔3〕基本政策和利益在不同的法律领域所起到的作用各有不同。例如，在侵权领域，侵权行为的发生往往会带有偶然性，则当事人的正当期待一般不会成为基本政策，而当事人的正当期待在合同领域则是基本政策。第 6 条第 2 款后 3 项保留了传统法律选择理论的有益部分，总体上看这 7 项基本政策，是传统法律选择理论和冲突法革命理论成果和谐统一的结果。可以说，法律适用结果的确定性、一致性、可预见性是所有法律关系的价值追求。从表象上来看，《冲突法重述（第二次）》提出了 7 项基本政策来辅助最密切联系原则的适用，但是这些政策的适用却没有区分位阶和顺序。其中，单边主义方法体现在第 2 项、第 3 项和第 5 项；多边主义方法体现在第 1 项、第 4 项、第 6 项和第 7 项。那么，这 7 项基本政策能不能发挥其应有的功效，为法官指引一条新的道路呢？

第 6 条赋予法官的自由裁量权过大，基本政策中囊括了多种方法，以致法官不知所措、陷入困惑。有时，需要考虑的因素会使案件结果走向相反的方向。例如，法院地的政策利益不一定保证结果的一致性，第 145 条第 2 款也会带来更多的不确定性。从另一方面来说，虽然一些基本政策的指引是模糊的，但也具有很强的可塑性，法官可以从相反的方向对判决结果的合理性进行佐证。结合第 6 条的基本政策和第 145 条的连结点分析，这两项规则具有同样的意义，但在司法实践中，法官往往会先考虑连结

〔1〕 参见肖永平："最密切联系原则：《美国第二次冲突法重述》与中国法之比较"，载黄进、肖永平、刘仁山编：《中国国际私法与比较法年刊》，北京大学出版社 2007 年版。

〔2〕 L. M. Reese, "Conflict of Laws and The Restatement Second", *Law and Contemporary Problems*, 1963, (28): 693.

〔3〕 American Law Institute, Restatement of the Law Third, Conflict of Laws, Council Draft No. 1 (November 11, 2016).

点，根据需要再行考虑基本政策。例如，在数量上，如果A法域的连结点比B法域的连结点多，那么A法域就会被认为是最密切联系地。如果两个法域的连结点的数量基本相同，法官才会考虑基本政策，但限于法院地和其他有联系的州的政策和利益。有些法官甚至不会理睬这七项基本政策。[1]前者与单纯清算连结点没有太大差异，后者倾向于政府利益分析理论。[2]美国学者对于最密切联系原则的批判从未停止，艾伦茨威格甚至认为将最密切联系原则适用于涉外侵权领域既违反法律，又违反常理。[3]荣格则感慨混乱不堪的美国冲突法现状，质疑再次进行重述的可行性。[4]但《冲突法重述（第二次）》还是有进步之处的，最密切联系原则与美国特色的政策分析法相结合，确实突破了固定、僵化的传统法律选择规则，而极力推崇政策分析方法的正是政府利益分析理论。柯里在规则和结果分析理论的基础上，结合相关判例，提出了政府利益分析说。在现实主义思想的影响下，柯里主张冲突法应当关注本州法律的目的，对政策和目的的分析是解决涉外民商事案件的前提。他认为，存在三种不同类型的冲突，即真实冲突、虚假冲突以及无利益冲突。虚假冲突可以适用有政策利益的州的法律。而柯里的理论对于真实冲突的解决则有些束手无策，无论是立法还是司法都不能单独解决真实冲突的案件，最终只能求助于更具权威性的国会。但是让国会来行使这一权力是不现实的，这就是柯里理论的不足之处。至此，最密切联系原则和政策分析法的结合在更多情况下是为了实现个案公正，并没有运用法律的指引功能，需要法官运用自由裁量权来确定，灵活性有余、确定性不足。

（二）俄勒冈州《侵权和其他非合同赔偿性请求法律适用法》

《冲突法重述（第二次）》之后，美国关于法律选择方法的探索从未

---

〔1〕 Culter, "Texas Conflicts Law: The Struggle to Grasp the Most Significant Relationship Test", *Baylor Law Review*, 2013, (65): 360.

〔2〕 参见刘仁山、周琳："美国侵权法律适用制度中的最密切联系原则"，载黄进、肖永平、刘仁山编：《中国国际私法与比较法年刊》，北京大学出版社2006年版。

〔3〕 A. Ehrenweig, "The Most Significant Relationship in the Conflicts Law of Torts, Law and Reason Versus the Restatement Second", *Law and Contemporary Problems*, 1963, (28): 701.

〔4〕 K. Juenger, "A Third Conflicts Restatement", *Indiana Law Journal*, 2000, (75): 404.

停止，相继出台了国际私法领域的成文法。例如，2009年《侵权和其他非合同赔偿性请求法律适用法》体现了美国新型的法律选择规则。该法敢于创新，并融入了许多国家的理论成果。例如，该法的名称也是借鉴了欧洲国家的经验。[1]该法共分为4个部分14条，关于法律选择规则的问题规定在第三部分（第8~11条），而第9条则规定了核心的法律选择方法，即适用最适当法域的法律。在没有法律规定的情况下，该原则可作为补充方法。第9条规定了实现这一目标的程序和方法：首先，通过连结点找到相关法域。连结点包括，住所地、惯常居所地、损害发生地等，也可以考虑没有列举的连结点，适用不分先后，且连结点的数量也不会影响法律的适用。动态连结点也没有时间方面的限制，即发生损害行为、法官选择法律时，都可以考虑当事人的住所地。其次，找到有关国家的立法政策，即法院适用法律想要实现的目的。最后，对有关国家的政策进行分析评估。该法提出了两个具体政策以供考虑：一是侵权行为法的宗旨，鼓励承担责任的行为、震慑侵权行为以及给予充分的救济。二是尽量降低对其他国家的政策的不良影响，符合州际和与国际制度的需要。该法没有使用“利益”这一概念，目的是和政府利益分析说进行区分。前者注重国际之间的合作，后者将法律冲突当作国际竞争来对待。西蒙尼德斯认为，第9条的“最适当的法域”同最密切联系原则有异曲同工之处，[2]相对于《罗马条例Ⅱ》的粗略规定，该条款使最密切联系原则更为具体化。相较于《冲突法重述（第二次）》的无序罗列，该条款能够更好地发挥指引功能。而且，被《冲突法重述（第二次）》忽略的州际和国际制度的需求，在该法中得以体现，不再是狭隘的竞争问题。

（三）《路易斯安那州民法典》第3515条

1991年《路易斯安那州民法典》的冲突法部分被规定在第3515~3549条。该法典充分吸收了最密切联系原则理论，将其改为最小损害原则。第

---

〔1〕 A. R. Nafziger, “The Louisiana and Oregon Codifications of Choice of Law Rules in Context”, *American Journal of Comparative Law*, 2010, (58): 172.

〔2〕 C. Symeonides, “The Conflicts Book of the Louisiana Civil Code Civilian, American or Original”, *Tulane Law Review*, 2009, (83): 105.

3515 条第 1 款规定：除非存在但书，否则和其他州相关案件中的争议适用一旦遇到法律无法适用的状况，这一政策便将适用于损害最严重的州的立法；有多个国家和案件相关联时，适用损害最小化的国家的法律。[1]该规定摆脱了柯里理论的身影，政府利益分析方法解决真实冲突的方式颇有非议；比较损害理论修正并完善了柯里的理论。如前文所述，柯里认为真实冲突的解决应当适用法院地法，比较损害理论认为应当适用最小损害的州的法律，即如果不适用该地的法律，则会遭受更大的利益损害。[2]比较损害理论在实践中获得了肯定，例如“伯恩哈德诉哈拉夜总会案”（Bernhard v. Harrah’s club）。在本案中，法官分析了与案件相关的两个州的立法政策，加利佛尼亚州的政策保护在州内因醉酒导致受侵害的人的利益，与酒水提供者身在何处无关；内华达州的法律对醉酒行为规定有刑事处罚，目的在于使内华达州的店家免于民事责任。而民事责任是强加在加利佛尼亚州州内积极营业的店家，适用州内的法律会受到损害。因此，对于加利佛尼亚州和内华达州的真实法律冲突，通过权衡后，加利佛尼亚州的利益应是优先的，因此应当适用加利佛尼亚州的法律。

比较损害理论是对政府利益分析理论的修正，面对虚假冲突，两种理论的方法是一致的，即适用唯一的具有利益联系的州的法律；面对真实冲突，两种理论的分析具有很大的出入，比较损害理论适用受到损害更大的州的法律具有不确定性；政府利益分析理论在两个州之间存在利益冲突，则适用法院地法，保证实现法院地的政策利益。对比而言，比较损害理论更为合理一些。但是，该理论也有一定的局限性：面对真实的法律冲突，如果相关州的利益是相同的，难以区分大小，那么比较损害理论就难以起到应有的作用。在这种类型的案件中，比较损害理论只适合用于解决可以比较损害大小的情况。该法第 3515 条第 2 款规定了实现目的的具体方式，强调政策的联系程度和重要性：一是分析案件当事人、争议以及相关州之

---

〔1〕 李双元、欧福永、熊之才编：《国际私法教学参考资料选编》，北京大学出版社 2002 年版，第 157～158 页。

〔2〕 F. Barker，“Choice of Law and the Federal System”，*Stanford Law Review*，1963，（16）：1～22.

间的关系；二是维护州际与国际制度的需要。关于这一点，还补充了可以考虑的两个因素，即当事人正当期待和减少当事人因受多个国家的法律支配而带来不利后果的政策。该规定和《侵权和其他非合同赔偿性请求法律适用法》第 9 条的规定具有共同点：一是都强调政策的联系程度和重要性，而不是政策本身的合理性和正当性；二是强调满足州际和国际制度的需要。但是，针对怎样保护这种秩序，前者需考虑当事人的情况，提出具有针对性的因素。

《冲突法重述（第二次）》中的最密切联系原则在适用中有一定的模糊性；《侵权和其他非合同赔偿性请求法律适用法》中的最适当的法律和路易斯安那州的最小损害原则，二者的表述不同，但是都重视比较政策的强度大小，而不是单纯地关注政策本身，也会提供一些可以参考的因素。在当时的情况下，没有指导性的适用标准，美国为追求个案公正而经常陷入法律适用的困惑之中也是在所难免。

（四）《冲突法重述（第三次）》（草案初稿）[1]

2015 年美国法学院协会（AALS）在召开年会之际举行了关于“冲突法方法论”的研讨会。柯里的弟子凯伊（Kay）回顾了柯里的学术成就。他本人是柯里政府利益分析学说坚定不移的支持者。[2]李·布里迈耶（Lea Brilmayer）在发言中指出，不论是《冲突法重述（第一次）》的传统法律选择方法，还是柯里的政府利益分析方法，都是单一的理论，即适用某个唯一的法律来解决多个国家的法律冲突问题。《冲突法重述（第二次）》避免了这一弊端。他还认为，最密切联系原则是多元性的法律选择方法，具有良好的灵活性。[3]辛格（Singer）也极力推崇“更好的法律学

〔1〕 American Law Institute, Restatement of the Law Third, Conflict of Laws, Council Draft No. 1 (November 11, 2016).

〔2〕 Herma Hill Kay, “Remembering Brainerd Currie”, *University of Illinois Law Review*, 2015, pp. 1961 ~ 1968.

〔3〕 Brilmaye L. Hard Cases, “Single Factor Theories, and a Second Look at the Restatement 2nd of Conflicts”, *University of Illinois Law Review*, 2015, pp. 1969 ~ 1998.

说”。[1]温伯格（Weinberg）提出，要把握起草《冲突法重述（第三次）》的契机，使冲突法实现彻底转型。[2]他认为，要放弃追求抽象的、完美的法律规则，抛弃之前两次冲突法重述的架构，以及最密切联系原则。他指出，我们完全可以从柯里的理论中得出全新的解决方法，这一次的冲突法重述应当从美国最高法院的宪法解释意见的角度出发，采纳所有法院遵循的法律选择规则。他还主张放弃现有的案件分类方法，借鉴政府利益分析理论，根据法律冲突的类型来设置相应的法律规则。他将案件分为：虚假冲突、真实冲突、无冲突以及无从下手的案件，且都提供了相应的解决方式。本次年会的组织者西蒙尼德斯深入分析了政府利益理论的现状：一方面，在实践中，只有极少数的州还在适用政府利益分析方法；另一方面，政府利益分析理论仍然占据话语权，是院校不可回避的概念。他认为，一场冲突法革命给予美国冲突法领域的灵活性过大，降低了法律适用结果的确定性；有必要实现美国冲突法的标准化、统一化。[3]

2016 年 8 月 12 日《冲突法重述（第三次）》（草案初稿）涉及涉外侵权的问题。其中关于法律选择方法的是第 5.03 条[4]“显然更适合的法律”：如果案例中出现了例外情况，使不同的州的法律的应用显然更合适，那根据章节规则选择的法律（交叉引用）将不会被应用。在这种情况下，法院将采用明显更适当的法律。第 6.07 条[5]“其他规则”规定：在此重申中，法律选择问题没有明确规定，侵权问题将由最合适的法律进行管辖，由相关政策的论坛和其他利益联系的州，在特定问题上这些州的相对利益以及当事人的合理期望的评估决定。从这两条规定来看，就涉外侵权

---

〔1〕 William Singes, “Multistate Justice: Better Law Comity, and Fairness in the Conflict of Laws”, *University of Illinois Law Review*, 2015, pp. 1923～1960.

〔2〕 Weinberg, “A Radically Transformed RestatemenL for Conflicts”, *University of Illinois law Review*, 2015, pp. 1999～2052.

〔3〕 C. Symeonides, “The Choice-of-law Revolution Fifty Year After Currie: An End and a Beginning”, *University of Illinois Law Review*, 2015, pp. 1847～1922.

〔4〕 American Law Institute, Restatement of the Law Third, Conflict of Laws, Council Draft No. 1 (November 11, 2016).

〔5〕 李双元、欧福永、熊之才编：《国际私法教学参考资料选编》，北京大学出版社 2002 年版，第 411 页。

法律冲突这点来说，美国法院依旧会优先对最密切联系原则加以适用。

“瓦尔德诉莫洛克案”[1]（Ward v. Morlock）的被告是佛罗里达州（以下简称“达州”）的居民。其在南卡罗莱纳州（以下称“纳州”）度假时，把自己的车借给了他的姐夫（宾夕法尼亚州的居民，以下简称“夕州”），原告（也是达州居民）和被告姐夫的车发生追尾。根据危险工具的法律规定，被告（即车主）应当对原告承担责任。但是根据纳州的法律，被告不必承担责任，被告将车借给姐夫不存在过错。法院认为，达州与案件之间具有最密切联系，不应当适用《冲突法重述（第二次）》第146条关于损害发生地的规定。法院指出了在审理案件时所考虑到的因素：被告和其他人之间的关系能否使“代替承担责任”具有合理性；被告和应当适用的法律之间是否具有合理的联系。随后，法院说明了适用达州法律的合理之处：首先，原被告在达州都有住所，都是当地的居民，符合法律背后的政策目的，即将责任归于车主，避免原告无法获得赔偿的情况；其次，达州的危险工具法律规则对本州居民的利益明显高于纳州的利益；最后，即便有利益，纳州的利益也是极少的，适用达州的法律不侵犯达州的利益。

“麦基诉科斯比案”[2]（Mc Kee v. Cosby）涉及《冲突法重述（第二次）》第150条第2款之规定：名誉权侵权案件，惯常居所地是最密切联系地，前提是侵权行为是在该人所在州发生的。在本案中，比尔·科斯比（Bill Cosby）律师寄给报社一封信，该报社是在全美境内发行刊物。信中的受害人是密歇根州（以下简称“密州”）居民，声称遭到性虐待，随后去了内华达州（以下简称“华州”），信中的受害人对科斯比提起侵犯名誉权诉讼，主张适用科斯比的住所地法。但科斯比主张适用密州或达州的法律。法院认为，原告的居住地密歇根州和案件之间具有最密切联系，而根据密歇根州的法律规定，这封信没有侵犯原告的名誉权，法院驳回诉讼，支持了科斯比的主张。此外，“卡曾思诉多诺霍案”[3]（Couzens v. Donohue）也是有关侵犯名誉权的案件，法院同样运用了最密切联系原则来审理案件。

---

〔1〕 218 So. 3d 981（Fla. App. 2017）.

〔2〕 874 F. 3d 54（1st Cir. 2017）.

〔3〕 854 F. 3d 508（8th Cir. 2017）.

综上，即使在准备进行第三次冲突法重述时，也有许多反对声音，有学者主张回归柯里的政府利益分析学说，有学者主张冲突法实现统一化、标准化等。但从司法实践来看，最密切联系原则仍具有较好的生命力，且向着更好的方向发展。其在理论上日渐成熟，法官在适用时也会主动考虑相关的因素，以便实现法律的目的、平衡确定性和灵活性、保护当事人的正当期待、维护国家利益和国际秩序。

三、最密切联系原则在复杂侵权中的适用

（一）“复杂侵权”

第二次世界大战之后，各工业国家的经济开始复苏，企业的规模不断扩大，交通方便、快捷，产品被广泛地销往世界各地，某一服务也会因信息的流通扩展到各地。在这样的背景下，某一服务或者产品的缺陷、瑕疵会给各地的成千上万的消费者带来伤害。〔1〕复杂侵权逐渐进入国际私法的视野，诸如产品责任、环境污染、消费者保护、侵犯人权、反托拉斯、医疗侵权等都可以产生复杂侵权。它们的共同特点是由同一性质的事实导致大范围的人们受到不同程度的伤害，特别是人身伤害。〔2〕复杂侵权具有受害人多、侵权行为地具有偶发性的特点，如果继续适用传统法律选择规则（即侵权行为地法），那么法律适用结果的公正性还需商榷。荣格认为，侵权行为地法只适合特定地域内的复杂侵权案件，例如空难。但复杂侵权往往涉及多个地域，无法直接适用侵权行为地法。〔3〕里斯对荣格的主张提出了质疑。他认为即便损害结果发生在特定的区域，仅仅适用侵权行为地法仍然会出现问题。例如，当飞机坠落在目的地之外的某一个区域时，该地和原告、制造商没有任何关系，纯属偶然。〔4〕里斯提出了在复杂侵权案件

---

〔1〕 陈隆修、刘仁山、许兆庆：《国际私法：程序正义与实体正义》，五南图书出版公司2011年版，第355页。

〔2〕 朱岩：“大规模侵权的实体法问题初探”，载《法律适用》2006年第10期。

〔3〕 K. Juenger，“Mass Disasters and the Conflict of Laws”，*University of Illinois Law Review*，1989，(105)：110.

〔4〕 L. M. Reese，“The Law Governing Airplane Accidents”，*Washington and Lee Law Review*，1982，(39)：1311.

中选择准据法时需要遵循的规则：首先，该类案件需要的不是方法而是规则；其次，规则要有利于原告；再次，不应当适用住所地法，不仅会使相同遭遇的受害者无法获得相同的待遇，还会让法官承担更大的压力，此外还应根据不同的争议焦点适用不同的准据法；最后，在一定条件下，原告可以选择准据法。[1]

根据里斯的观点，复杂侵权的适用规则结合了有利原则和最密切联系原则，这种设置符合当代国际私法对于实质正义的追求。而且，复杂侵权的目标是统一对待受害者，如果适用传统法律选择规则，受害者会因不同的属人法而适用不同的准据法，这与统一对待受害者的目标是相悖的。[2]因此，有必要制定统一的复杂侵权的法律选择规则。然而，并不是所有的复杂侵权案件都要适用冲突规范，例如，空难赔偿。《蒙特利尔公约》《华沙公约》是关于承运人责任的国际条约，但具体到某些问题，公约却没有详细的规定，缺乏统一的法律适用规则。此外，对于空难造成的政府责任、产品责任以及第三人损害等，同样缺少国际公约的规制，常常会出现国际公约和国内法并行适用的情况。[3]没有公约规则的部分，将会面临管辖权冲突和法律适用等问题。对于特殊环境侵权，有较为完备的《国际油污损害民事责任公约》和《核能损害民事责任公约》，该类侵权案件不用适用冲突规范。但一般类型的环境侵权仍然要适用一般的侵权冲突规范。总之，特殊的复杂侵权，其所适用的冲突规范和一般的侵权冲突规则不同，美国的《针对复杂诉讼的最终草案》或许能够提供些许帮助。

（二）《针对复杂诉讼的最终草案》

美国国会颁布的《针对复杂诉讼的最终草案》针对复杂侵权的法律适用问题，明确进行了可操作性的规定，虽然该草案没有真正实施，但是有关复杂侵权的适用理论还是值得借鉴的。该草案第 6 章第 1 节规定了复杂

---

〔1〕 L. M. Reese, "The Law Governing Airplane Accidents", *Washington and Lee Law Review*, 1982, (39): 1305～1309.

〔2〕 向在胜："欧洲一体化中环境侵权法律适用的统一"，载《欧洲研究》2011 年第 1 期。

〔3〕 金秋："国际空难赔偿法律适用及管辖权冲突问题探析"，载《延边大学学报（社会科学版）》2013 年第 5 期。

侵权的法律适用，共有 4 条依次适用的冲突规范：①如果行为实施地和损害结果发生地属于同一法域，那么适用该法域的法律；②如果某一个侵权人和所有受害者具有共同的住所地，那么适用该地的法律，如果不是同一个住所地，且两地没有实质性的法律冲突，也视为具有共同的住所地；③如果所有受害者的住所地属于同一法域，且该地也是损害结果发生地，那么适用该地的法律，如果受害者的住所地没有实质性的法律冲突，那么视为具有共同的住所地；④如果有多个行为实施地，那么适用于该法律关系最密切的地方的法律。[1]这是复杂侵权案件适用法律规则的步骤。该条采用"拟制"共同住所地，有利于法官在审理案件时进行法律选择。该条款提出，当住所地不属于同一个地方，且没有实质性的法律冲突时，依然视为共同的住所地；这种情况属于"虚假冲突"。柯里的"虚假冲突"理论是当代利益分析方法不可或缺的组成部分。以上的情形包含于虚假冲突，即便相关的法律不一致，也会得到一致的结果。但是，柯里没有进行明确的分析。《路易斯安那州民法典》对于当事人住所地不同，但是法律的内容相同的，也视为具有共同的住所地。[2]复杂侵权案件会牵涉众多的当事人，进行虚假冲突和真实冲突的识别有利于群体性诉讼。

但是，该条款也存在不足。首先，没有区分行为规则和损失分配的争议焦点，如果将 6.01（c）（1）适用于行为规则，将 6.01（c）（2）适用于损失分配，可能会比较完善。区分争议焦点的分割理论，来源于侵权实体法对行为规则和损失分配的划分，其追求的立法目的各有不同，抑制侵权行为和赔偿受害者。行为实施地与行为、安全标准的联系更为密切，能够实现规制行为的目的。当事人所在地更为关注受害者的救济问题，即损失分配。区分争议焦点可以平衡属人性和属地性的矛盾。不论当事人在本国是否有居所，只要该国与行为、安全标准有政策利益关系，就可以适用该国的法律。但有关损失分配的政策不能适用于非本国居民，但是可以适用于在他国居住的本国居民。即行为规则有属地性，损失分配有属人性。

〔1〕 Section 6.01（c），the Proposed Final Draft of the Complex Litigation Project.

〔2〕 Article 3544（1），Act No. 923 of 1991 On Conflicts Law.

其次，6.01（c）（3）欠缺可预见性和较高的赔偿标准。该条是关于损害结果发生地法的适用，前提是所有受害者的住所地和损害结果发生地一致。如果侵权人能够预见到损害结果发生地，且该地的赔偿标准比较低，继续适用该地的法律会形成侵权人“挑选法院”的局面，损害受害者的利益。从政府利益的角度来看，如果损害结果发生地的赔偿标准比较高，则说明该地关注受害者利益的保护。相对而言，行为实施地的赔偿标准比较低，则说明该地关注侵权人利益的保护。怎样权衡真实冲突中的政策是一直存在的难题，根据柯里的理论，面对这种情形，他认为应当适用法院地法或者向国会寻求帮助，由国会进行法律选择，这种做法不具有可操作性和合理性。此时，在提高损害结果发生地的赔偿标准的前提下，合理地平衡侵权人和受害者的利益，且侵权人能够预见损害结果发生地，是解决冲突的契机。如果损害结果发生地的赔偿标准比较低，该地没有必要以减损本地居民的利益为代价而使侵权人获得利益。最后，6.01（c）（4）无条件地适用行为实施地法会给侵权人提供避难场所。西蒙尼德斯建议增加两个适用条件：一是仅适用于行为规则；二是规定较高的行为标准。[1]复杂侵权案件中的连结点通常具有偶然性，也容易被控制。例如，空难往往带有偶然性，但侵权人可以选择投放有毒物质的区域。[2]在一些复杂的跨国侵权案件（例如产品责任）中，一件产品可能带给来自不同国家的消费者以伤害，上述规则会使产品制造商在有利的地域内设立住所。[3]

《针对复杂诉讼的最终草案》认识到复杂侵权在法律适用方面的特殊性，且提出了具体的解决方法，具有一定的进步作用。但草案存在没有区分行为规则和损失分配的争议焦点，没有平衡侵权人和受害者的利益，但是拟制共同住所的采用，能够有效地解决虚假冲突，有利于法官进行法律选择。对于6.01（c）存在的问题，可以尝试做出一些改变：首先，对于

〔1〕 C. Symeonides, “The ALI’s Complex Litigation Project: Commencing the National Debate”, *Louisiana Law Review*, 1994, (54): 865.

〔2〕 K. Juenger, “The Complex Litigation Project’s Tort Choice of Law Rules”, *Louisiana Law Review*, 1994, (54): 919.

〔3〕 J. Weintraub, “An Approach to Choice of Law that Focus on Consequences”, *UCLA Law Review*, 1993, (56): 733.

行为和安全标准。如果行为实施地和损害结果发生地属于同一个法域，那么适用该地的法律；如果两地的法律内容相同，那么视为同一个法域。如果行为实施地和损害结果发生地不属于同一个法域，那么要根据法律的内容来决定应当适用的法律。如果行为实施地有较高的行为标准，那么适用行为实施地法；如果损害结果发生地有较高的行为标准，那么只有在侵权人预见到该地是损害结果发生地时，才可适用该地的法律。其次，对于损失分配。如果某一个侵权人和所有受害者的住所地相同，那么适用该住所地法；如果住所地不同，但法律内容相同，那么视为具有共同的住所地。发生损害时，如果侵权人和受害者的住所属于不同法域，那么要根据情况来选择适用法律。如果行为实施地和损害结果发生地和侵权人或者受害者的住所地相同，那么适用该地的法律；如果行为实施地和损害结果发生地属于不同法域，那么通常会适用行为实施地法，但是如果受害者住所地在损害结果发生地，且该地有比较高的赔偿标准，侵权人也预见到该地，那么此时可以适用损害结果发生地法。

第三节　合同领域

就涉外合同的应用实践来看，最密切联系原则被广泛适用，欧美等西方国家在长期的司法实践中均将最密切联系原则放在至关重要的位置，除了一般合同领域，在一些特殊合同中，最密切联系原则同样被适用。

一、欧洲国家

欧洲最密切联系原则的发展过程可被分为萌芽、过渡、繁荣三个时期。萌芽时期，意大利法学家巴托鲁斯提出了法则区别说，[1]由此叩开了国际私法的大门，该学说在16世纪得到了进一步的完善和发展，在此后的几百年间都处于统治地位。之后法国的杜摩兰继承了法则区别说，他主张

〔1〕许庆坤："美国冲突法中的最密切联系原则新探"，载《环球法律评论》2009年第4期。

扩大属人法的适用范围，更为重要的是，他将当事人意思自治原则适用于合同领域，逐渐成为选择合同准据法的惯例之一，并成了“意思自治原则”建立的重要基础。荷兰学者胡伯持有“国际礼让说”，其在经由充分研究后提出了著名的“胡伯三原则”，其中在第三项原则中特别指出，内国之所以适用外国法，是基于礼让与自身考虑。前两项以主权为基础的原则，存在的主要目的是论证第三项原则。[1]于是，现代国际私法中不可或缺的一项重要原则就此诞生，即考虑外国法的适用和域外效力。从本质上来看，这一项原则同政府利益分析理论两者间存在着异曲同工之处。

不管是萨维尼所提出的“法律关系本座说”也好，戴西所提出的“合同自体说”也罢，抑或是“既得权说”，均是过渡时期的代表性理论。依照萨维尼的观点，要对所适用法律予以确定，就必须以“本座”为依据。所谓的本座，主要指的是法律关系的性质和类型；反对从法律选择规则为出发点的法则区别说；萨维尼所持有的理论不仅客观，同时也走在世界的前列，最密切联系理论批判地对法律关系本座理论加以继承。一方面，萨维尼反对法则区别说的国家主义，主张冲突法重回国际主义。他以国际主义为理论基础，跳出域内外效力的围守，平等地对待内外国法律，力求实现同一个案件在不同的地方会有同一结果的目的。萨维尼所提出的普遍主义推动国际社会本位观念得以进一步发展，在此背景下，最密切理论应运而生。可以说，最密切理论无论在最初的建立还是在后续的健全完善过程中，法律关系本座说的理论和实践都对之起到了至关重要的影响作用。我们称这种作为为继承。从另一个方面来说，萨维尼平等地对待内外国法律，力求实现同一个案件在不同的地方会有同一结果的目的，是一种形式正义，但是这种形式正义并没有一套清晰可辨的标准，故而无法真正确保法律适用结果始终处于公正的状态。因此法律关系本座说有止步于表象而无法触及方法本身的嫌疑。[2]最密切联系理论对萨维尼的理论的态度是批

---

〔1〕 C. Symeonides, “Choice of Law in the American Courts in 2007: Twenty-First Annual Survey”, *American Journal of Comparative Law*, 2008, (56): 44.

〔2〕 C. Morse, *Torts in Private International Law*, Amsterdam: North Holland Publishing Company, 1978, p. 12.

判，意思自治、最密切联系等具体连结点的运用，实际上创立了法律选择适用的标准，也就是法律方法，有效地平衡了各主体之间的利益。

直到19世纪，英国的国际私法才得以发展，原因在于没有统一的普通法制度。合同自体法理论来源于英国普通法，这一学说的理论基础为判例法，其设立的初衷是司法实践中妥善处理和解决涉外合同法律适用冲突这一重要问题。可以说，该理论的存在对英国国际私法的发展有着深远的影响。韦斯特莱克将合同自体法定义为，决定合同是否发生效力以及效力大小的法律，并解释具有决定性的法律和交易之间有着最密切的联系，而非适用合同缔结地的法律。〔1〕其所提出的设立合同自体法的愿景为最密切联系理论的发展指明了方向。然而，其想法也存在着一定的局限性，其缺点在于对意思自治原则所具有的合理性予以否认。相比较来说，戴西主张意思自治对合同自体法的形成起到关键性的作用。西蒙兹勋爵大法官（Lord Simonds）认为选择合同准据法应当兼顾主观和客观。客观是指与该法律关系具有最密切联系的法律应为合同自体法。〔2〕合同自体法理论的存在推动着最密切联系原则的萌芽和成熟，此时，欧洲国家的最密切联系原则不再受限于法学理论，逐步与司法实践相结合。19世纪末，戴西以法则区别说以及礼让说作为重要基础展开深入的研究，并形成了新的理论，即“既得权学说”，以便调解适用外国法和保护法院地利益之间的矛盾。遗憾的是，这一目的并没有达成。就戴西的原则来看，法院应对国外立法中所获取的所有具有效力的权利加以认可和落实，如果这些有效的权利所依据的法律与英国的政策、法律、道德、国家主权等相抵触，那么不予承认和执行。戴西的既得权理论在20世纪早期渐渐崭露头角，而最密切联系原则在欧洲的繁荣发展得益于特征性履行理论。

欧洲的冲突法运动深受美国冲突法革命的影响，欧洲学者基于美国的最密切联系原则，谨慎地对该原则进行革新，自由裁量型的最密切联系原则的不确定性同欧洲法典化传统相背离，同时也会引发法官过多适用法院

〔1〕 沈涓：《合同准据法理论的解释》，法律出版社2000年版，第11页。

〔2〕 Zweigert，“Some Reflections on the Sociological dimensions of Private International Law：What is Justice in Conflict of Laws”，*University of Colorado Law Review*，1973，（44）：32.

所在地法律的情况。故而，欧洲国家参考最密切联系原则中最具有实际可操作性的部分，对传统法律选择规则加以完善修饰，想方设法地站在更加公正的立场上改善法律冲突的局面。面对涉外合同冲突规范指引选择准据法时，欧洲学者研究并提出了特征性履行理论这一主张。从本质上来说，这一理论是对最密切联系原则加以优化和完善。瑞士学者施尼策尔是特征性履行理论的提出者，然而维希尔则对该理论进行了继承和发扬。[1]在维希尔的推动下，绝大部分欧洲国家均将特征性履行理论作为解决法律冲突问题的一项重要准则，以此避免由最密切联系原则的灵活性带来的不确定弊端。该理论预设了能够体现最密切联系原则的法律选择规则来解决合同准据法的选择问题，只有在其他的法律同合同交易具有更为密切的联系时，才能推翻之前的法律选择规则。特征性履行理论是欧洲最密切联系原则的理论之源，该理论是欧洲国家广泛运用最密切联系原则的实践之本。

在最密切联系原则形成初期，欧洲国家对于美国如火如荼的最密切联系原则运动持谨慎态度。一方面该原则的灵活性使其振奋；另一方面则担心法律选择的确定性、可预见性的问题。在这样的心态下，欧洲国家没有盲目地追随美国的最密切联系原则，依旧保持了传统的成文法典形式，因此欧洲援引的最密切联系原则带有保守特点。例如，法国和希腊这两个国家仅仅只是简单地将最密切联系理论作为冲突规范中的一项基本原则和连结点，称作软化传统冲突规范。此时，欧洲的最密切联系原则强调更多的是它的法律选择功能，而不是矫正补缺功能，即“其他连结点+最密切联系地”的模式。最密切联系原则只是一种系属公式，不是国际私法的一项原则。在最密切联系原则不断发展完善的过程中，其地位也在世界各国持续提升，欧洲国家在立法的过程中慢慢走向原则化的发展轨道。在这个时期，欧洲国家在对最密切联系原则进行定位时，偏向于矫正补缺功能，从相关立法中可以得知，它是将一般原则和例外规定相结合：首先是基本原则的形式。例如，《奥地利联邦国际私法》和《保加利亚共和国国际私法法

---

〔1〕 Pitel, Stephen, “Choice of Law in Tort: A Role For Renvoi”, *Canadian Business Law*, 2006, (1): 113~114.

典》分别在第 1 条和第 2 条以基本原则的形式规定了最密切联系原则。〔1〕保加利亚明确规定，涉外私法纠纷，与纠纷有紧密联系的地方的法律享有支配权。其次是补充原则的形式。例如，《俄罗斯联邦民法集体》第 77 条规定，本条第 1 款的有效性排除是援引与涉外合同纠纷有紧密联系的地方的法律的前提。〔2〕《保加利亚共和国国际私法法典》第 3 条规定，涉及援引其他原则与涉外存在密切联系的地方法律进行考量时，应当排除该法典任意性条款的有效性。〔3〕不管是《列支敦士登国际私法》还是《白俄罗斯共和国国际私法》，均涉及对最密切联系原则方面的规定，具体是以补充原则这种形式来进行规定。最后还有一种则是例外规定的形式，例如，《瑞士联邦国际私法》《德国民法典施行法》等。〔4〕

在最密切联系原则发展较为成熟时，欧洲主要通过特征性履行理论来构建最密切联系原则的限制因素和具体化。特征性履行理论也就是欧洲采取的"质的分析"方法。相对来说，对此所进行的分析更为详细。该理论实际上是以特征性履行理论来选择相应合同的一种准据法，首先要确定特征性履行方，其次要确定特征性履行方的客观场所。一般以"法律关系重心说"来确定特征性履行方，即根据合同的预期目的和社会功能来衡量各因素之间的联系，从而确定合同的特征性履行方。〔5〕如果不存在金钱支付，或者双方都需要支付货币来履行义务，对于这样的合同，"法律关系重心说"被认为是对特征性履行方进行确定最为合理的方式，也是最佳方式。欧洲的诸多国家在大部分时候均选择以特征性履行方所在的具体营业地、选择的住所地、惯常居所地等来确定特征性履行方的客观场所。最

〔1〕 参见张丽珍："特征性履行理论与最密切联系原则关系之再梳理：兼议《涉外民事关系法律适用法》第 41 条"，载黄进、肖永平、刘仁山编：《中国国际私法与比较法年刊》，北京大学出版社 2012 年版。

〔2〕 C. Symeonides, "The Choice of Law Revolution Fifty Years After Currie: An end and a Beginning", *University of Illinois Law Review*, 2015: 125.

〔3〕 邹国勇译注：《外国国际私法立法精选》，中国政法大学出版社 2011 年版，第 216 页。

〔4〕 C. Symeonides, "Choice of Law in the American Courts in 2006: Twentieth Annual Survey", *American Journal of Comparative Law*, 2006, (54): 264.

〔5〕 Sartor, *Legal Reasoning: A Cognitive Approach to the Law*, Dordrecht: Springer, 2005, p. 48.

后，应当注意因适用最密切联系原则而设置的例外条款和根据特征性履行理论设置的推定准则的主次关系。虽然欧洲国家形成了强推定和弱推定两种模式，但欧洲各国的立场各有不同。

二、美国

美国冲突法在发展历程上先推行的是传统法律选择规则，之后再发展到当代法律选择方法，然后再发展到两种方法合理结合与互相补缺，经过前后几十年的螺旋式发展，最终确定下来。从《冲突法重述（第一次）》到《冲突法重述（第二次）》，在这一时期，“既得权说”十分盛行。具体来说，合同履行规定的时间、地点、履行是否充分（一般意义上的充分）、是否存在免责事由等少数事项应当适用合同履行地法；当事人能力、合同的形式、效力、转让、解释等一律适用合同缔结地法。比尔主张适用属地原则，反对多数国家将意思自治原则运用到合同冲突法领域中，也反对美国普遍适用的灵活的“斯托雷规则”。很显然，这样会使他的理论机械化、教条化，进而压缩法官的思索空间，不利于实现案件结果的公正性，尤其是案情复杂的涉外合同冲突。以库克为代表的学者们质疑、批判比尔的理论，认为他的理论自我矛盾，脱离司法实践。库克主张法官在处理涉外合同冲突的问题时，倘若当事人所选择的法律和合同之间本身就存在本质层面上的联系，那么在解决存在的冲突问题时就应适用意思自治这个原则；倘若当事人没有选择适用哪些法律，那么在对适用法律的选择上便需要依据交易的类型来进行决定。结合上文所述的这些理论，美国的最密切联系原则得以茁壮成长，给后世留下了一系列影响深远的案件，例如“鲁宾诉伊尔维信托公司案”“奥廷诉奥廷案”“贝科克诉杰克逊案”等，由此便能说明最密切联系原则发展趋势较为良好。[1]在备受关注的“鲁宾诉伊尔维信托公司案”中，非书面协议是否有效是本案的争议焦点，作为协议的缔结地，佛罗里达州承认非书面协议的效力，但法院所在地纽约州的法律不认可非书面协议的效力。法官通过“重力中心说理论”和例外制

〔1〕 邹国勇译注：《外国国际私法立法精选》，中国政法大学出版社2011年版，第32页。

度，推定准据法为法院地法，认定非书面协议无效。实际上，该理论只是辅助手段，而真正使最密切联系原则由边缘走向中心的是“奥廷诉奥廷案”。这两个案件的争议焦点非常相似，即协议效力的认定应当适用法院地法还是外国法。此时，涉外合同领域不再有既得权理论的身影，取而代之的是“重力中心理论”。美国为最密切联系原则的发展做好了理论和实践的准备，《冲突法重述（第二次）》应运而生。它采纳了最密切联系原则，保留了一些有关合同履行的规则，更多的是从根本上改变涉外合同法律适用的规定。主要从以下三个方面进行变更：首先，原被告可以选择法律。在援引法律的内容上，最大的改变就是赋予原被告以意思自治的权利，原被告通过选择法律，可以预见到适用法律的结果，有利于实现法律选择的确定性和可预见性。但“允许”不代表不受任何束缚，《冲突法重述（第二次）》提出了两方面的限制：一是出现未在当事人权利范畴之内的情况，如当事人自身能力不足问题等。在这种情况下，就不适合采取当事人意思自治的做法。二为若关乎的是涉外合同纠纷问题，想要适用当事人意思自治，则需要满足相应的前提条件，即同时存在两个及以上密切联系的连结点。其次，在当事人没有选择法律的情况下，最密切联系原则可以代替合同缔结地法加以适用。最后，对于特定种类的合同，制定的规则更为详细、清晰。如今，美国仍有个别州在涉外合同领域中适用纯粹的“重力中心说理论”，即纯粹的最密切联系原则，可见最密切联系原则的影响深远。

美国最密切联系原则最终在《冲突法重述（第二次）》中开花结果。其第 186 条规定，在涉外合同纠纷中，如果当事人根据第 187 条选择准据法，则应当援引适用；如果当事人没有选择准据法，则应当援引第 188 条推定准据法。第 187 条在内容上主要涉及当事人如何对州的法律进行选择规定，若在合同中当事人已经选择哪个适用法律来解决纠纷问题，那么应当援引当事人选择的利于实现其权利和义务的法律。即使当事人没有明示选择法律，法官也需要适当援引当事人进行适用法律的选择，且所进行的选择应对当事人自身的权利义务等有益。第 187 条存在排除适用的情况，也就是当事人和合同纠纷没有和被选择的州存在联系，且当事人也没有其他合理的依据。当事人没有进行有效的法律选择，根据第 188 条推定出本应适用的州的法律，且该法律与合同纠纷之间具有更为密切的联系，而援引被选择的州的法律则会与相关州的政策相违背。在当事人没有相反意思表示的情况下，被选择的法律则是法院地法。第 188 条中的不存在有效当事人意思自治推论明确的准据法，在涉外合同纠纷中应当根据第 6 条的法律选择规则，援引的该州的法律应符合与当事人、合同存在密切联系这个条件。当事人未能进行有效的法律选择行为，依据第 6 条确定准据法时，需对这些方面的因素考虑在缔结合同这个过程中所涉及的具体地点。和合同当事人存在联系的地点，如当事人的住所地、公司主营业地等。考虑分析这些因素的关联程度对特殊合同纠纷的影响，第 189~197 条是关于特殊合同的规定，诸如转让土地权益、出卖动产权益、保险合同、担保合同等。根据上述分析，美国最密切联系原则在出现初期，强调的是补充原则功能这方面，且在一定程度上能够矫正硬性冲突规范所带来的负面效力。该原则主要是以一般原则（第 186 条）、例外规定（第 189~197 条）、政策、因素（第 188 条）相结合的形式体现出来，各个条款之间非常注重强调逻辑的缜密性、清晰性，存在一般合同与特殊合同的区分（第 189~197 条），一般合同适用一般程序。如果存在有效的当事人选择，则适用第 187 条，反之则适用第 188 条，二者排斥适用。

在最密切联系原则的发展过程中，针对“量”和“质”的分析先后出现，是最密切联系原则具体化的方式。关于“量”方面的分析，这是在和案件相关的因素总量内所进行的统计，同时还对分布情况进行统计，据此来对国家或各州和案件之间在联系程度方面进行判断。该方式存在一定的缺陷，归结起来如下：首先，纯粹地比较要素的数量，看似使操作方式变得简单，实则会导致实质正义的缺失。其次，纯粹地比较要素的数量，忽视要素背后的政府政策和利益。从长远来看，最密切联系原则的理论根基会慢慢消失。事实证明，随着理论和实践的发展，出现了符合社会需求的“质”的分析，代替了“量”的分析。“质”的分析通过分析法律关系的性质，主要是对相关要素背后涉及的政府政策、利益进行考量分析，据此来对最密切联系地进行确定。这是一种受到关注的综合性方式，为实践操作提供了技术支持，使最密切联系原则富有生命力。通过查阅《冲突法重述（第二次）》的相应规定我们可以得知，其并没有就最密切联系原则方面的限制要素进行规定。对此，可从适用法条的顺序知道其中的相应观点。就涉外合同纠纷而言，一般先适用的是意思自治原则。从当事人这个角度上来说，其在选择法律时会受到限制，这些限制具体有：若没有当事人意思自治，则在选择合同的适用法律时，可选择使用和案件联系最密切的地方的法律。前文提及的特殊合同的效力问题为例外。综上，当事人有效的意思自治是美国最密切联系原则的主要限制因素。

三、最密切联系原则在特定合同中的适用

（一）最密切联系地的确定

在对准据法进行确定方面，《冲突法重述（第二次）》第 188 条第 2 款进行了明确规定："当事人没有就适用的法律方面进行选择时，可适用第 6 条原则来对准据法进行确定，且注重考虑相应的因素，具体包括合同的缔结地与合同的谈判地等。"[1]显然，从该条的相应内容我们可以得知，法规能将可能与合同存在最密切联系的这些连结点因素均罗列出来，但在当代国际社会中，上述连结点已不能很好地解决法律冲突的适用问题。例如，当事人即便在国籍方面存在差异，但是依然可以借助网络或者电话来完成合同的订立工作，在这种情况下，合同缔结地就比较难确定。此外，一些新的连结点也开始出现，例如，网址、网络服务器等。最密切联系点的确定是最密切联系原则的核心问题，与案件有联系的主客观因素有很多，有的联系紧密，有的联系稀疏。法官需要在这些因素中分析选择与案件联系最为密切的因素，即最密切联系地。法官确定最密切联系地的方法主要有以下三种：

首先，分析合同要素。法官对与合同有关联的主客观因素，从"质"和"量"两个方面进行综合考虑，便于对最密切联系地进行确定。有学者

〔1〕 李双元、欧福永、熊之才编：《国际私法教学参考资料选编》，北京大学出版社 2002 年版，第 462 页。

在其所进行的研究中提出，合同要素最集中的地方是合同的中心地，该地的法律即是合同应当适用的法律。从“量”的角度来看，就是统计出所有与合同有关联的连结点，除第 188 条第 2 款列举的因素之外，还要注意一些看似弱小的连结点（例如合同术语等），否则，依据连结点来对最密切联系地进行确定在可信度方面会有所削弱。随后，则对相关因素在有关国家分布方面的情况进行分析，如果绝大多数的因素分布在同一个国家或地区，由此可以得知的是，该地与合同之间的联系非常紧密，该地则可被认定为最密切联系地。当然，即便是连结点的集中地，也不意味着该地一定是最密切联系地，“数量”不是唯一标准，还需要和“质量”相结合。“质”即连结点是否与合同的核心相关联，能够体现合同冲突问题的实质和合同特征。如果不同的当事人在同一个地方履行合同义务，该地则与合同之间有最密切的联系。如果当事人有共同的居所，但在不同的地方履行合同义务，则共同居所地会成为最密切联系地，而不是合同履行地。因此，不同的连结点，在同一个合同纠纷中存在的联系程度往往也会不同，而同一个连结点在重要程度方面也不会固定不变。这就需要法官注重对具体案情进行分析，并结合已有判例与自身在这些方面积累的经验来作出最终判决。

其次，特征性履行理论。不同的合同在相应目的上也不同，其中一方当事人实施的行为，存在对合同起到决定性作用的可能性。法官通过比较分析哪一方的履行能够体现合同的特质，便可以推定其为最密切连结点。一般大陆法系国家以立法的形式确定了大部分合同的“特征性履行”，如在买卖合同中，卖方实施的交付行为等均是特征性履行之体现。卖方支付货币、雇方支付劳务费，无法对合同所具有的本质特征进行反映。为此，这是一种非特征性履行行为。在对特征性履行存在的连结点进行确定方面，需对特征性履行方所处的住所地等进行考虑，但对于特殊合同来说，一般考虑特征性义务的履行地。例如，劳务合同和工程承包合同，前者适用劳务实施地法，后者适用工程所在地法，不动产合同适用不动产所在地法。除此之外，该方法在机械性方面也较为明显，没有权衡各相关连结点，有可能使法律的适用缺乏公正性。

最后，结果分析法。从最密切联系原则这个层面上来说，着重凸显的是在法律选择方面以及适用法律的结果方面均应凸显合理性以及公正性方面的特征。这也是部分国家在对最密切联系地进行确定时以价值判断作为参考的原因。在司法实践中，价值判断一般包括：政府政策和利益，即在确定合同的准据法时，若与本国的政策与利益方面存在关系，则在大部分情况下，多数国家均会作出选择适用本国法的决定。反之就要考量评价这些国家的利益，适用需要维护特殊利益或者利益影响大的国家或地区的法律。当事人订立合同时的期望是正当、合理的，尽可能选择让当事人利益得以有效保障的法律，有利于实现法律选择的确定性、一致性、可预见性的法律一般会被优先适用。这种方法带有实用主义色彩，有利于缓解冲突问题，协调各方利益。

（二）电子商务合同

互联网时代，网络平台的方便、快捷性使电子合同成了贸易往来的重要形式。广义的电子合同是指通过“数据电文”约定当事人的权利和义务的合同。1996 年《联合国国际贸易法委员会电子商务示范法》（以下简称《电子商务示范法》）第 2 条（a）对什么是数据电文进行了规定。而狭义层面上的电子合同，是指以电子数据交换这种形式来订立的合同。《电子商务示范法》第 2 条（b）规定：“电子数据交换（EDI）是指计算机之间采用约定标准以构造信息的信息电子传输。”[1]所谓电子数据交换就是指根据双边或者多边协议，通过信息网络，将数据信息在交易者的计算机系统之间进行数据处理和交换。[2]因此，电子商务合同指的是不同国家或地区的法律关系主体，借助互联网这个平台来订立的且涉及外国法律或国际条约的跨国买卖合同。

互联网是虚拟的，且打破了地域性管辖，使传统属地法和属人法力不从心。电子商务合同的首要原则仍为当事人意思自治原则，倘若当事人未选择相应的法律，或者是选择的法律与强行法存在相违背现象，那么富有

〔1〕 Kaplow，“Rules Versus Standards：An Economic Analysis”，*Duke Law*，1992（1）：560.

〔2〕 戴建中：《电子商务概论》，清华大学出版社 2012 年版，第 72 页。

张力的最密切联系原则便能够合理地进行法律选择，可以被适用于电子商务合同领域。即便如此，传统的合同缔结地和合同履行地的地位依然逐渐动摇，出现了新的连结点并据此来对最密切联系地进行确定，从中找到相应的且合理的适用准据法。美国的《统一计算机信息交易法》（UCITA）第 109 条（b）对法律选择进行了明确规定："若法律选择有效协议出现缺失，在这种情况下合同法范围内适用法律的选择，就会受到以下这些方面的影响，其中就包括与合同联系最为紧密的法域的法律等。"〔1〕而在第 109 条（d）中则就当事人所在地方面进行规定，如规定"关于一方当事人的所在地，若其只有一个营业地则该营业地就是当事人所在地"。〔2〕1980 年颁布的《罗马公约》第 4 条第 2 款也对当事人所在地进行了规定："可依据合同的条款规定，合同的履行地，就是主营业所所在地之外的其他营业所所在地。"〔3〕对此，欧盟于 2008 年颁布了《关于合同之债法律适用的条例》。该条例序言部分的第 24 款也有明确规定，即虽然网址使远程订立合同变为可能，但事实上确实已订立了合同，不论采取怎样的方式，网址可访问性作为适用第 15 条的依据都并不合理。在我国，针对该领域也出台了有相应的法律，这些法律归结起来主要有《中华人民共和国合同法》《中华人民共和国电子签名法》等，在具体司法实践中还可以参考《电子商务示范法》、UCITA 等影响比较大的相关法律，从立法上避免法律冲突。

（三）知识产权合同

知识产权是著作权、商标权、专利权等的总称，是自然人、法人或其他组织依法从事创造性的智力劳动，对获得的成果享有独占的一种权利。第二次世界大战以来，随着国际技术、经济交流的增强，国际知识产权市场也开始活跃起来，各国对外输出知识产品时均要求包括输入国在内的所有国家要注重给予知识产品法律层面上的保护。基于知识产权在地域性方

---

〔1〕 美国《统一计算机信息交易法》第 109 条（b）。

〔2〕 美国《统一计算机信息交易法》第 109 条（d）。

〔3〕 欧盟《罗马公约》第 4 条第 2 款。

面以及知识产品在需求上存在的矛盾越来越大，由此出现了一系列国际知识产权统一实体规范。知识产权合同在组成方面除了包括知识产权的实施与知识产权的许可，还包括知识产权的转让等。国际知识产权合同法律关系在适用原则这方面存在“单一制”和“区分制”两种观点，且在实践中运用得比较多。其中，在单一制方面，主要强调的是把法律关系归总起来并作为整体来看待，并在某个国家或地区中进行统一适用的法律，区分制实际上是对合同进行细分，之后则结合不同情况适用相应的法律。与知识产权争议有关的实际上是适用授予国的法律，例如，合同的成立、效力等，应适用该法律关系的相应准据法。

对于国际知识产权合同来说，也会涉及法律的适用问题，对此需要先对国际统一实体规范方面进行考虑，具体有《保护工业产权巴黎公约》等。再者，可以考虑两个重要原则，即意思自治原则与最密切联系原则。若适用的是最密切联系原则，可依据知识产权的类型与特征等来进行确定；若适用的是最密切联系原则，则可结合特征性履行理论来进行确定。我国可以将最密切联系原则引入国际知识产权合同的立法中，促进国际交流，增加法律适用的灵活性，更好地保护当事人的权益。

（四）消费合同

于1987年颁布的《瑞士联邦国际私法》在其第120条第1款对什么是消费合同进行了规定，即认为所谓的消费合同是指立足于个人或家庭用度这个目的来提供相对应日常用品的合同。而1980年出台的《罗马公约》也在其第5条第1款对消费合同定义进行了规定，认为该合同是指为个人提供商品或服务的相应合同，而不是用于消费行业，或者提供信贷的合同。《德国关于改革国际私法的立法》第29条规定，消费合同是指提供动产或者服务，不是为了消费者的职业或营利或以此为交易的合同。〔1〕综上，消费合同可以被定义为，一方当事人为获得商品或者服务而同提供者订立的合同。

〔1〕 李双元、欧福永、熊之才编：《国际私法教学参考资料选编》，北京大学出版社2002年版，第327页。

在一般情况下，消费者会被认定为一个群体，消费者自身不具有和卖方进行单独谈判的机会，在这种情况下，其只能接受对方列出来的合同条款。[1]因此，从这个层面上来说，消费者在合同中处于“弱势方”。一旦消费者获得的是虚假信息，且自身在经济水平方面相对较低，另一方又处于优势地位，那么优势方就会掌握话语权，这种不对等对弱势方非常不利。对于消费合同的法律适用，一般有两种做法：一是当事人直接适用的是弱势一方当事人的属人法。例如《瑞士联邦国际私法》第 120 条就规定，合同双方当事人只能适用消费者惯常居所地法。这样的规定过于绝对，如果当事人惯常居所地法给予消费者的保护程度较低，那么只会侵犯当事人的利益。第二种做法是，尽管仍旧适用该一般原则，不过对时间与范围等方面的限制非常严格。当适用的是最密切联系原则时，不考虑卖方营业地，直接将消费者惯常居所地法作为首选。此外，提高法律规避、公共秩序保留的适用标准，增强消费者惯常居所地“直接适用的法”的强制力。为更好地保护消费者的利益，其他国家应合理地提出与该合同有关的多个法域的法律（例如合同缔结地、履行地、营业地、消费者惯常居所地等），法官可以选择有利于消费者的法律。2008 年《罗马公约》规定，尽管专业人员开展的商业活动并不是在消费者惯常居所地，不过，若合同的订立本身就和该类活动存在紧密关系，也应当适用强制性规定保护消费者。与发达国家相比，我国没有针对消费合同专门规定法律的适用问题，也没有专门针对涉外消费者权益保护的规定，仅在《法律适用法》第 42 条中提及了消费者合同的法律适用。在国际消费合同中，我国消费者受保护的程度较低、成本花费较高。基于此，我国在立法中可以尝试适用并适当限制当事人自主选择法律的方式，以便维护消费者的权益。

（五）劳务合同

国际劳务关系在相应领域中是一个社会热点，是指在境外所提供劳务的过程中，由此形成的这种雇佣、合作以及外派等相应关系。有的学者在

---

[1] 赵秋雁：《电子商务中消费者权益的法律保护：国际比较研究》，人民出版社 2010 年版，第 213 页。

对该领域进行研究时，认为国际劳务合同指的是有外派资格的公司就境外劳务合作同境外的接受方所签订的合同。[1]有的学者在其研究中则指出，狭义层面上的国际劳务合同仅仅是指雇佣合同，也就是各当事人以雇佣这种方式所签订的，在一段时期内一方向另一方提供的定期或者非定期的劳务，且由接受方支付报酬的合同。[2]有学者从实践出发，提出国际劳务合同是具有不同国籍或者不同营业地的当事人，一方通过聘用人员完成特定的项目或者劳务，另一方提供劳务以收取报酬为目的而签订的合同。第一种观点其实是劳务合作合同，第二种观点将雇佣合同和服务合同混为一谈，第三种观点较为接近雇佣合同的概念。事实上，劳务合同包括劳务合作、雇佣、派遣、工程承包等合同。一般最密切联系原则适用于雇佣合同，因此仅探讨国际雇佣合同的法律适用问题。

适用于国际雇佣合同的还有意思自治原则，不过当事人在运用意思自治原则时，所受到的限制比一般的涉外合同要多。例如，《瑞士联邦国际私法》第 121 条第 3 款规定："当事人可以选择适用劳动者惯常居所地，或者雇主营业机构所在地、住所地、惯常居所地的法律。"[3]还有一些国家针对受雇人员规定了特别的保护制度。例如，德国在其出台的《关于改革国际私法的立法》第 30 条第 1 款明确规定："当事人没有做出选择的，适用本条第 2 款的规定。"[4]于 2008 年获得颁布的《罗马公约》也涉及这方面内容的规定。雇佣合同也被称为"弱势方合同"，如果当事人未落实法律选择方面的相应工作，很多国家都会适用劳务实施地法。关于这方面，《奥地利联邦国际私法法规》第 44 条对此进行了明确规定："（1）在劳务合同中若受雇人被派往他国工作，则仍会受该法的支配；（2）倘若受雇人大部分时间均是在一个以上国家工作，或者当事人没有惯常的工作地

---

〔1〕 詹朋朋：《国际劳务关系法律适用问题研究》，法律出版社 2011 年版，第 15 页。

〔2〕 范姣艳：《国际劳动合同的法律适用问题研究》，武汉大学出版社 2008 年版，第 20 页。

〔3〕 李双元、欧福永、熊之才编：《国际私法教学参考资料选编》，北京大学出版社 2002 年版，第 423 页。

〔4〕 李双元、欧福永、熊之才编：《国际私法教学参考资料选编》，北京大学出版社 2002 年版，第 328 页。

点，则适用的是他所在国家的法律。"[1]劳务合同的标的是劳务或者服务。根据特征性履行理论，劳务实施地可以体现合同的性质。此外，一般情况下的劳务输出中，输出国往往是不发达国家，接受劳工的则为发达国家。相比之下，发达国家已经制定了较为完善的劳工保护法，可为受雇人员利益提供有效保障。为此，在选择合同的最密切联系地时，劳务实施地应为首选，受雇方惯常居所地与当事人的联系也很紧密，可以作为合同的最密切联系地。部分国家也对此进行了规定，即在适用法律的选择上，应选择最有利于雇员的法律。我国还未就国际劳务合同方面进行立法，仅在《法律适用法》第 43 条提到了劳动合同的法律适用问题，且意思自治原则、最密切联系原则、特别保护制度都没有涉及，不利于保护我国在境外的劳动者。对此，我国需要完善相关立法，从而便于为我国劳动者提供有效保障，据此来推进境外劳务的健康发展。

---

〔1〕 李双元、欧福永、熊之才编：《国际私法教学参考资料选编》，北京大学出版社 2002 年版，第 370 页。

第四章 最密切联系原则在我国的适用

在涉外民商事审判中，最密切联系原则没有提供明确的分析方法，对于该原则的运用基本依赖于法官的考量、判断，很容易出现同法、同案却不同判的情况。在此，本书将通过分析我国的涉外民商事审判的具体情形，找出问题的根源，提出相应的解决方案。

第一节　最密切联系原则在我国的现状

兼具确定性与灵活性特点的最密切联系原则在国际私法领域得以广泛运用。虽然我国对于国际私法的研究开始得较晚，但是一直在努力地汲取、借鉴先进的理论成果及实践经验，并积极运用到我国的立法、司法中，尤其是在正式实施《法律适用法》之后，这使得最密切联系原则在适用范围上获得了进一步拓宽。

一、我国最密切联系原则的立法现状

1985 年《涉外经济合同法》第一次在涉外合同领域中引入最密切联系原则，当事人存在合同争议时，在对该问题的解决上会涉及适用法律方面的问题，倘若当事人没有相应的法律选择，则应适用与合同联系最密切国家或者地区的法律。1987 年《民法通则》第 148 条将最密切联系原则的适用范围扩展到了扶养领域。1988 年，我国颁布了《关于贯彻执行〈中华人民共和国民法通则〉若干问题的意见（试行）》，这就进一步扩大了该原则的适用范围。具有双重国籍或者多重国籍的外国人的本国法包括外国人的住所地法或与其具有最密切联系的国家或地区的法律。其中，住所积极冲突和消极冲突（第 182 条）、外国人住所地（第 183 条）、扶养（第 189

条）、外国法的适用（第 192 条）等问题都涉及最密切联系原则。不管是 1993 年出台的《海商法》第 269 条的规定，还是 1996 年《民用航空器法》在其第 188 条所进行的规定，抑或是 1999 年出台《合同法》第 126 条的规定，都涉及最密切联系原则的适用问题。在司法实践中，关于涉外民商事领域，其在运用最密切联系原则时会与意思自治原则相结合适用。在合同领域，首选意思自治原则，但若当事人未选择相应的适用法律，那么适用的法律应为与合同存在最密切联系的国家或地区所制定的法律。

2011 年正式施行的《法律适用法》在总则中规定了最密切联系原则，使最密切联系原则的地位得到提升。[1]《法律适用法》通过直接和间接的形式体现了最密切联系原则，其中 5 个法条直接提及最密切联系原则，分别是第 2 条（总则）、第 6 条、第 19 条、第 39 条和第 41 条。其中，第 2 条是概括性的规定，其他 4 条分布于民事主体以及债权等部分。间接提及最密切联系原则的章节有民事主体、婚姻家庭和继承等相关规定。经常居所地成了属人法最重要的连结点，以经常居所地取代之前的主要连结点——国籍与住所地。原因在于：经常居所地能够弥补国籍与住所地作为连结点的不足。最重要的是，在世界经济一体化、国际交往日趋频繁的背景下，住所地和国籍国不再是当事人固定的生活中心地，离开原本的居住地到其他国家组建家庭等行为非常普遍。此时，与国籍、住所地相比较，经常居所地与当事人之间的联系更为密切。[2]这一改变体现了我国对以经常居所地作为连结点的重视，符合国际属人法的发展趋势，在运用上也比较彻底。除此之外，《法律适用法》在物权部分规定，不动产物权适用物之所在地法，也体现了最密切联系原则。

《法律适用法》中还有间接体现最密切联系原则的章节，即法律通过规定连结点的形式对法官自由裁量权的行使进行了限制。应当说，最密切联系原则也是法律规定连结点的依据，即在法律适用的立法上会遵循最密

〔1〕 郭玉军："中国国际私法的立法反思及其完善：以《涉外民事关系法律适用法》为中心"，载《清华法学》2011 年第 5 期。

〔2〕 杜新丽："从住所、国籍到经常居所地：我国属人法立法变革研究"，载《政法论坛》2011 年第 3 期。

切联系原则。从我国国际私法的立法来看，最密切联系原则适用的层次多且范围广；既具有灵活性，又有特征性履行，将二者有机结合起来兼顾了法律适用的确定性和合理性。[1]

二、我国最密切联系原则的地位和功能

（一）最密切联系原则的地位

最密切联系原则的定位问题一直是学术界争论的焦点，有将其作为法律选择中基本原则的观点，有将其作为法律选择中补充原则的观点，还有将其作为一种法律选择方法的观点。在最密切联系原则的适用方面，《法律适用法》第2条第2款作出规定："本法等未就涉外民事关系法律适用进行规定的，则适用的法律应是与该涉外民事关系存在最为密切联系地的法律。"[2]据此，刘想树教授认为，我国立法将最密切联系定位成"兜底规则"。[3]只有当该法或其他法律未规定涉外民事关系应适用哪些法律时，最密切联系的兜底性才能发挥作用，即使该法与其他法律发生立法位阶冲突，也不得适用。冲突规范所指向的准据法违反我国公共秩序或者无法查明时，直接适用我国法律而不是通过最密切联系进行救济，由此，最密切联系仅仅是兜底救济规则中的一种。

最密切联系原则不能够作为一项基本原则被引入国际私法的法理依据是，作为基本原则需要符合适用于一切领域及范围且贯穿始终不可更改的条件。不可否认，无论是法律选择还是法律适用，最密切联系原则都会参与其中，但是我国冲突立法在不断完善，冲突规范调整的领域日益扩大，这便导致最密切联系原则的用武之地被压缩。如此，若将最密切联系上升至基本原则实在是夸大了它的作用。从司法实践的角度来看，想要达到基本原则的高度，确实有一定的困难。一旦最密切联系原则成为国际私法中的基本原则，法院在审理涉外民事案件时就必须适用最密切联系地的法

---

〔1〕 徐伟功："从自由裁量权角度论国际私法中的最密切联系原则"，载《法学评论》2000年第4期。

〔2〕《中华人民共和国涉外民事关系法律适用法》。

〔3〕 刘想树："论最密切联系的司法原则化"，载《现代法学》2012年第3期。

律，然而，事实并非如此。根据最密切联系原则选择的法律是可以被否定的，比如该地的法律违反了法院地的公序良俗；由于存在意思自治原则，最密切联系原则成为基本原则的概率基本为零，所谓私法必将充分尊重当事人的意思自治。法国学者杜摩兰的“意思自治理论”具有可预见性及稳定性，因而备受推崇，适用于合同、侵权等多个领域，若没有与强行法或禁止性规定存在相违反的现象，在一般情况下，法院适用的法律普遍是当事人之间进行协议并在这基础上选出来的法律。事实上，多数国家均没有把最密切联系原则定位为基本原则。例如，《奥地利联邦国际私法》回归传统，僵化适用最密切联系原则；〔1〕《瑞士联邦国际私法法规》将最密切联系原则作为例外规定，以达到衡平的目的。〔2〕

我国现阶段的情况是当事人仅在合同领域享有选择权，在意思自治原则的领域中，最密切联系原则能够起到补充作用，但在其他领域最密切联系原则也有渗透，仅以此确定在国际私法中的“补充性”地位有些武断，值得斟酌。它不仅仅承担补充工作，比如前文提及的“贝科克诉杰克逊案”和“奥廷诉奥廷案”。即便是在合同领域，其也并不等于允许当事人任意选择法律，一些国家规定所选择的法律必须与合同有关联，比如当事人住所地、合同履行地等。在这些连结点的基础上选择法律正是最密切联系原则的体现。最密切联系原则是有系统、有层次的，不应被单一地归为某一原则或规则。

(二) 最密切联系原则的功能

首先是兜底补充功能。在制定具体法律规则时，将最密切联系理论作为基础和需要考虑的因素之一，将最密切联系原则作为兜底性的法律选择规则。我们从《法律适用法》在其第 2 条第 2 款所进行的规定可知，该法或其他法律没有规定涉外民事关系应适用哪些法律的，适用的法律应为与该涉外民事关系联系最为紧密的法律。〔3〕该条被认为是一项创新性的规

〔1〕 马志强：“最密切联系原则的地位思辨”，载《西南政法大学学报》2011 年第 5 期。

〔2〕 宋晓：《当代国际私法的实体取向》，武汉大学出版社 2004 年版，第 355 页。

〔3〕 参见［美］西蒙尼德斯：“20 世纪末的国际私法进步还是退步?”，载宋晓译，黄进校，载梁慧星主编：《民商法论丛》，金桥文化出版社 2002 年版。

定，有学者肯定了最密切联系原则的“补漏”功能。其次是替补功能。对此，《法律适用法》在其第19、41条也进行了相应的规定。这些规定体现了最密切联系原则的替补作用。再次是修正功能。对于一些法律冲突问题，法律规定了连结点，但连结点并不是绝对的，需要由最密切联系原则进行检验。如果法律关系与其他地方的法律具有更为密切的联系，则适用其他地方的法律。列出客观连结点能够提高适用最密切联系原则的可预见性。例如，《法律适用法》第39条关于有价证券的规定，第41条对于当事人没有选择法律的情况的规定等。这些都体现了最密切联系原则的修正作用。最后是直接解决功能。《法律适用法》在其第6条就涉外民事关系所适用的外国法律方面进行了规定，指出该国不同区域推行的法律不同的，在适用法律的选择上，应适用与该涉外民事案件关系最为紧密的法律。说明在多法域的情况下，选择适用最密切联系原则来对问题进行解决最为有效，这也是一种最为直接的解决方法。

第二节　最密切联系原则在我国错误适用的类型

在具体的司法实践中，我国已经在较大范围内运用最密切联系原则，与以往相比，在法官的意识、对司法理念的理解以及具体操作方面都有发展和进步。但是，实践领域依然存在一些问题。例如，过度适用法院地法、对法条理解不到位、立法上存在疏漏、法官素养参差不齐、法官适用法律的意识不足等。

一、未根据法律规定直接适用法院地法

案例1：“曾某金、陈某、曾某新、广西壮族自治区宾阳县矿贸公司合同纠纷案”。[1]曾某金（乙方）与广西壮族自治区宾阳县矿贸公司（简称“矿贸公司”）（甲方）签订《联合开采协议书》，协议约定甲方所属尖峰锑矿区三灶矿点与乙方联合开采，甲方投资原矿山窿道及现有房屋设施，

〔1〕广西壮族自治区高级人民法院［2013］桂民四终字第10号民事判决书。

乙方投资所有资金设备，双方就此达成协议。之后，宾阳矿贸公司与南宁来润公司签订了《联合开发广西宾阳县尖峰锑矿三灶矿点协议》，约定双方联合开发广西宾阳县尖峰锑矿三灶矿点。曾某金、陈某、曾某新认为宾阳矿贸公司单方而解除《联合开采协议书》的行为无效，要求矿贸公司继续履行合同义务，并认为矿贸公司将涉案的三灶矿点交与南宁来润公司联合开发违反了《联合开采协议书》的约定，构成违约，遂提起诉讼。法院审理后认为，曾某金为香港特别行政区居民，因此本案属于涉港商事诉讼案件。关于法律适用问题，由于香港特别行政区与我国内地属于不同的法域，其法律冲突问题应当适用我国内地的相关法律规定。本案双方当事人没有合意选择合同所适用的法律。法院依照《法律适用法》第 41 条的规定，认为本案中矿贸公司履行义务（即将采矿权交付给曾某金）最能体现本案合同特征，而矿贸公司的住所地、合同的签约地、履行地均在中国内地，故本案应适用与本案合同有最密切联系的中国内地法律。

案例 2："苏某滨、福建龙岩农村商业银行股份有限公司白沙支行金融借款合同纠纷案"。[1]福建龙岩农村商业银行股份有限公司白沙支行与苏某滨、章某花签订《最高额抵押借款合同》及作为合同附件的《抵押物品清单》，同意以章某花所有的位于龙岩市新罗区的房产提供抵押担保。合同签订后，福建龙岩农村商业银行股份有限公司白沙支行与苏某滨签订借款借据一张，借款金额 100 万元，约定期限与利息。同日，福建龙岩农村商业银行股份有限公司白沙支行将贷款本金 100 万元依约转入苏某滨账户，完全履行了合同义务。之后，苏某滨、章某花因缺乏资金无法按期足额偿还《最高额抵押借款合同》的借款本金，向福建龙岩农村商业银行股份有限公司白沙支行申请展期。同日，福建龙岩农村商业银行股份有限公司白沙支行与苏某滨、章某花签订了《借款展期协议》。该笔贷款展期到期时，苏某滨、章某花仍然未履行还款义务，经福建龙岩农村商业银行股份有限公司白沙支行多次催要，苏某滨、章某花均未支付。原审法院认为，根据《最高人民法院关于适用〈中华人民共和国涉外民事关系法律适用法〉若

[1] 福建省高级人民法院［2018］闽民终 413 号民事判决书。

干问题的解释（一）》第1、19条的规定，苏某滨、章某花是香港特别行政区居民，本案双方当事人之间的民事关系属涉及香港特别行政区的民事关系。涉及香港特别行政区的民事关系的法律适用问题，应当适用《法律适用法》的规定。根据《法律适用法》第8、41条的规定，本案涉案合同属借款合同，且当事人未对法律适用作约定，应适用与该借款合同最密切联系的中国内地法律。二审法院认为原审法院根据《法律适用法》第8、41条来确定准据法的做法是正确的。

根据我国《合同法》第126条第2款的规定，在中华人民共和国境内履行的中外合资经营企业合同、中外合作经营企业合同、中外合作勘探开发自然资源合同，适用中华人民共和国法律。案例1中的涉案合同属于必须适用法院地法的三类合同之一，但是法院以案件与中国内地具有最密切联系为理由适用了法院地法。根据《最高人民法院关于适用〈中华人民共和国涉外民事关系法律适用法〉若干问题的解释（一）》（以下简称《法律适用法司法解释（一）》）第10条第4项的规定，涉及外汇管制等金融安全的，法院应当直接适用《法律适用法》第4条的强制性规定。案例2中的涉案合同属于涉外金融借款合同，法院应当直接适用中国内地法律，即法院地法。但本案的一审法院和二审法院均认为应依据最密切联系原则而适用中国内地法律。

二、未适用当事人合意选择的法律

案例3：“黑石香港投资有限公司与翟某恩、郭某粉等金融借款合同纠纷案”。[1]巩义市振兴水泥厂与中国建设银行巩义市支行签订《借款合同》，约定巩义市振兴水泥厂贷款200万元，以及期限和利息，如遇国家利息调整而随之调整，逾期还款加罚利息，巩义农信社为上述贷款出具了《贷款担保书》。后来，振兴水泥厂更名为恩威水泥厂，并先后两次向中国建设银行巩义市支行出具还款计划，但都未曾履行还款义务，银行数次向其催收。随后，银行将涉案债权转让给信达公司，信达公司又转让给东方

[1] 河南省高级人民法院［2014］豫法民三终字第00061号民事判决书。

公司，东方公司最终转让给了黑石香港投资有限公司，并发布公告，予以催收。翟某恩同村民委员会签订协议，约定恩威水泥厂的产权归翟某恩所有，全部债权债务由翟光恩承担，后工商机关据此将恩威水泥厂注销。法院审理后认为，本案是涉外合同纠纷，涉外合同的当事人可以选择处理合同争议所适用的法律，当事人没有选择的，适用与合同有最密切联系的国家的法律。本案合同的签订地、履行地均在中国内地，故依据最密切联系原则，应当以中国内地法律作为处理本案纠纷的准据法。

案例 4："南宁市金通小额贷款有限公司与广西西江锅炉制造有限公司、钦州市华驭糖业有限公司企业借贷纠纷案"。[1]原告南宁市金通小额贷款有限公司（简称"金通公司"）（债权人）与被告广西西江锅炉制造有限公司（简称"西江锅炉公司"）（债务人）于广西壮族自治区南宁市签订《贷款合同》，约定还款期限及利息，还约定债权人有权调整利率。当天，原告金通公司与被告西江锅炉公司签订《抵押合同》，约定被告西江锅炉公司以梧州市龙圩区的国有土地使用权为《贷款合同》中的债务提供抵押担保，担保范围为主合同项下全部债务。被告余某远、华驭糖业公司、余某鹏、西江糖机公司、颜某、合安锅炉公司、合成机械公司分别与原告签订保证合同。以上合同签订后，原告向被告完全履行了合同义务，但被告并依照合同约定进行偿付。法院审理后认为，本案是借款合同纠纷，案件当事人余某远、余某鹏是加拿大籍公民，因涉案借款合同的签订地、履行地、借款人、贷款人及部分保证人的住所地均在我国，且原告金通公司与被告西江锅炉公司、华驭糖业公司、西江糖机公司、合安锅炉公司、合成机械公司在开庭时均表示本案的审理以中国法律作为准据法，故本案应以与合同具有最密切联系的法律（即中国法律）作为准据法。

案例 3 中三方当事人在庭审时援引了中国内地的法律，这表明当事人实际上已经在法律适用的问题上达成了一致意见，法院应当依据《法律适用法》第 41 条关于意思自治原则的规定，直接适用中国内地法律，而法院却认为合同与中国内地具有最密切联系，故而适用中国内地法律。同样

〔1〕 广西壮族自治区梧州市中级人民法院［2017］桂 04 民初 92 号民事判决书。

的问题也体现在案例 4 中。在该案中，涉案各方当事人在开庭时都表示接受适用我国的法律审理案件，但法院却以最密切联系为由，适用我国的法律。

三、未适用特殊合同的冲突规则

案例 5："奥斯诺瓦船员劳务合同纠纷案"。[1]原告奥斯诺与被告密斯姆航运公司签订了《海员雇佣合同》，约定被告雇佣原告担任被告所属"密斯姆"轮的船员，每月工资为 1450 美元。工资起算日为 2012 年 6 月 23 日。2012 年 6 月 24 日，原告登上"密斯姆"轮工作，直至 2012 年 12 月 24 日离船，被告向原告支付了部分船员劳务报酬，尚拖欠原告船员劳务报酬计 2597 美元。原告离船回国共产生遣返费用计 125 美元。涉案船舶"密斯姆"轮注册船旗国为荷属安的列斯，船舶所有人为被告。法院认为，原被告都是境外主体，因此本案是涉外船员劳务合同纠纷。根据法律的规定，当事人可以选择解决涉外合同纠纷的准据法，当事人没有选择的，适用与合同有最密切联系的国家的法律。由于被告经依法传唤未到庭应诉，原被告没有一致选择解决本案纠纷的准据法，因此本案应当适用与涉案船员劳务合同有最密切联系的国家的法律。原告是被告的雇员，担任因故滞留在中国海域内的"密斯姆"轮的船员，且原告也是从中国上海港离船的，涉案船员劳务合同实际履行地在中国，中国是与涉案船员劳务合同具有最密切联系的国家。因此，根据最密切联系原则，确定以中国法律作为审理本案纠纷的准据法。

案例 6："陈某田与王某、昆山大都会房地产开发有限公司合同纠纷案"。[2]陈某田与王某签订《收购协议书》，约定昆山大都会公司由陈某田及陈某白设立，注册资本 600 万元美金，陈某田和陈某白分别持有股份。后来，王某、昆山大都会公司向陈某田、陈某白出具《承诺书》，约定资产归属。随后，陈某田、王某和昆山大都会公司签订《担保协议》约定，

---

〔1〕 上海海事法院［2013］沪海法商初字第 1575 号民事判决书。

〔2〕 江苏省高级人民法院［2017］苏民初 10 号民事判决书。

昆山大都会公司无条件为王某应支付给陈某田的10 400万元作为连带担保方，王某未付清应付款，陈某田有权向昆山大都会公司追偿。法院认为，原告陈某田、第三人陈某白均是我国台湾地区居民，因此本案是涉台案件，应当根据《法律适用法》确定准据法。本案中，各方当事人均未协议选择合同适用的法律，因此本案应当适用履行义务最能体现该合同特征的一方当事人经常居所地法律或与该合同有最密切联系的法律。本案发生纠纷的合同基础是陈某田与王某签订的《收购协议书》，合同目的在于王某收购陈某田、陈某白在昆山大都会公司的股权，昆山大都会公司作为被收购股权的一方，其住所地在江苏省昆山市。同时，根据《担保协议》的约定，王某回购陈某田13栋别墅，昆山大都会公司为王某应支付给陈某田的10 400万元提供连带担保，担保人昆山大都会公司、被担保人王某的住所地以及回购的13栋别墅都在中国大陆地区，因此与合同有最密切联系的地点在中国大陆地区。根据《法律适用法》第36、41条的规定，本案应当适用中国大陆地区法律。

根据《法律适用法》第43条的规定，劳动合同适用劳动者工作地法律；难以确定劳动者工作地的，适用用人单位主营业地法律。劳务派遣可以适用劳务派出地法律。案例5是涉外船员劳务合同，应当根据第43条的规定适用中国法律，而法院却以最密切联系为由适用中国的法律，忽视了合同的特殊性。案例6也是同样的错误，根据《法律适用法》第36条的规定，不动产物权适用不动产所在地法律。本案中的13栋涉案别墅都在中国大陆地区，理应适用中国大陆地区的法律，根本就不需要适用最密切联系原则。

四、未正确适用特征性履行规定

案例7：“黄某兰与王某传民间借贷合同纠纷案”。[1]黄某兰以欠他人钱为由向王某传借款，但未向王某传出具借据。王某传给付黄某兰钱款后，黄某兰将向他人借款出具的借条交由王某传收执。后来，王某传向黄

〔1〕江西省高级人民法院［2013］赣民四终字第13号民事判决书。

某兰催还该借款，黄某兰对该借款认可，但一直未予归还。法院认为，王某传是中国台湾地区居民，其诉请黄某兰返还借款。黄某兰的住所地在赣州市，一审法院对本案享有管辖权。双方当事人对法律适用没有约定，依据《法律适用法》第 41 条规定的最密切联系地原则，本案应当适用中国大陆地区法律。

案例 8："南京置达进出口有限公司与快乐男爵国际有限公司国际货物买卖合同纠纷案"。[1]买方快乐男爵公司与卖方置达公司签订销售确认书。原告置达公司在未收取被告快乐男爵公司预付款的情况下，向其发运部分约定的货物，因客户没有收货，置达公司将货物交其货运代理人汉萨海运公司保管。被告通过电子邮件向原告购买在港口的货物，并向承运人川崎汽船株式会社荷兰公司出具授权书，授权海运陆运服务公司（Seaand Shore Services B. V.）提货。海运陆运服务公司通知承运人由温坎顿雷纳亚运输公司（Wincanton Rhenania Transport B. V.）接收货物并承担相应费用。被告授权他人提货后，未向原告支付货款，原告多次催要货款未果。法院审理后认为，被告快乐男爵公司是在荷兰注册成立的公司，因此本案属涉外民商事纠纷，涉及准据法的确认。根据《合同法》第 126 条的规定，涉外合同的当事人可以选择处理合同争议所适用的法律；当事人没有选择的，适用与合同有最密切联系的国家的法律。本案是国际货物买卖合同纠纷，双方在 2008 年 5 月 21 日合同中约定了适用中国法律，2008 年 11 月 27 日合同中未作约定，根据特征性履行方法，合同订立时卖方住所地法，即中国法律与合同有最密切联系，故本院确定中国法律作为解决本案纠纷的准据法。

根据《法律适用法》第 41 条的规定，案例 7 应当适用特征性履行方的经常居所地法，王某传作为义务履行方，其经常居所地在中国台湾地区，法院首先应当考虑中国台湾地区的法规，只有考察分析相关的情况后，能够表明案件与中国大陆地区法律的联系更为密切时，才可适用中国大陆地区法律。但本案的法官没有适用特征性履行的规定，也没有说明为

[1] 江苏省南京市中级人民法院［2010］宁商外初字第 26 号民事判决书。

什么没有适用的理由，而是跳过该规定直接适用中国大陆地区法律。案例8也存在类似的问题，法院没有从特征性履行规定本身来确定特征性履行方，再从履行方的经常居所地来确定最密切联系地，而是根据特征性履行地确定最密切联系地，这种做法无疑将特征性履行理论拖回“本座说”时代。

五、未正确选择联系最密切的法域

案例9：“林某珠、林某婷、林某腾、陈某合同纠纷案”。[1]陈某与林某明口头达成由陈某收购林某明所有的“新西兰奥克兰市171 Murphys RD Flit Bush Auckland”地块30%股份的协议。陈某通过广西银丰置业有限公司将上述股份转让款转入林某明指定的福建新融投资有限公司账户。同日，林某明向陈某出具了《收条》。随后，陈某向林某明发出了《关于限期履行办理股权转让手续的函》，要求林某明限期办妥股份转让手续，否则将单方解除股份转让协议。后双方协商无果，陈某向法院起诉。2009年7月2日林某明在福清市因病死亡，法院查明林某明亲属情况：父亲林某松（于2005年3月23日死亡）、母亲陈某钦、妻子林某珠、女儿林某婷、儿子林某腾，依法追加林某明的继承人陈某钦、林某珠、林某婷、林某腾为本案被告参加诉讼。法院认为，林某珠、林某婷、林某腾三人为新西兰公民，本案属涉外民商事案件。双方当事人未选择合同争议应适用的法律，依据《最高人民法院关于审理涉外民事或商事合同纠纷案件法律适用若干问题的规定》第5条的规定，应适用与合同有最密切联系的国家或者地区的法律作为合同的准据法。本案诉争的转让协议，虽是关于土地份额的转让，但陈某诉请解除合同返还转让款项，不属于不动产纠纷，同时本案诉争合同的签订地、履行地均在中华人民共和国境内，因此应以中国法律为本案准据法。

案例10：“徐某艳、徐某环合伙协议纠纷案”。[2]徐某环、徐某艳系姐妹关系。黄某柱与徐某环系夫妻关系。娜缇公司通过温州市东风运输有

[1] 福建省高级人民法院［2011］闽民终字第451号民事判决。

[2] 黑龙江省高级人民法院［2018］黑民终84号民事判决书。

限公司（简称“东风公司”）通过海运向莫斯科发送凉鞋和单鞋，此后，娜缇公司又陆续通过东风公司以公路或铁路运输方式向莫斯科徐某艳发送货物。此外，娜缇公司分别通过宏运国际物流集团有限公司、绥芬河市缘泉经贸有限公司、温州市巨邦物流有限公司向徐某艳发送货物。徐某环分批通过中国农业银行股份有限公司温州西站支行向东风公司、绥芬河华宇运输有限公司支付运费，并存有书面证明。后来，徐某环与陈某英，黄某柱与陈某英、陈某英分别签订《股权转让协议书》。同月，恒迅公司与徐某环、黄某柱签订《债权转让协议书》。徐某环、徐某艳均确认，双方合伙经营俄罗斯售鞋生意，徐某环负责在中国国内组织货源发送至俄罗斯，徐某艳负责在俄罗斯销售鞋，双方没有签订书面协议。法院经审理后认为，徐某环、黄某柱与徐某艳均是中华人民共和国公民，但案件所涉法律关系的部分事实发生在俄罗斯，故本案属于涉外民事纠纷。《法律适用法》第 41 条规定：“当事人可以协议选择合同适用的法律。当事人没有选择的，适用履行义务最能体现该合同特征的一方当事人经常居所地法律或者其他与该合同有最密切联系的法律。”本案中，各方当事人没有选择处理合同争议所适用的法律，故应当适用最能体现合同特征的当事人经常居所地以及与合同有最密切联系的中国法律。

未正确选择联系最密切的法域，是指法官在审理案件时应当根据最密切联系原则来确定准据法，法官也运用了最密切联系原则，但是最终选择了错误的联系地。在案例 9 中，合同是土地所有权转让合同，争议所涉土地位于新西兰奥克兰市，且林某珠、林某婷、林某腾均为新西兰公民，案件与新西兰的联系显然最为密切。在案例 10 中，当事人在俄罗斯，即合同主要履行地从事售鞋生意，货款的支付地也在俄罗斯，因此与案件关系最为密切的地域应当是俄罗斯。

六、直接适用最密切联系原则

案例 11：“庄某宽、洪某奇民间借贷纠纷案”。[1]奔达金银丝线公司

---

〔1〕 福建省高级人民法院［2018］闽民终 316 号民事判决书。

与洪某奇签订《借款合同》，同日，天纶公司、思源公司、奔达染织公司、杨某阳、曾某雅、庄某宽、林某民、林某阳与洪某奇分别签订《保证合同》。同时，天纶公司、思源公司、奔达染织公司出具《担保函》，杨某阳、曾某雅、庄某宽、林某民、林某阳出具《个人不可撤销保证书》交洪某奇收执。上述合同及《担保函》《个人不可撤销保证书》签订的当日，洪某奇委托案外人洪某炯将出借款项汇入奔达金银丝线公司指定的收款账户。借款期限届满后，奔达金银丝线公司未能偿还借款本金，天纶公司、思源公司、奔达染织公司、杨某阳、曾某雅、庄某宽、林某民、林某阳亦未能承担相应的保证责任。法院经审理后认为，因杨某阳、曾某雅、庄某宽系香港特别行政区及澳门特别行政区居民，故本案属涉港澳商事案件，应参照涉外案件处理。根据《法律适用法》第 41 条的规定，依法适用与本案具有最密切联系的法律（即内地法律）作为本案的准据法。

案例 12："陈某、杨某勇追偿权纠纷案"。[1]龙工机械公司与肖某荣签订的《按揭付款挖掘机销售合同》约定，肖某荣连续两期不能正常付款，龙工机械公司承担回购责任。德英担保公司与肖某荣签订《按揭贷款担保协议》，约定德英担保公司为肖某荣向银行按揭贷款购买的上述挖掘机提供连带责任保证担保。肖某荣、靳某莲与成都银行长顺支行就案涉挖掘机签订《个人消费借款合同》，德英担保公司与成都银行长顺支行签订了《个人借款保证合同》，龙工机械公司与德英担保公司签订了《反担保合同》。《个人消费借款合同》签订后，成都银行长顺支行按约发放了贷款，肖某荣、靳某莲出现了未按约向成都银行长顺支行偿还按揭贷款的情况。后来，德英担保公司与龙工机械公司签订《结算协议》，又与陈某签订《债权转让协议》，《结算协议》签订后，龙工机械公司按约定向德英担保公司支付了款项。法院认为，陈某是香港特别行政区居民，本案属于涉港民事案件，应当适用《法律适用法》第 41 条的规定。与本案涉及的追偿权法律关系有最密切联系的法律是中国内地法律，故本案应适用中国内地法律。

〔1〕 四川省高级人民法院［2018］川民终 189 号民事判决书。

上述两个法院在处理案件时，都没有明确说明适用最密切联系原则的理由，虽然在管辖权的获得方面做了解释，但是在具体适用法律时，法官并没有就为何适用最密切联系地的法律做出分析，判决书也没有任何体现。

第三节 最密切联系原则在我国的适用分析

我国国际私法对最密切联系原则一向是青睐有加，从目前的司法实践情况来看，裁量权的运用不是很理想，虽然有一些成功的案例，但法官滥用裁量权的现象还是时有发生的。为何会出现滥用的情形？怎样使最密切联系原则的目的与法官的自由裁量权相符？基于以上问题，本书将从立法和司法上，从规则的制定和裁量权的运用上分析滥用的原因。

一、最密切联系原则的立法分析

前文归纳了目前我国实务界在运用最密切联系原则时的几个突出问题，现在从技术层面探讨如果正确适用这些规则，是否能够给法官一些非歧义的、明确的指导。在此，笔者将从内外两个角度进行分析：对内来说，这些规则应当是确定的、清晰的，且和谐统一的；对外来说，这些规则不得与国际私法的体系有所冲突。

特殊合同的冲突规则符合内容明确性的要求，此处不再多做分析。在涉及当事人意思自治规定是否合理这方面的评价上，不仅要根据《法律适用法》第 41 条的内容来进行判断，还要结合第 3 条、《法律适用法司法解释（一）》第 6 ~10 条中有关意思自治的规定，进行综合分析。这些规则对于当事人选择法律的范围、方式等进行了详细的规定，形成了比较完整的体系。但《法律适用法》第 41 条中协议选择的说法有些欠妥。从字面意思来看，协议选择是让当事人对于法律的适用问题达成一致。严格地说，案例 3 中的当事人是在未经商议的前提下，在庭审的时候一致同意适用中国内地法律，不属于第 41 条所说的协议选择。但是，《法律适用法司法解释（一）》第 8 条的内容刚好可以弥补此处的立法漏洞。《法律适用法司法解释（一）》第 8 条第 2 款规定，倘若各方当事人均认可选择的适用法律，就应该获得负责审理案件的法院的支持。如此一来，案例 3 的当事人在法律适用的问题上自然是达成了一致。所以，案例 3 中法官滥用裁量权的原因并不是法律规则的内容不明确。从内容层面上说，《法律适用法》第 4 条规定的直接适用的法存在的问题还较大。在我国，能够被直接适用的法都是强制性法律规范，但并非所有的强制性法律规范都是能够被直接适用的法。在二者的关系方面，可参照的法条是《法律适用法司法解释（一）》第 10 条，但是依然存在模棱两可的情况。这种模糊性的规定可能会引起更多的问题。例如，在是否适用最密切联系原则的问题上，法官的判断会受到影响。重要的是，在司法实践中已经发生了这方面的法律适用错误。[1]因此，我们需要进一步调整直接适用的法的规定。

指定适用法院地法、有关特殊合同的规则、意思自治原则，这三类规则形成了比较融洽的体系，且在适用上具有阶梯性，也就是在处理法律冲突问题时，顺序在前的规则优先于顺序在后的规则。即如果法律规定直接适用法院地法，就应当优先适用法院地法；在不属于指定适用法院地法的情形下，如果属于特殊合同的类型，应当根据法律规定的特别规则进行处理；如果与前面两种情况都不符合，且当事人在法律选择的问题上达成一致，就应当适用当事人选择的法律。打破这三类规则的适用顺序很容易造成滥用自由裁量权的状况。从内容上来看，这三类规则相互之间并不存在抵触。从外部关系来看，主要问题在于如何处理新法和旧法、一般法和特别法的关系。虽然《法律适用法》及其相关的司法解释对这个问题有所规定，但毕竟不够全面。例如，《法律适用法》生效之后，关于《合同法》第 126 条第 2 款的效力问题，目前为止并没有明确的规定。《法律适用法》第 51 条中明确表示被取代的法律规则，并不包括第 126 条，《法律适用法司法解释（一）》第 3 条明确规定继续适用的法律规则也不包括第 126 条。根据法理，第 126 条第 2 款仍然具有效力，且《立法法》第 83 条规定特别法优于一般法，因此《合同法》第 126 条应当优先于《法律适用法》第 41 条。但是，关于该条的法律效力，立法者们颇有争议，这也会

〔1〕 最高人民法院［2013］民四终字第 12 号民事判决书。

影响法官在审理案件的过程中对最密切联系原则的运用。如果对于这个问题在立法上能有一个明确的答复，也许会避免诸如案例1之类的滥用自由裁量权的情况发生。

如何理解、运用最密切联系原则，关系到是否滥用了自由裁量权。从宏观上说，最密切联系原则是国际私法处理法律冲突问题的选择规则的凝聚。在一般情况下，立法者要将最密切联系原则转化成“法律关系→连结点”的冲突规则形式，才能解决法律冲突问题。该原则运用于司法实践之中，使得法官根据该原则行使自由裁量权以解决法律适用的问题，使司法权在一定程度上有了立法权的些许功能。法官的自由裁量权本就极具个性化，且在最密切联系原则的适用过程中有膨胀的现象，如果不加以妥善引导，必然会导致混乱的司法局面。在种种限制方法中，我国通过“特征性履行理论”来推定最密切联系。《法律适用法》第41条就当事人可通过协议的方式来选择合同的适用法律进行规定。该条明确规定，在最密切联系的判断方面，具体依托的是标准特征性履行。目前，针对司法实践中出现的类似案例7、案例8、案例9、案例10的情况，我们首先要对“特征性履行”这种限制方法进行反思。换句话说，需要思考以“特征性履行”来限制法官的自由裁量权是否可行和合理。学术界在这个问题上有许多观点：有学者质疑合理性，提出特征性履行理论和最密切联系原则是两个不同的问题，以前者来推定后者过于勉强，不合时宜。[1]有学者质疑可行性，提出以特征性履行来推定最密切联系，不能够很好地指导实践，应当借鉴《冲突法重述（第二次）》第6条的优势，进一步引导、完善法规的自由裁量权。[2]有学者认为，无法列举所有的合同类型，无法对所有合同的特征性履行一一规定，也是法官滥用自由裁量权的原因。[3]

即便许多学者都提出以“特征性履行”来限制法官的自由裁量权有各

---

〔1〕 徐冬根：“国际私法特征性履行方法的法哲学思考”，载《上海财经大学学报》2011年第3期。

〔2〕 黄黎玲：“最密切联系在冲突法中的法律地位”，载《武汉理工大学学报（社会科学版）》2005年第3期。

〔3〕 徐妮娜：“关于中国国际私法实践困境之反思”，载《河南省政法管理干部学院学报》2009年第6期。

种不妥之处，但目前来看，这是最值得采用的方法。首先，必须通过立法权来限制司法权。在进行法律选择时，如果只有最密切联系这一个标准，没有其他任何限定的话，必然会使司法权膨胀、失控。为了避免出现这种局面，我们必须对最密切联系原则作出一定的限制。其次，通过立法权来限制法官的裁量权，设置硬性冲突规范是最直接、最有效的方法，特征性履行理论能够给这类冲突规范提供理论支持。如此，立法者在法律适用方面的观点将会清楚地体现出来，可有效地对自由裁量空间进行限制。最后，借助特征性履行来对最密切联系进行推定，这本身就具有一定的合理性。合同以实现债权债务为目的，因此想要实现合同的目的，债务的履行非常重要，因而合同与合同履行地的联系较为密切。另外，合同履行地通常是特征性履行方的住所地，这一层关系进一步加深了合同和特征性履行地之间的联系。因此，将合同履行地推定为最密切联系地是合理的。总之，从理论层面上来看，设置特征性履行规定是限制自由裁量权的有效的、合理的方式。

但是，我国法律关于最密切联系和特征性履行的规定还不尽如人意。之所以会出现类似案例 7 和案例 8 的情况，原因在于我国法律没有清楚地界定最密切联系和特征性履行之间的关系，而《法律适用法》第 41 条也没有详细说明如何处理二者的关系，仅对相应的适用法律方面进行规定，但该规定得过于模糊，因而导致理论界对于二者关系的处理几多纷争。[1]具体到司法实践，就是怎样根据特征性履行来确定连结点，或者是跳过特征性履行而直接适用最密切联系原则。案例 7 和案例 8 中法院的做法就是直接适用最密切联系原则，而不问特征性履行。而案例 9 和案例 10 则与最密切联系的灵活性的含义有关。“最密切联系”中的每一个字都有很大的解释空间，其灵活性极其便于法官行使自由裁量权，将最密切联系与自己认可的法域相联系。在案例 9 和案例 10 中，法官硬性地将与合同联系不大的中国作为最密切联系地。因此，我们还是要明确最密切联系和特征性履

---

〔1〕 戴霞、王新燕：“关于《法律适用法》第 41 条的争议及评析”，载《前沿》2013 年第 1 期。

行的关系，完善特征性履行，使最密切联系原则具体化，改进立法以便更好地限制法官的裁量权。应当说，我国法律在法律适用的问题上还有很大的改善空间，值得肯定的是形成了有序的、系统的规则体系，有单边规则，有针对特殊合同的特别规则，有意思自治原则，有最密切联系原则。在这个体系中，最密切联系原则的适用原本应当受到应有的限制，但是法官往往会忽视相关法律规定，不分情况地滥用最密切联系原则。因此，我们不仅要从立法上进行完善，还应当从司法上考虑分析法官肆意行使裁量权的原因，进而思考合理的解决途径。

二、最密切联系原则的司法分析

在案例 1 和案例 2 中，就适用冲突规则的问题来说，法官本应适用《合同法》第 126 条第 2 款，但是法官却运用了最密切联系原则；从法律选择来说，第 126 条第 2 款会指向中国内地法律，和法官适用最密切联系原则的结果是一样的。这表明法官并不是为了适用法院地法而滥用裁量权。之所以适用了最密切联系原则，问题可能出在法官没有很好地理解我国在法律适用方面的相关规定，没能对《合同法》第 126 条第 2 款优先《法律适用法》第 41 条适用理解到位。

在案例 5 和案例 6 中，就适用冲突规则的问题来说，应当适用《法律适用法》第 43 条来解决法律的适用问题。对于案例 5，我国法律没有明规定如何界定船员劳务合同中的劳动所在地。船舶是船员的主要劳动地，目前国内的通说观点是，[1]将船旗国作为船员的工作地，但是法官却根据最密切联系原则，最终适用了中国法律。这样一来，法官既适用了错误的冲突规范，也选择了错误的准据法。据此，法官适用最密切联系原则的原因可能有，逃避适用外国法律，对我国的国际私法法规了解不够。

在案例 4 中，在审理案件的过程中，当事人援引了相关的中国法律法规来证明自己的主张，因此，可认定当事人选择的是中国法律。结合相应

---

〔1〕 彭先伟、瞿国忠："外派船员雇佣合同法律适用问题研究"，载《江苏警官学院学报》2005 年第 5 期。

法律得知应适用当事人选择的法律。法官运用最密切联系原则并不是为了逃避适用外国法，因为当事人选择的法律也会是法院地法。出现这种情况，可能是法官认为当事人在案件审理过程中选择中国法律不符合《法律适用法》第 41 条对协议选择的规定。

在案例 7 和案例 8 中，就适用冲突规则的问题来说，应当优先适用的是《法律适用法》在其第 41 条中所进行的特征性履行规定。选择不同的冲突规范会有不同的法律选择结果。在案例 7 中，根据特征性履行，特征性履行地是当事人经常居所地，应当适用中国台湾地区的相关法规，但是法官却忽略了特征性履行规定，也没有考虑合同缔结地、合同履行地等有关因素，直接根据最密切联系原则以中国大陆地区法律为准据法。因此，法官适用最密切联系原则的原因可能是，没能理解特征性履行规定。

在案例 9 中，卖方在一审的过程中过世，卖方的三位继承人加入诉讼，中国是卖方的经常居所地，根据《法律适用法》第 41 条应当适用中国法律。但是，不动产所在地是新西兰，三位继承人在新西兰定居，是新西兰的公民。因此，该案的最密切联系地应当是新西兰，而非中国。法官这时不应当根据特征性履行来选择法律，而应当选择适用最密切联系地新西兰的法律。如此，可能会有忽视特征性履行的嫌疑，但法官如果根据最密切联系来选择法律是正确的，可法官却认为中国是与合同具有最密切联系的国家，因为合同缔结地、履行地都在中国。买方主张在中国签订的合同，卖方予以否认，法官在没有进行查证的情况下，即认定中国是合同缔结地有失偏颇。涉案合同是不动产买卖合同，即使合同履行地（即支付款项的行为）在中国，但土地所有权的转让行为却是发生在新西兰的，法院仅认定中国是履行地，而没有提及新西兰，这样的做法显然是不合适的。因此，法院认定最密切联系地是中国，违背了最密切联系原则的精神，与事实也不相符，法院之所以这样做，原因可能是想要规避适用外国法。

三、最密切联系原则滥用的主观因素分析

我国法官之所以滥用裁量权，究其主观原因大概有两个方面：一是法官不熟悉或者没能正确理解国际私法法规；二是法官想要通过行使裁量权

来规避适用外国法。从上述案例的整体情况来看，第一种情况在案例 1 到案例 8 中都有体现，第二种情况在案例 5 到案例 10 中都有体现。从个体情况来看，有些案例是由单一原因导致的，例如案例 1 和案例 2 是法官对相关法官不够熟悉，案例 9 和案例 10 是法官想要规避外国法，但多数案件可能是由两方面的原因共同导致的。因此，在致使法官滥用裁量权的问题上，两方面的原因都有很大的影响，想要在司法实践中限制法官的权力，就不能有所偏倚，应当二者衡重，但还是应该深入分析这两种原因的根本成因。

从立法上来说，我国立法在国际私法领域起步较晚，而且体系不完备。由于历史原因，后续国际私法立法的工作也进展十分缓慢，改革开放之后，我国同外国的往来逐渐频繁，这才慢慢出台了一些国际私法法规。在《法律适用法》出台之前，国际私法法规主要分散在这些法律中，即散见于《民法通则》《合同法》《民用航空法》《收养法》等民商事法规和相关的司法解释中，国际私法本身并没有一个完整、详尽的体系。由于立法水平有限、法官们对国际私法不够了解，以至于很难正确适用最密切联系原则。例如，在案例 1 和案例 2 之类的案件中，法院需要综合考虑分析两部法律中的法律适用规则。又如，在案例 5 之类的案件中，法院需要在一部法律中找出最适合的冲突规范。在这样的情况下，法官在处理冲突问题时，难免会出现纰漏。从司法实践来说，我国法官在国际私法上的专业素养不够高也是比较突出的问题。涉外案件的专业性本就很强，无论是确定管辖权、文书的域外送达、解决法律冲突、适用法律，还是承认和执行法院判决都有一套自身的特殊的制度。虽然有许多法官从事涉外案件的审判，但在知识储备方面的确有所欠缺。此外，目前不合理的机构设置使得各种状况变得更加严峻。有些法院没有单独设置涉外审判庭，而转由民庭、经济庭等的法官来审理涉外案件。非专门化的审判工作会使一些法官仍然以惯性思维来审理涉外案件，根据国内案件的思维来审理涉外案件。立法和司法中的种种问题，致使法官们无法确切地领会国际私法的内涵。

实际上，我国法院的普遍情况是法官更愿意选择适用中国法律，尤其是在合同领域，几乎 90%以上的案件都会适用我国法律。应当说，法官根据最密切联系原则而行使的裁量权在一定程度上成了逃避适用外国法的理由。如此，法官才敢越过法律规定，滥用权力适用最密切联系原则。造成这种局面的原因不是几句话能够说明的。对于法官来说，如果适用外国法，就需要查明外国法，我国关于查明途径的规定（例如，该国驻华使领馆、我国驻该国使领馆、中外法律专家负责提供信息）实施起来比较困难，而且手续也比较繁琐，[1]会拖延审理案件的时间。即便克服各种困难查明了外国法，法官也还需要面对法律适用上的问题。例如，翻译是否到位、理解是否正确、运用是否合理等。这些对于法官来说都是挑战。当代司法系统通过质效考评来审查工作能力，法官也需要考虑适用外国法的成本问题。在现实面前，才会出现上述案例中的滥用最密切联系原则的情况。因此，法官选择适用更为简便的本国法，而逃避适用外国法是趋利避害的表现。[2]每个国家的法律背后都体现了该国的主流价值观念，[3]法律冲突即是价值冲突。国际私法的衡平精神要求法官公平地对外国内外法律以及它们背后的价值观念，以该国与案件的联系为出发点，解决法律冲突问题。选择法律以解决法律冲突问题，本身就是在众多价值中进行选择。对于法官来说，本国的政权组织、道德观念、历史文化等都会对其产生影响。因此，在本国法律中进行选择更容易使人接受。为了贯彻衡平精神，约束本地主义思想，我国国际私法法规以双边主义为立场，但还是要从法官的角度寻找突破口。最密切联系原则满足了法官的个人需求，但法官应当忠于公平地适用法律，合理运用最密切联系原则赋予的裁量权，正确选择与案件有密切联系的国家或地区。

---

〔1〕 参加沈涓："中国法院审理涉外（涉港澳台）民商案件情况"，载陈泽宪主编：《国际法研究》，社会科学文献出版社 2013 年版。

〔2〕 徐伟功："美国法律适用中回家去的趋势及我国法律适用中的法院地法倾向"，载《河南财经政法大学学报》2013 年第 5 期。

〔3〕 刘仁山："直接适用的法在我国的适用——兼评《〈涉外民事关系法律适用法〉解释（一）》第 10 条"，载《法商研究》2013 年第 3 期。

第四节　最密切联系原则在我国适用之反思

一、最密切联系原则地位的弱化

最密切联系原则的定位问题一直是学术界争论的焦点，有将其作为法律选择中基本原则的观点，有将其作为法律选择中补充原则的观点，还有将其作为一种法律选择方法的观点。《法律适用法》第 2 条第 2 款对此也有相应规定。依据该规定，刘想树教授认为我国立法将最密切联系定位成"兜底规则"。[1]只有在该法或其他法律未就涉外民事关系应选择适用哪些法律规定的情况下，最密切联系的兜底性才能发挥作用，即使该法与其他法律发生立法位阶冲突，也不得适用。在冲突规范所指向的准据法违反我国公共秩序或者无法查明时，直接适用我国法律而不是通过最密切联系进行救济。由此，最密切联系原则仅仅是兜底救济规则中的一种。

最密切联系原则不能够作为一项基本原则被引入国际私法的法理依据是，基本原则需要符合适用于一切领域及范围且贯穿始终不可更改的条件。不可否认，无论是法律选择还是法律适用，最密切联系原则都会参与其中，但是我国冲突立法在不断完善，冲突规范调整的领域日益扩大，这便导致最密切联系原则的用武之地被压缩。如此若将最密切联系上升为基本原则，实在是夸大了它的作用。从司法实践的角度来看，其想要达到基本原则的高度，确实有一定的困难。最密切联系原则一旦成为国际私法中的基本原则，法院在审理涉外民事案件时，就必须适用具有最密切联系地的法律，不过事实与此并不相同。依据最密切联系原则并在这基础上选择的法律，具有被否定的可能性，比如该地的法律违反了法院地的公序良俗。由于存在意思自治原则，因此最密切联系原则成为基本原则的概率几乎为零，正所谓私法必将充分尊重当事人的意思自治。法国学者杜摩兰的"意思自治理论"具有可预见性及稳定性，因而备受推崇，适用于合同、侵权等多个领域，只要不违反强行法或禁止性的规定，法院一般都会适用

[1] 刘想树："论最密切联系的司法原则化"，载《现代法学》2012 年第 3 期。

当事人协议选择的法律。其实，大多数国家也均未把最密切联系原则作为基本原则，例如《奥地利联邦国际私法》回归传统，僵化适用最密切联系原则，[1]《瑞士联邦国际私法法规》将最密切联系原则作为例外规定以达到衡平的目的。[2]

我国现阶段的情况是当事人仅在合同领域享有选择权，在意思自治原则的领域中，最密切联系原则能够起到补充作用，但在其他领域最密切联系原则也有渗透，仅以此确定在国际私法中的"补充性"地位有些武断，值得斟酌。它不仅仅承担补充工作，比如上述提及的"贝科克诉杰克逊案"，还有"奥廷诉奥廷案"。即便是在合同领域，也不是允许当事人任意选择法律。一些国家规定所选择的法律必须与合同有关联，比如当事人住所地、合同履行地等。在这些连接点的基础上选择法律也正是最密切联系原则的体现。笔者认为，最密切联系原则是有系统、有层次的，不应被单一地归为某一原则或规则。

二、法官的自由裁量权没有受到适当限制

法律移植是实现法律现代化的一种方式，在这个过程中要讲究方法和技术，尤其要注意国外先进法律背后的法律文化支撑，技术性的缺陷可以不断改善，但文化的差异却是难以跨越的。美国法律文化中与最密切联系原则直接相关的就是法官自由裁量权和法官专业素养，该原则的灵活性要求法官能够透彻地掌握法律、拥有丰富的司法审判经验，以便充分发挥主观能动性、行使自由裁量权，如此才能达到正确适用最密切联系原则的效果。我国现行法律及相关解释对于法官怎样行使自由裁量权的规定较为笼统，限制不够，同时必须承认我国大多数法官在冲突法领域的业务水平并不高，这样极易导致权力被滥用，成为滋生腐败的温床，进而违背最密切联系原则追求"最适当性"的初衷。

首先，最密切联系原则散布于不同的法律及司法解释中，基于立法上

〔1〕马志强："最密切联系原则的地位思辨"，载《西南政法大学学报》2011年第5期。

〔2〕Morris, *The Conflict of Laws*, London: Stevens and Sons, 1980, pp. 509~531.

的不断变更和法律之间的交叉重叠，我们很难确定一个统一的标准来限制法官的自由裁量权。比如《法律适用法》第29条与《民法通则》第148条关于涉外扶养问题的规定不一致，尽管《法律适用法》规定“其他法律就涉外民事关系法律适用存在特别规定的，则依照其规定”，但并没有提及怎样解决涉外扶养的法律适用冲突。立法者在这一点上的忽视，不仅会造成新旧法律的抵触，而且会损害法律的权威性，导致司法审判的不规范。

其次，没有设定相关的客观因素帮助法官正确适用最密切联系原则，进一步扩大了法官的自由裁量权。缺乏指导性规定会使法官在适用该原则时过于随意，我国现行立法在其他需要适用最密切联系原则的领域中，未就应当思量的因素方面进行规定，而抚养法律适用则不在该规制范围之内。美国在《冲突法重述（第二次）》中通过列举7项原则来限制法官自由裁量权的做法值得我们借鉴，让法官分析研究涉及的政策利益，在此基础上行使自由裁量权，选择真正具有最密切联系意义的法律，为案件实现公正审判提供必要支持。

最后，针对最密切联系原则例外条款的规定不够清晰。对此，《法律适用法》在其第41条中就进行过规定，若上述合同和另一国家或者地区的联系更密切，就应适用另一国家或者地区所制定的相应法律。从表面上来说，这是贯彻最密切联系原则精神的体现，实则使法官的自由裁量权得以膨胀，这样抽象的、毫无限制的规定无法找出“更具密切联系的情形”，法官极有可能为了一己私欲而否定既定规则，选择“非适当性”的法律。

三、法官对适用最密切联系原则的理论理解存在偏差

对移植法律制度、原则的吸收、理解需要一定的时间，但司法实践犹如吸水海绵，需要尽快汲取先进法律制度、原则的精华，这在无形之中加重了法官的担子。个别法官的专业素养确实很高，能够正确理解、运用最密切联系原则，但普遍而言，法院对于最密切联系原则的分析存在不妥的现象。

首先，对管辖权规范和法律适用规范没有作出正确的区分。在“达飞

轮船公司与山东省东方国际贸易公司无正本提单放货纠纷案”[1]中，法官将管辖权作为最密切联系原则的相关因素之一，这样的观点是错误的，因为管辖权和法律适用是两个不同的问题，法院有管辖权并不意味着一定要适用法院地法，本案中的法院显然是混淆了二者的关系。再如在“温某与尹某民间借贷纠纷案”[2]、“某街道办事处与某公司借款合同纠纷案[3]”等案中，法官对于案件的分析是，双方的住所地或惯常居所地在法院地，法院享有管辖权，所以根据最密切联系原则适用法院地法。将享有管辖权作为最密切联系原则的确定因素是不当的，无论是大陆法系还是英美法系，管辖权规范与法律适用规范都是两个问题，一国法院享有管辖权并不必然适用法院地法。司法实践中，一些法院显然是将二者混为一谈了。

其次，关注连结点的数量而忽视连结点的质量。对于最密切联系地的确定，理论上主要有三种观点：以数量多少为标准、以质量高低为标准，把数量与质量相互结合。在具体的司法实践中，法官一般先看案件是否与中国的联系最为密切。[4]但是由于每个连结点对于不同的法律关系或法律事实的重要性有所不同，简单的数量相加不一定得出真正的最密切联系地，因此仅以数量标准来判断可能会使案件有失公允。其实，连结点的质量才是最密切联系原则的关键之处，也就是“案件重力中心”所在地。法官在适用最密切联系原则时需要对连结点与案件的紧密性作出分析论证，以确定案件应适用的准据法。在判断连结点的数量时，一般考虑合同缔结地、履行地、物之所在地、法院地等。例如，在“创基集团、深圳市永基物业顾问公司与陈某新居间合同纠纷案”[5]中，法院认为合同缔结地、履行地以及当事人住所地都在中国，因此确定本案的准据法是中国的法律。也有些判决仅凭某一个连结点就认定我国是最密切联系地。例如，在“广西粤林林产化工有限公司、谭林与广西梧州市亿能水电投资有限公司等股

[1] 山东省高级人民法院［2002］鲁民四终字第20号民事判决书。

[2] 广东省东莞市第一人民法院［2014］东一法民四初字第237号民事判决书。

[3] 江苏省高级人民法院［2013］苏商外终字第0011号民事判决书。

[4] 肖永平：《法理学视野下的冲突法》，高等教育出版社2008年版，第400页。

[5] 广东省广州市中级人民法院［2008］穗中法民四终字第30号民事判决书。

权转让合同纠纷案”[1]中，法院认为当事人没有协议选择法律，且合同履行地是中国，因此应当适用中国法律来处理案件。

最后，认为最密切联系原则包含意思自治原则。有观点认为根据最密切联系原则确定的法律应当包括当事人自己选择的法律，或者说当事人选择的法律应被视为与法律关系有最密切联系的法律。[2]作为法律选择方法，二者都具有主观性、灵活性，但我们也不能忽视二者的区别：最密切联系原则由法官、仲裁员实施，意思自治原则则由当事人实施；最密切联系原则追求正义和秩序，而意思自治原则追求的是自由与效益；最密切联系原则的法律选择带有司法性，意思自治原则体现的是私权性。因此，绝不能将二者一概而论。在“河南粮油食品股份有限公司与某有限公司国际货物买卖合同纠纷案”中，当事人最初没有选择法律，后来同意适用法院地法，最终法院适用被告住所地法处理案件。当事人同意适用法院地法，就等于当事人在法律适用方面达成了一致，即直接适用当事人意思自治原则。另外，在“Blue Cove Pte. Ltd 与江苏杨力集团有限公司借款合同纠纷案”中，法院认为，除非当事人协议选择适用的法律，否则即便有当事人对准据法有异议，只要该法与案件具有密切联系，就应当适用。

四、适用最密切联系原则的领域不够全面

《法律适用法》一共在 5 处规定了最密切联系原则：第 2 条的补缺功能，第 6 条多法域的法律适用，第 19 条自然人国籍冲突的法律适用，第 39 条有价证券的法律适用，第 41 条涉及债权的法律适用。其他涉外民事法律关系中并没有最密切联系原则的身影。

首先，一般涉外侵权法律关系中尚未设置最密切联系原则。依德国学者萨维尼的“法律本座说理论”，侵权行为地即是侵权行为的“本座”。这一结论在萨维尼所处的时代是合理的，但如果将其直接适用于所有的涉外侵权法律适用恐有失偏颇，加之各国的经济往来日渐频繁，产生的法律关

---

〔1〕 广西壮族自治区高级人民法院［2010］桂民四终字第 11 号民事判决书。

〔2〕 沈涓：《合同准据法理论的解释》，法律出版社 2000 年版，第 110~111 页。

系也愈加复杂多变，再机械、单一地适用“法律关系本座说”显然太过绝对。最密切联系原则的追求目标是正义和秩序，以实现个案公正，设置该原则在一定程度上能够补位现有法律规定的不足，为法官提供处理例外情况的有效途径。而且美国、英国、德国、《罗马条例Ⅱ》在一般涉外侵权法律关系的问题上都设置了最密切联系原则，这一做法我国立法可以借鉴。

其次，在无因管理、不当得利的法律适用上也未设置最密切联系原则。无论是《民法通则》还是相关司法解释均未对这两个方面的法律适用作出回应，《法律适用法》也没有以最密切联系原则作补充。涉外无因管理及不当得利适用发生地法固然有很多优势，但随着涉外法律关系越来越复杂多变，仅仅适用发生地的法律解决涉外无因管理及不当得利问题太过绝对化。一些国家的立法及国际条约在这两个问题的法律适用上增加了最密切联系原则，比如美国、英国、德国、《罗马条例Ⅱ》等。虽然我国目前的立法没有将最密切联系原则运用于涉外无因管理及不当得利的法律适用，但值得高兴的是，一些法官在审理案件时尝试引入最密切联系原则来审理案件，比如“某公司的不当得利纠纷案”，[1]这表明在这两方面设置最密切联系原则是可行且紧迫的。

第五节 最密切联系原则在我国适用之对策

最密切联系原则并非完美无缺，不同的国家基于本国的国情，会呈现出不同的情形，我们在适用最密切联系原则来解决涉外民商事案件时，应当立足我国现状合理运用该原则，针对不同的情况提出相应的对策。

一、完善最密切联系原则的定位

最密切联系原则对立法及司法的指导能够使二者融会贯通，是立法工作的客观参考因素，帮助立法者连接法律与法律关系以创设适当的冲突法

[1] 江苏省苏州市中级人民法院［2002］苏中民三初字第023号民事判决书。

规则是该原则的指导性体现。通过最密切联系原则限制法官的自由裁量权不是主要目的，作为新生理论的宗旨不仅要指导司法工作，更重要的是指导立法工作。即便是非常完善的法律体系也很难满足日益更替的涉外民事关系的发展需要，更何况我国的冲突立法并不成熟，将最密切联系上升至指导性原则并设置在法律选择中，能够改善不完备的现行立法，维护涉外民事关系与冲突规则的衡平状态。对于法官来说，法律选择是一项主观性很强的司法活动，法官自然不能随心所欲，需要理论的支撑，引入带有指导性的最密切联系原则辅助法官的工作是适宜的。在该原则的指导下，法官通过分析各客观连结点与不同法律背后的政策利益的关系，选择适用最适当的准据法。现有的司法审判表明法官已经将最密切联系原则的思想运用到合同、侵权、婚姻家庭等领域中，通过最密切联系这一指导性原则确定最具适当性的准据法。将最密切联系作为指导性原则符合国际私法的发展趋势，同时能够推动涉外民事法律关系的立法及司法工作。

在法律选择中，有一种重要的方法便是最密切联系原则，并且得到了理论与司法实践的充分支持，也是判定法律适用合理与否的标准之一，甚至以该原则判断冲突法的现代化程度。最密切联系的法律是国际私法中的系属公式之一，而最密切联系地作为连结点帮助法官衔接法律与法律事实，这就是凭借最密切联系原则进行法律选择的内容。由于最密切联系地这一连结点的主观性很强，与其他客观连结点相比，法官自由裁量的空间很大。有学者反对最密切联系地成为连结点，其自身的灵活性既是优点也是缺点，会给法律适用带来不确定性，因此系属公式不应当包含最密切联系原则。[1]对待任何事物都应当秉承辩证的态度，虽然最密切联系地作为连结点具有很大的不确定性，但是法官以司法审判知识对相关连结点分析权衡的过程，就是在确定连结点，找出最适当的准据法。我们不能被传统连结点束缚，应当看到最密切联系原则在具体适用中的指导性本质。[2]德

---

〔1〕 王慧、戴庆康："对国际私法中最密切联系原则的再思考"，载《中外法学》1997年第4期。

〔2〕 徐冬根：《国际私法趋势论》，北京大学出版社2005年版，第354~355页。

国、法国、瑞士等国家都将最密切联系原则作为一种系属公式规定在冲突立法中，相比于传统僵硬的连结点，引入最密切联系地这一连结点更能实现案件审判的公正，因此最密切联系原则在法律选择中起到不容忽视的作用。

二、引入判例制度以限制法官的自由裁量权

我国冲突立法不够成熟、技术参差不齐，虽然出台了司法解释补位立法上的缺失，但大部分的司法解释实际上是变通规定，是变相立法，不是对一些抽象性的事项进行细化，超越了司法的囊括范围，部分司法解释的合法性值得商榷。自由裁量权作为舶来品在国内的理论根基不深，若法官对最密切联系原则的适用不当，很容易违背该原则的初衷。判例法在监督司法机关、限制法官权力、维护执法公正方面具有较好的统一性，也有利于法律的稳定，这同样是现代法律所追求的价值。因此，我们可以考虑将判例制度引入国际私法领域，对冲突立法的不足起到补缺作用，逐步完善立法。判例制度的本质是敦促法官在适用最密切联系原则时遵循先例，降低因诱惑而进行偏见性判决的概率，这是防止法官滥用自由裁量权的有效举措，能够在一定程度上减少司法腐败现象的发生，使最密切联系原则得到正确的适用，对案件进行公正审判。判例与最密切联系原则的渊源是天然的，判例制度对最密切联系原则内容的丰富与发展扮演着重要角色。当然，判例的作用力不是永恒的，如果一个判例与现行的法律价值相悖，法官便可以拒绝适用。遵循先例在美国并不是必须执行的命令，各法院都拥有抛弃先例的权力，除非遵循先例会造成不公正的结果，否则法院不会轻易动用这项特权。一旦旧的先例被抛弃，法院就要创设新的先例，打破最密切联系原则的局限性，维护法律的稳定、社会的公正。

虽然判例不是大陆法系国家的渊源，但国际私法领域可以允许例外存在，比如德国在审理涉外民事案件时就很注重判例的作用；日本法院将国际私法学者们编撰的判例集作为审理涉外民事案件的参考，这样的“活法”非常受欢迎，同时在立法上也给判例留出了足够的空间以便于与移植

法律进行更好的融合。[1]这些国家在国际私法领域中成功适用判例的经验值得我国借鉴。笔者认为，应在国际私法领域内进行改革，设置判例制度，以适应复杂多变的涉外民事法律关系、发挥最密切联系作为指导性原则及法律选择方法的作用。成文法并不是判例法的对立面，二者是相辅相成的，设置判例制度并不是推翻我国的成文法体系，也不是照搬英美法系，而是对我国的冲突立法进行补充。

三、强化法官适用最密切联系原则的能力

能否选择正确的准据法，能否使当事人的利益得到保护，这些都与能否正确适用最密切联系原则不可分割，而最重要的是法官是否有足够的专业素养实现这些需求。在国际私法领域中，我国法官的专业知识还需提高，处理涉外民事案件的能力较薄弱。笔者查看近些年的涉外民事案件裁判书，发现部分法官对最密切联系原则的适用不是很到位，滥用自由裁量权的现象时有发生。所以，我们必须重视法官国际私法知识的储备，使其正确掌握相关理论，领会法律适用的精神，形成特有的思维方式，提高业务水平及道德素质。最高人民法院对涉外案件的审判人员进行集中的、专门的培训应当是一种最有效的方式。[2]过硬的专业技能是法官这一职业的基本要求，法官的德行则是职业的灵魂。法官缺乏专业知识和司法审判经验，自然无法驾驭司法事务，但德行有亏，不仅会使案件得不到公正的审判，而且会降低司法的信服力。因此，法官应当同时具备良好的道德素质及专业水平，才能使最密切联系原则得到正确运用，从而实现司法公正、维护法治尊严。

四、理清最密切联系原则与意思自治原则的关系

各国立法者对意思自治原则都是非常推崇的，适用范围广、频率高，

---

〔1〕 参见齐湘泉："日本2007年《法律适用通则法简介》"，载黄进、肖永平、刘仁山主编：《中国国际私法与比较法年刊》，北京大学出版社2008年版。

〔2〕 参见郭玉军、徐锦堂："从统计分析看我国涉外民商事审判实践的发展"，载黄进、肖永平、刘仁山主编：《中国国际私法与比较法年刊》，北京大学出版社2008年版。

同时立法者对于当事人合意选择法律的权利也加以限制，最密切联系原则便是被用来调整、监督所涉法律关系的方式，以制约意思自治原则的运用。比如，美国的当事人虽然享有选择法律的权利，但又受所选法律是否与案件紧密相连、当事人的选择是否具有合理依据的限制。二者的不同是显而易见的，事物的联系是普遍的，任何一种法律选择方法都不能单独存在。笔者认为，我国可以取消意思自治中的默示选择，将其并入最密切联系原则。这种默示选择与最密切联系地的考虑因素有相同之处，因此没有必要重复规定。[1]

国际私法的价值取向之一是使法律的适用具有预见性、适用的结果具有确定性。若当事人享有意思自治，在选择法律时能够及时地沟通，促进争议的解决，当事人在合意选择法律的同时，也是在协商实体问题，如此可以对实现国际私法的价值起到积极作用。艾伦茨威格教授曾指出："支持当事人合意选择法律是一个常见现象，似乎在与分析政府利益的竞争中，合意选择终会胜出。"[2]如果允许当事人合意选择法律，则查明外国法的任务也归于当事人，法官便可专注于案件的分析，提高审判效率，且法院根据当事人选择的法律作出判决也更趋同于当事人的意愿。当事人的意思自治不等于无条件的自治，最密切联系原则的存在牵制着意思自治原则，但是只有当合意选择的法律违反法院地或者第三人的利益时才会被限制。如果当事人没有选择法律或者被选的法律不能适用，法官便可以发挥自由裁量权，运用最密切联系原则找到最适当的准据法。

五、明确最密切联系原则和特征性履行规定的关系

《法律适用法》第41条中的"或者"一词究竟是选择性冲突规范还是顺序性冲突规范？有学者认为，最密切联系原则和特征性履行方法处于可选择的地位，能够给予法官更大的裁量空间，以便保证审判结果的

---

〔1〕 孙南中、杜涛：《当代国际私法研究：21世纪的中国与国际私法》，上海人民出版社2006年版，第4页。

〔2〕 A. Ehrenzweig, Jayme, *Private International Law: A Comparative Treatise on American International Conflicts Law, Including the Law of Admiralty*, Oceana Publications, 1973, p. 31.

公正性。[1]《法律适用法》将特征性履行方法设置为涉外合同冲突领域的首选规则，以确保法律的确定性。如果将特征性履行方法和最密切联系原则视为选择性冲突规范，会扩大法官的裁量权力，法官基于方便操作、节省司法成本、提高效率等考虑，会倾向于选择适用最密切联系原则，从而导致过度适用法院地法。因此，应当将“或者”理解成顺序性冲突规范，即例外条款，如果特征性履行方法不能解决法律冲突，则适用最密切联系原则。我们可以尝试设置一定的条件。首先是替代适用。即对涉外民事法律关系应如何适用法律方面存在其他规定则，明显有与该涉外合同关系具有联系更为密切的国家或地区。其次是补缺适用。即不属于已经确定的合同类型，且不同种类的合同不能通过特征性履行来选择准据法的。此外，对于例外适用最密切联系原则的条件，“明显”有更为密切的联系的国家或地区，其中的“明显”二字如何判断，什么情况属于“明显”更密切联系。对于这个问题，可以考虑分析与合同有关的因素。比如，当事人之间有复杂的交易关系，涉及两种以上的合同要素，多数合同要素适用甲国的法律，但某一个要素适用乙国的法律，且该要素与其他的合同要素之间有着密切的联系，与它们共同适用同一个地方的法律显得更为合理，即本质上的密切联系，则该要素和其他要素适用同一个法律。

有学者针对二者的关系，提出特征性履行规定是独立的冲突规则，后半部分关于最密切联系的规定是多余的，《法律适用法》第 2 条已经将最密切联系原则置于兜底条款的地位。正因为第 2 条规定了适用最密切联系原则的前提，第 41 条的规定才更为重要。第 41 条中的“或者”体现了最密切联系原则的补充地位，且适用条件有替代适用和补缺适用两种。第 2 条对于最密切联系原则的定位，仅包括补缺适用，不包括替代适用。因此，《法律适用法》第 2 条和第 41 条是总分结合、相互补充的两个条款。

六、将最密切联系原则引入侵权、无因管理、不当得利领域

传统国际私法中的“法律本座说”理论一度盛行，通常发生侵权问题

---

〔1〕 张美红：“冲突法中自由裁量权的自由与限制：《法律适用法》生效前后之对比”，载《西南政法大学学报》2011 年第 6 期。

便适用侵权行为地法，但随着世界经济的不断发展、融合，各国的交往愈发密切，新型的侵权问题陆续出现，一味地适用侵权行为地法已无法满足需求，所以我们不应当墨守成规。追求公正的最密切联系原则较为灵活，能够胜任此项任务。最密切联系原则的引入必然会赋予法官较大的自由裁量权，我国立法可以以例外条款的形式来设置最密切联系原则，除非有真正意义上的、更密切的法律出现，否则依然适用侵权行为地法。此外，还可以设置一些连结点，比如营业地、住所地等，以限制法官的权力。《法律适用法》在侵权行为的法律适用中设置了意思自治原则，遗憾的是最密切联系原则并没有被引入。从逻辑上来说，先有主观连结点，再有客观连结点，但意思自治这一主观连结点却被放置于客观连结点侵权行为地、共同经常居所地之后，有些不妥。当事人无法协调一致时，适用侵权行为地法，这在大多数情况下能够实现公正，也较为合理，但由于法律自身的严谨性，应当设置例外条款以应对突发情况。同样，在无因管理、不当得利的领域也只是引入了意思自治原则，而没有设置最密切联系原则。一方面立法上的进步能够节约司法成本，提高法官的工作效率，另一方面“共同属人法原则”可以被包含在最密切联系这一法律选择方法中。该领域通常牵涉到发生地的公序良俗，适用发生地的法律是传统冲突法的做法。但我们也应当看到，无因管理、不当得利的发生地情况多变、不易确定，适用发生地的法律未必是合理的。当然，这一法律选择方法由来已久，我们既不能完全抛弃，也不能完全幻想有一成不变的冲突规范来解决越来越复杂多变的国际民事法律关系。因此，设置具有灵活性的、最密切联系的例外条款，给予法官适度的自由裁量权是有必要的。

第五章
最密切联系原则的发展趋势

不可否认，我们可以将最密切联系原则视为确定合同适用法律的重要媒介，此举有利于法律适用性与实用性的提升，只是其中客观存在的“灵活性”因素使得其难以摆脱无法把握的关系。正因为如此，对这一原则的限制和规范已经成为其繁荣过程中不可避免的趋势。

第一节　最密切联系原则与国际私法的发展趋势

在国际私法中，以法律选择为课题的研究活动始终是研究的重心。随着法律选择研究活动的持续推进，国际私法的价值取向也会随之出现波动，以此为基础，国际私法在不同的时间段将会处于不同的发展状态。同时，法律选择方法的提升有利于法律选择质量的提高，且法律选择质量是国际私法一直以来不变的追求。

一、确定性与灵活性

平心而论，在国际私法法律选择中，确定性与灵活性之间的矛盾一直存在。对于国际私法而言，该矛盾不仅避无可避，且难以彻底摆脱。[1]国际私法在不断成长与发展的过程中会始终面对这一矛盾，且需要在其中找寻新的平衡点。因此，在未来的发展过程中，如何对确定性与灵活性予以平衡是国际私法需要关注的重点。根据国际私法中法律选择的改革活动可知，法律选择的目的是打破传统国际私法中规则选择所具有的僵化和死板，并不是全盘推翻，只是将后者的确定性融入其中，实现法律分析与突

〔1〕 肖永平：《肖永平论冲突法》，武汉大学出版社 2002 年版，第 131 页。

发规则的有效结合。随着时间的推移和实践活动的持续推进，在上述举措的正面影响下，国际私法在法律选择上将会慢慢实现确定性与灵活性的高度统一。同时，自从改革活动实施以来，多元化的法律方式取得了重大突破：一是法官拥有了一定的自由裁量权，能够依法作出相对合理的限制，避免各种滥用自由裁量权行为的出现，维护了法律选择的确定性；二是允许当事人选择法院，提倡意思自治。从法律层面来看，意思自治能够对当事人选择法院的行为进行规范，使其能够对可预见的行为后果有具体的了解，以此为法律明确性和可预测性提供了必要的保障。上述举措有利于确定性与灵活性的统一和平衡，为国际私法的健康发展做了良好的铺垫。

二、形式正义与实质正义

国家私法中的价值取向能够通过法律选择得到高度体现，简而言之，如果法律选择出现变动，那么国际私法的价值取向与未来的发展趋势均会受到波及。经过分析可知，在传统的国际私法选择中，管辖权的选择是其中的重点。依据法律关系性质或法律规则性质来对法律选择进行确定，可以彻底解决法律在适用方面的不相容，最终实现判决结果的确定性、一致性。从理论层面来看，这种价值取向具有“形式主义”特点。它所关注的是冲突规范在同样环境下是否能够得到平等对待。进一步来说，如果类型相同的案件在同一连结点的引导下选择同一实体法，即意味着法律规范选择的完成，“法律冲突中的正义”能够得以实现，但事实并非如此。忽视对具体案件的具体分析极易导致不公平结果的出现，导致与法律实质性的正义背道而驰。相对而言，在现代社会，国际私法一向注重灵活分析方式的运用，注重案件的具体处理，希望所有的案件都能够在公平公正的基础上予以判决，从根本上实现“实体正义”，且能够提升解决法律冲突的作业效率。在后续的发展过程中，应将传统与现代的法律选择方式予以结合，缓解冲突、提升灵活性。法官在对法律冲突进行处理时，应能够依据冲突规范对与之相关的影响因素做全面的考量，以此保实现法律的相对选择，提升审判结果的公平公正性。随着时间的推移，实体正义这一概念与

冲突正义实现了高度融合，其最终目的是在冲突法中展现实体主义。[1]由此可知，在上述过程中，形式主义与实质主义的统一开始成为国际私法的价值取向，且该趋势会随着国际法的不断发展而得到持续完善。

三、外国法与法院地法

在法律选择的过程中，由于利益分析、政策取向和结果选择的提出和关注，法律的适当性得到了极大的发展。与此同时，随着最密切联系原则的完善与当事人意思自治原则的标准化发展，在法律适用方面，国际私法的适用性有着客观的改变：公平解决个人案件，达到形式主义与实体主义的高度统一，国家的合理权益就可以得到保障。同时，考虑到以国际社会为基础的概念，国际私法是开放的。我们开始重视平衡处理国内法律和外国法律之间的双边冲突，将其视为常规性的冲突规范，以此为据对法院地法律适用进行了规范和制约。在国际法律社会中，各国的法律体系是其重要的构成要素，为了推动国际民商事活动的可持续发展，建议通过适用法律与公平选择为其奠定坚实的理论基础。举例说明，在对案件进行处理时，可以适用最密切联系原则确定应当适用的法律，同时给予司法机构进行诉讼的权限。法律选择中的自由裁量权，究其目的是使国家主权、民商事法律秩序与当事人权益在整个国际社会中找到一个良好的整合点，从而使国际私法能够良性发展。

第二节　最密切联系原则的规范与限制趋势

一、最密切联系原则的基本发展趋势概览

最密切联系原则的实质在于软化传统的僵硬联系，增强法律适用的灵活性，并关注法律关系或行为的持续发展。这要求法院全面考虑和分析与案件相关的各种事实和因素，不仅包括与法律关系主体相关的原因（例如

〔1〕 徐冬根：“论国际私法的形式正义与实质正义”，载《华东政法大学学报》2006年第1期。

通常考虑的因素包括住所、居住地、国籍、公司所在地、营业地、订立地、履行地和合同内容），还包括与法律关系对象相关的因素（例如标的物所在地和财产所在地），同时也包括各种关联因素。[1]通过综合考虑与案件相关的事实和因素，我们可以揭示最密切联系原则的要素之间的“重心”，从而为法院适用法律提供最佳选择。在这个过程中，法院获得了更大的自由裁量权，法律选择的灵活性也得以实现。因此，一些学者指出，最密切联系原则本质上是法官自由裁量权的标准。虽然最密切联系原则是传统法律选择方法和现代法律选择方法之间的妥协，但其精神实质上的弹性因素使其难以摆脱不可动摇的关系。正因为如此，对该原则的规范和限制成了其繁荣过程中的必然趋势。笔者试图分别阐述这两种趋势，但后来发现这两种趋势以“你中有我，我中有你”的形式表现出来，如果坚持分类和划界，便似乎只是形式而已。最密切联系原则的标准化体现在通过立法技术对各国立法中的原则所做的各种修正中。这些修正的基本指导原则之一是尽可能限制最密切联系原则的弹性因素的应用空间，从而规范法律的适用并实现最密切联系。该原则的实质体现在具体的操作冲突规则中。

当法律文明的发展趋于稳定和健康发展时，更多的冲突法学者开始以更理性的方式看待最密切联系原则的发展趋势。无论是从理论上还是从在实践中，没有哪个国家对这一原则的改革会像美国那样具有革命性风格。从客观事实出发，以微妙的方式分析和解决具体问题，修正和改进是合理的方式。最密切联系原则将成为未来各国国际私法中的一部分，即一项在审判中可以被灵活适用的案件审理的原则及解决方案。然而，在适用这一原则时，自由裁量权是否能够受到合理限制，是否可以被恰当地掌握，合理度的把握将直接影响原则初衷的实现。因此，最密切联系原则的规范和限制将成为这一原则发展的趋势。在具体的规范和实践过程中，我们应该主要采取自由裁量权和规则推定相结合的方式。英美法系国家应该通过明

[1] 肖永平：“最密切联系原则在中国冲突法中的应用”，载《中国社会科学》1992年第3期。

确规定的方式来限制这一原则。大陆法系国家应该在司法实践中的特殊审判的最后环节发挥法官的作用并作出判决。判决的理由和依据非常详细，可作为今后指导类似案件的依据。同时，随着国际公约和条约的发展，我们应该充分利用二者的结合，以限制合理适用最密切联系原则。这种方式主要通过制定规则来实现对当事人利益的保护和公平公正的应用结果。拉克·克莱默教授认为，冲突规则不仅对于结果的可预测性而言不可或缺，而且对于追求最佳有形结果而言也不可或缺。[1]为了限制最密切联系原则的适用和发展，自由裁量权的行使应当受到法律形式的明确限制，最密切联系原则应当参照英美法系的判例法制度进行修正和完善。

二、规范与限制最密切联系原则的缘由

（一）正义方面的分析

如前所述，根据传统的硬冲突规则选择适用的合同法具有清晰、稳定和可预测的优点，因此可以在一定程度上实现冲突法追求的冲突正义。然而，传统僵化的规则只强调法律选择在空间取向上的适当性，并将法律选择视为立法者的特权，法官在他们面前没有什么事可做。相反，他们只能沿着预先设定的路线图找到适用的法律，没有询问，现代冲突法追求的真正正义就无法实现。最密切联系原则将法律冲突从持续的空间适当性中解放出来，并将适用法律内容的适当性视为法律选择的主要目标。它认为，法律冲突不仅应该成为一个里程碑，而且应该为当事人提供公平公正的法律规则，满足当事人的合法期望。其功能目的是合理调整涉外民商事关系，在公平解决涉外民商事纠纷的情况下，满足当事人的合法期望是首要追求，其价值应该高于确定性、稳定性和可预见性的目标。[2]正如英国学者莫里斯曾经说过的："冲突法存在的主要原因是，它能够实现交易或事件各方的合理合法期望。"通过赋予法官在法律选择中的主观能动性，最密

---

〔1〕 Kramer，"One Hundred Years of Uniform State Laws：On the Need for a Uniform Choice of Law Code"，*Michigan Mathematical Journal*，1991，（89）：2139；许光耀："论最密切联系原则的利弊得失"，载《法学评论》1999年第1期。

〔2〕 许光耀："试论最密切联系原则的利弊得失"，载《法学评论》1999年第1期。

切联系原则可以使法律在具体案件中的适用更加符合当事人的合法期望，从而实现法律冲突所追求的实质性正义价值。在没有选择合同法的情况下，双方通常期望通过合同相关国家的法律调整合同关系，这种期望与合同相关的密度和质量成正比。很难想象一方会根据一项与合同无关或没有特殊选择而只是附带关系的法律进行交易，并根据该法律预见其行为的法律后果。因此，根据最密切联系原则选择适用的准据法符合人们的习惯性思维习惯，更符合当事人的合法期望，从而符合冲突法中实体正义的价值取向。〔1〕

然而，值得注意的是，选择合同准据法的过程是以最密切联系原则为指导的。在很大程度上，它依赖于法官的自由裁量权，法官不仅要定量地判断一组连结点，还应该定性地分析每个环节的重要性。按照标准，在同一案件的指导下，导致相同的原则，各国法官将适用与之相对应的法律条款，且当事人的命运与法院的选择息息相关。因此，如果法官的自由裁量权不受限制，仅在这一点上，最密切联系原则便难以保证实质性正义、法律适用的一致性，通过确定性和可预测性实现的正式正义则更难以保证。〔2〕也正是出于这一考虑，美国、欧洲联盟和其他国家或地区需要立法，以最密切联系原则限制法官的自由裁量权。虽然限制的方式有所不同，但限制的目的是相同的，即确保法官在最密切联系原则的指导下使用自由裁量权选择法律。准据法既能在一定程度上保证法律适用的确定性和预见性，又能最大限度地满足当事人的合法期待，从而实现法律冲突的正义冲突和实质正义价值。

（二）效率方面的分析

从效率角度阐释最密切联系原则，它是把能以最低的成本解决争议、实现相关资源有效配置的法律适用于特定民商事法律关系的调整的法律适

---

〔1〕 江保国、刘子昵：“最密切联系原则的适当性基础及其改进：一个权力分享的视角”，载《河南司法警官职业学院学报》2008年第3期。

〔2〕 谭岳奇：“从形式正义到实质正义——现代国际私法的价值转换和发展取向思考”，载《法制与社会发展》1999年第3期。

用原则。[1]如前所述，最密切联系原则是对传统刚性冲突规则的扬弃，它吸收了“法律关系本座说”的合理因素，但同时认为“本座”不仅是一个，而且取决于具体情况。这使得法院没有必要坚持固定的形式并严格复制。法院可以根据案件的具体情况，从“数量”和“质量”两个方面分析联系因素，从而确定最密切联系地。无论是对于当事人来说还是对于法律来说，这肯定会减少法律适用方面的成本投资，法院提高了法律应用的效率。从经济分析的角度来看，它支持采用定性和定量相结合的标准来确定最密切相关的地点。质量标准是根据连接因素的数量和重要性来确定案件的最近接触地点。如果有更多的联系因素集中在某个地方，它可以用作合同的重心或合同所发挥的经济和社会功能所在地。如果合同对国家的经济影响也很大，则该地与案件之间存在密切的联系。因此，最密切联系地的法律最适合调整特定争议的法律，并且可以以尽可能慢的速度交付。易于使用的成本提供了相关的问题，它们的应用可以最大限度地提高诉讼和交易成本。

然而，如果法律没有具体规定最密切联系地或缺乏如何确定的具体方法，在提供指导的情况下，选择最密切联系地完全由法官根据案件事实酌情决定。根据经济理论的分析，最密切联系原则也隐藏了资源配置效率的隐患。[2]一方面，由于法律适用缺乏确定性和可预测性，有关各方无法预见其自身行动将导致资源分配的变化，为了确定适用的法律，各方便需要支付一定数量的信息搜索费用，这会使各方在法律适用过程中承担的费用增加，从而减少各方获得的利益，导致法律适用中最密切联系原则的低效运作。另一方面，因为法律总是反映某些利益和政策，法官熟悉国家的法律，其在适用法律时，如果最密切联系原则没有限制法官的自由裁量权，法官适用当地法律的趋势就会更加明显。因此，这反过来可能会鼓励当事人选择法院，因为当事人通常都会知道在不同法院的起诉会收获不同的结

---

〔1〕 朱莉：《管辖权、法律选择方法与规则的经济学分析》，法律出版社 2008 年版，第 181 页。

〔2〕 A. Ehrenzweig, “The Most Significant Relationship in the Conflicts Law of Torts: Law and Reason Versus the Restatement Second”, *Law and Contemporary Problems*, 1963, (28): 700~705.

果。[1]法院的选择会给当事人带来更高的诉讼成本，浪费诉讼资源。也就是说，在每个国家的司法主权独立的情况下，当事人都会将各自诉讼的结果提交给不同国家的法院，从而有可能导致平行诉讼，使同一案件成为可能。重复审判，由于管辖权辩护或重复诉讼将产生额外费用，这将会给当事人带来更高的诉讼成本，对于审判法院来说，也会造成诉讼资源的浪费，因此最密切联系原则导致了法律适用的低效运行。所以，从效率的角度来看，各国的司法机构有必要在立法阶段对最密切联系地予以确定，且对法官所拥有的自由裁量权做必要的约束，从而增加法律适用的确定性和可预测性带来的好处。这也符合在最密切联系原则限制法官自由裁量权的立法趋势。

第三节　最密切联系原则之“阶梯式选择”

运用最密切联系原则寻找适用法律的过程不可能一步完成。无论是立法者还是法官，他们都面临着复杂的国际契约关系。只有实现理论与实践活动的结合，随着分析活动的深入，才有可能找寻到一条能够用来调整合同关系的法律。以此为基础，大陆法系与英美法系国家在立法层面均对最密切联系这一原则作了严格的规定，且对“免责条款”做了强调。也就是说，如果案件不是与由法律推定规则确定的适用法律密切相关，而是与另一法律更密切相关。作为一个例外，合同更适用于法律。以下条款主要介绍了欧美国家的立法和司法实践。

一、欧盟

1980 年《罗马公约》第 4 条第 1 款规定，如果当事人不能对合同法做出应有的选择，那么按照法律条例规定，其需要接受与其关系最为密切国家的管辖。另外，根据该条约规定，如果合同与履行义务的一方的惯常居住地国关系最密切，而该国在合同订立时代表了合同的特点，或者如果合

〔1〕 周琳：“对最密切联系原则的法经济学分析——兼评我国《民法典》草案第 9 编中关于最密切联系原则的规定”，载《北京市政法管理干部学院学报》2004 年第 1 期。

同的一方是法人团体或非法人团体，则是其中央行政机构国家的位置与合同关系最密切。然后，在第3、4款中，根据各类合同的特点，做出对第1款中最密切联系原则的具体推论。最后，第5款规定了“例外条款”。第2、3款和第4款的推定原则不能适用于关系更密切的国家或地区的法律。可以看出，《罗马公约》将最密切联系原则视为确定法律适用的主要规则，而在当事人未作出法律选择的情况下，可以将特征表现视为辅助规则予以参考。由此便会衍生出相关问题，众所周知，最密切联系原则并不是直观的，其连结点具有抽象的特点，且《罗马公约》并未对这一特点做相应的解释和详细的阐述。因此，在司法实践活动中，理解不同、解释不同会引发各种不同法律适用问题。此外，更不确定的是会员国在处理“推定规则”和“例外条款”时所选择的方式。

经过分析笔者发现，英国国际私法体系在初始发展阶段受戴西和莫里斯的著作的影响较大，通过“例外条款”将“推定规则”予以推翻的方式较为随意。〔1〕在对《罗马公约》第4条进行分析时，霍布豪斯法官（Hobhouse，L.）提出，无论何时，只要法官否定了适用推定规则的适用性，那么允许被其他密切相关的法律予以替代，这样推定规则实际上就不会发挥多大的作用。因此，在英国传统的司法实践中，推定规则被更为密切相关的例外条款所取代。事实上，推定规则的重要作用并未得到应有的重视和充分的发挥。〔2〕此时需要明示的是，近年来，英国在司法实践活动中逐步对大陆法系国家的观点进行了参考，并且基本上接受了一种观点，即没有正当理由，推定规则是不容易被取代的。〔3〕在“Ennstone Building Products v. Stanger案”〔4〕中，上诉法院提出：“如果推定规则要真正发挥作用，必须保证适用，除非有明确证据表明合同与另一个国家有更密切的联系。”

〔1〕 R. Badykov，“The Russian Civil Code and the Rome Convention：Applicable Law in the Absence of Choice by the Parties”，*Journal of Private International Law*，2005，（10）：284.

〔2〕 Plender，Wilderspin，*The European Private International Law of Obligations*，3rd ed，Thomson Reuters，2009，p. 174.

〔3〕 R. Badykov：“The Russian Civil Code and the Rome Convention：Applicable Law in the Absence of Choice by the Parties”，*Journal of Private International Law*，2005，（10）：285.

〔4〕 （2002）EWCA Civ 916.

在"Caledonia Subsea v. Microperi案"中，库伦法官争辩说，需要对《罗马公约》中的推定规则予以重视，除非有证据表明，在适用另一国法律时有一个明确的联系因素的优势（即与国家的密切联系）。[1]同样，推定规则从一开始就很容易被排除在法国司法实践之外。然而，在最近的案件中，法院的观点逐渐趋于严格和保守。在"Danzas GmbH and Westra v. Tapiola案"中，法国最高法院辩称，为了确定排除根据推定规则选择的适用法律的适当性，法院需要根据第5款比较合同与特定履约方的惯常居所（或中央当局所在地）之间的联系，以及合同与联系更密切的国家之间的联系，然后决定哪些联系地更紧密。[2]

荷兰法官霍格·拉德辩称，推定规则只能在特殊情况下排除。在"Societe Nouvelle des Papeteries de l'Aa v. BV Machinenfabriek BOA案"中，一名法国买方与荷兰卖方通过在法国的代理谈判购买了涉案机器。合同是在法国谈判达成的，价格以法国法郎计算，合同是用法语签署的，该订单最终由荷兰卖方在法国的代理人做出，卖方将在法国组装和交付货物。主审法官认为，与案件相关的关联因素不能成为无视推定规则而适用法国法律（更密切相关的法律）的理由，荷兰法律（根据推定规则确立的适用法律）应该是合同的适用法律。他认为，《罗马公约》第4条的措辞和结构以及其适用的一致性要求表明，只有在特殊情况下才能排除第2款。也就是说，在特殊情况下，如果作为一个联系因素没有实际意义，进行表征的一方的营业地可能被排除在适用范围之外。然而，结果却是戏剧性的，因为除了卖方营业地的位置之外，所有其他因素都与法国有关。霍格·拉德的提议使得这种例外过于严格，这似乎无法取代推定规则。[3]

为此，欧洲法院就"Intercontainer Interfrigo v. Balkenende（C-133/08）案"中推定规则的适用提出了指导性意见。法律顾问博特在2009年5月

---

〔1〕 Hay, "Flexibility versus Predictability and Uniformity in Choice of Law: Reflections on Current European and United States Conflicts Law: Recueil des Cours", *Kluwer Law International*, 1989.

〔2〕 Plender, Wilderspin, *The European Private International Law of Obligations*, 3rd ed, Thomson Reuters, 2009, p. 175.

〔3〕 汤立愈、丁芳："最密切联系原则的具体运用：如何确定最密切联系地"，载《当代法学》2002年第6期。

19日发表的意见中强调了法律适用中确定性和可预测性的重要性。他认为，只有在推定规则所确定的特征性履行地与合同之间没有真正的联系时，推定规则才能被放弃。为了加强合同适用法律的确定性和预见性，其澄清了“推定规则”和“例外条款”之间的关系。《罗马条例Ⅰ》完全放弃了《罗马公约》中采用的方法，尽管保留了最密切联系和最具特色表现的概念。上述《罗马公约》第4条将尽可能密切联系的原则视为一项主要原则，随后是若干推定规则。与《罗马公约》不同，《罗马条例Ⅰ》第4条第1款第一次列举了8项共同合同的特征履行的推定规则。然后，《罗马条例Ⅰ》第4条第2款规定，如果合同与第4条第1款的规定不符，或者兼具两个以上的合同要素，那么合同便是适当的。由此可知，《罗马公约》所提倡的“特征性履行”辅助规则开始成为司法实践活动中的主要规则，能够在当事人没有选择法律的情况下决定法律的适用。第3款规定了推定规则的一个例外，即如果案件的所有情况表明合同与另一个国家的关系明显比第1款或第2款中提到的国家更密切，则适用该另一个国家的法律。最后，规定了第4条最密切联系的规则。本款主要适用于易货合同、复杂的合同、共同风险合同或涉及几个当事人履行相关义务的合同，这些合同无法由适用法律根据第1款或第2款的确定。当然，一些学者表示怀疑，在《罗马条例Ⅰ》中采用这种硬性推定比在《罗马公约》中采用更好，因为非典型性合同或各种性质的合同不是很有帮助，至少在解决有争议的复杂合同方面是如此。[1]

值得注意的是，《罗马条例Ⅰ》第4条第3款中的例外条款在两个方面不同于《罗马公约》，其条件更为严格。首先，它允许偏离适当的环境。第1款和第2款中的推定规则并不像《罗马公约》那样简单地推翻这种推定。也就是说，在所有情况下，合同显然是（明显地）在第1款或第2款中提到的。如果国外的另一个国家有更密切的关系，它会适用另一个国家的法律。其次，罗马地带。将《罗马公约》中的“总体情况”替换为“案

〔1〕 Plender, Wilderspin, *The European Private International Law of Obligations*, 3rd ed, Thomson Reuters, 2009, p. 177.

件的所有情况”。因此，我们可以看到，《罗马条例Ⅰ》加强了法院适用中尽可能密切联系原则的确定。依法限制自由裁量权符合《罗马条例Ⅰ》序言中改进法律适用的要求，与实现确定性和可预测性的目的是一致的。[1]

二、美国

虽然，在当代美国冲突法中，最密切联系原则是合同法律选择的最重要的规则，但是其并非毫无例外。[2]美国的《冲突法重述（第二次）》第188条第1款规定，在特定争议的情况下，根据第6条规定的原则，交易应与该事项一起解决。第2款列举了当事人没有选择法律时，法院应考虑到在确定适用法律时应考虑的因素。第3款规定，除非第189条至第199条和第203条另有规定，否则如果合同的履行地与谈判地是同一个地方，便通常适用该州法律。然后，从第189条到第203条，美国的《冲突法重述（第二次）》列举了9类特殊合同，分别规定了优先考虑的固定连结点，并尽可能为最密切联系原则规定了“例外条款”。例如，“除非根据第6条，在特定的争议中”。原则上，如果其他国家与事件和各方关系更密切，则适用该国的法律。总之，当合同双方在美国的《冲突法重述（第二次）》中没有做出法律选择时，根据最密切联系原则确定适用法律的步骤如下：确定特定推定规则（参照第189条至第203条）是否适用于该争议。在“在同一地点”的情况下，确定一个案件或争议是否属于“谈判或履行地”。此时推定规则是否能够被尽可能紧密联系原则所替代。最后将与合同关系最密切的法律予以明示。[3]

与《罗马条例Ⅰ》相比，根据最密切联系原则确定适用合同法的程序似乎相似，但它们之间存在一些差异。因为美国重申了《冲突法重述（第二次）》，法院不仅有很大的自由裁量权来决定是援引还是适用某一条款，

---

〔1〕 Rome I Recital 6.

〔2〕 参见颜林：“美国冲突法中合同与侵权领域的法律选择和适用”，载张仁善主编：《南京大学法律评论》，法律出版社2007年版。

〔3〕 参见肖永平：“最密切联系原则：《美国第二次冲突法重述》与中国法之比较”，载黄进、肖永平、刘仁山编：《中国国际私法与比较法年刊》，北京大学出版社2007年版。

它还决定如何适用这些规定来选择适用的法律，法院的自由裁量权仅受第6条规定的限制。这些原则既广泛又具有弹性。[1]因此，与严格限制例外条款适用的欧盟立法不同，这些例外条款的适用门槛非常低，法院有更大的适用自由。这种差异与欧美法律传统和法律文化的差异是一致的。因为，在英美法系国家，法官其实能够参与相关法律条例的制定。不可否认，在对案件进行审理时，公平正义是其中的精髓，彰显了立法精神。因此，法律条款所具有的内涵应结合司法判例予以理解，而不是把确定性视为最高价值目标。这种对最密切联系原则的限制符合美国立法。作为一项法律制度，法官的个人意志不应渗透到法律法规的制定与解释之中。在审判过程中，法官不具有充分的自由裁量权。因此，我们需要着重强调立法所具有的清晰、严格与权威性，避免理解出现歧义。因此，例外条款的适用与其追求的明确目标是一致的。[2]

第四节　最密切联系原则之“适度硬化”

虽然最密切联系原则有着深厚的理论基础和深厚的历史背景，但在那个时候社会状况对美国乃至世界都有深远的影响，这一原则是法律的一部分，它必然会受到法律本身以及其他法律规则的约束，并且必须与经济发展联系在一起。为了提高涉外民商事关系的复杂性，根据涉外民商事关系自身的特点，各方采取了一些方法来修正和完善涉外民商事关系。平心而论，最密切联系原则作为一把双刃剑，如果适用不当，本应是优势的自由裁量权也会造成最严重的伤害。以此为基础，部分国家本着防患于未然的原则对现有的自由裁量权进行了修正。也就是说，强化了这一原则。

一、中国的硬化处理

中国移植最密切联系原则较其他国家略晚。根据中国的国情，学界和

---

〔1〕 C. Symeonides, “Exception Clauses in American Conflicts Law”, *The American Journal of Comparative Law*, 1994, (42): 828.

〔2〕 宋晓：《当代国际私法的实体取向》，武汉大学出版社2004年版，第355页。

实务界充分研究了两种法律制度在适用和发展该原则方面的优缺点，合理地限制了最密切联系原则。针对最密切联系原则，英美法系国家使用了自由裁量这一方式，大陆法系国家则选用了规则推定形式。经过对这两种方法的仔细和深入研究，中国对两者进行了有效的结合。我国《最高人民法院关于适用〈涉外经济合同法〉若干问题的解答》对各种合同作了详细的规定，比如国际货物销售合同、担保合同等。在其实施过程中，大陆法系所特有的履行方式得到了高度体现。同时，根据相关法律要求，如果合同与另一国家的法律密切关系更为明显，法院可将其视为合同的适用法律。在司法领域中，这一处理方式与英美法系如出一辙。因此，中国在最密切联系原则的实施过程中，一方面对英美法系的成功经验进行了学习和借鉴，另一方面则吸收大陆法系采用的“特征履行方法”来合理限制该原则。这一原则在两大法系中的合理移植和全面适用充分考虑了确定性与合理性，由此实现了质的飞跃。

二、英美法系国家的硬化处理

在立法阶段，为了对各种冲突法进行整合，美国司法体系做了各种尝试，甚至包括科里和阿伦茨。可以说，在美国，人们的反对意见是通过尽可能密切联系原则的立法条款被采纳的。本书需要考虑的连结点因素的实践在这一原则上取得了质的飞跃。其不仅具有重要的实践意义，且影响深远。根据美国的《冲突法重述（第二次）》的相关规定可知，在宪法的制约下，法院应始终遵循该州现有的成文法。如果在选择适用法律时不具有这样的书面参考资料，那么法院应对以下影响因素做必要的考量：国家与相关国际体系的客观所需；与法院地法有着密切联系的政策；合法期望的保护；非一般法律领域所实施的基本政策；适用法律所具有的确定性、适用性等。[1]针对上述几个影响因素之间的关系，里斯教授并未明确提及。他认为，在不断成长和发展的过程中，法律选择需要将实现当代冲突法中

---

〔1〕 American Law Institute, “Resatement of the Law”, Second, *Conflict of Laws*, 1971, Pamphlet 1, p. 10.

的重要原则视为最终的发展目标。此时，我们意识到，这些原则的重要性在不同的时间和地点往往会有所不同，且法律规范的选择需要对这一既定事实予以遵守和适应，并持续推进。同时，在英美法系国家中，最密切关系原则已经在某种程度上得到加强，以实现对该原则的修订和完善。

在司法实践中，英美法系强化最密切联系原则的主要依据是以前的判例。先例是英美法系适用法律和规则的基础，先例即为法。从法律层面来看，法院针对具体案件所作出的裁决拥有法律约束力，且为类似案件的审理做了必要的铺垫。此时，“遵循先例”原则的实施有助于限制法官自由裁量权目的的实现。不可否认，英美法系中与法律选择有关的规定在司法实践活动中发挥着积极的引导作用，对司法实践具有重要意义，类似案件的审判结果的一致性在很大程度上得到了保证。在英美法系国家处理具体案件的过程中，美国采用了案例法体系和法律条款相结合的方式，以实现最密切联系原则的强化。也就是说，美国在以往先例的基础上适用了最密切联系原则，且在美国的《冲突法重述（第二次）》中对该原则进行了强调。其第 6 条对法官行使自由裁量权作了详尽的说明，同时明确了其适用范畴，不允许超出框架予以行使。举例说明，1954 年，发生在美国的“奥廷诉奥廷案”和“贝科克诉杰克逊案”采用了最密切联系原则，在随后的司法审判中，该原则实现了更新和完善。在英国，为了规范和限制最密切联系原则的适用，在合同与侵权领域均适用劳务最密切联系原则和自体法理论。只是，在实践活动中，英国学者并未通过《冲突法重述（第二次）》来制约最密切联系原则在合同与侵权领域内的发展。究其原因在于，通过对上述因素的梳理，立法机构与司法机构在对法律选择规则制定过程中所考虑的问题得到了较为全面的总结。同时，上述因素并不是以实例为基础而出现的规则，其适用性较差。[1]根据英美法系国家的做法可知，虽然最密切联系原则在实际运用中受到了客观的限制和制约，其也给法官主观能动性的发挥预留了相应的空间，从某种程度上来说，这是一种具有自由裁量式特点的适用。

---

〔1〕 Stone, *The Conflict of Laws*, Longman Group, 1995, p. 5.

三、大陆法系国家的硬化处理

受法典化思想影响，大陆法系国家主要采用明文规定的形式，对最密切联系原则进行硬化处理，许多大陆法系国家都适用了这一原则，有一些硬性规定，如土耳其、希腊、瑞士、奥地利等国均对最密切联系原则进行了硬化处理，以限制自由裁量权的行使。一些国家以最密切联系原则作为例外条款。从相关规定来看，最密切联系原则的适用同样受到了相应的制约。1987 年《瑞士联邦国际私法》针对该原则作了以下规定：如果某一案件与法律规定中的法律不存在任何密切关联，同时与另一法律更为密切，此时该条例应是例外。[1]也就是说，在对案件进行审理的过程中，如果法官认为该案件与另一地方关系更为密切，那么法官能够决定不适用法律所预先规定的有关条款。一般来说，法官在司法实践活动中应与“适用法律比本国法律冲突所指导的法律更密切地联系”，以此彰显审判结果所具有的公平公正性。在某种意义上，最密切联系原则作为例外其实是对自由裁量权的一种限制。

与英美法系相比，大陆法系主要采用特征性履行原则，以此实现限制自由裁量权行使的目的。从法律层面来看，特征性履行原则客观存在于双边合同中，在对适用法律进行确定时，合同特征中债务人的惯常住所是常用的参考依据。一般来说，“特征性履行原则”所具有的单一连结点能够展现合同的本质。由此可知，通过该理论我们能够快速推理出与合同关系最为密切的国家，进一步确定与之相匹配的法律条例。由此可知，在特征性履行理论的影响下，法官所拥有的自由裁量权受到了一定的制约。这种方法在完善和修正大陆法系国家法律编纂传统中最密切联系原则方面确实可以发挥不可估量的作用。在大陆系国家中，法官在行使案件管辖权时，需要对具体案件做客观分析，然后参考相关法律条款。同时，由于法官在司法工作中需要时时以法律条款为据，长此以往，其思维状态难免会僵化。由前文所述可知，大陆法系国家中的法官不具有制定法律的权限，有

---

〔1〕 肖永平：《肖永平论冲突法》，武汉大学出版社 2002 年版，第 200 页。

时候甚至无法对法律中的既定条款作出相应的判决，这种情况有轻微的分离。以此为背景，如果法官获取了过多的自由裁量权，那么极易导致各种滥用自由裁量权现象的出现。此时，受主观意识的影响，法官将会给出不同的司法结果，也无法获得法律适用的确定性。综上所述，为了对法官所拥有的自由裁量权进行有效的限制，大陆法系国家各显其能，在司法领域内做了诸多尝试，并在不损害最密切联系原则的前提下实现了对公平正义的追求。

第五节　最密切联系原则的修正发展

客观而言，规范与限制的发展趋势和最密切联系原则的修正发展息息相关，且“法律关系适用与其关系最密切的国家的法律”，对这一粗泛的原则必须辅以各种巧妙的立法技术。巧合的是，为了使这项原则真正成为确定性和公平性的完美结合，各种修订应运而生。目前，各国对最密切联系原则的修订可被分为三种类型：

一、以确定性为首，以灵活性为保留

这一修正继续依赖传统法律冲突规范，但是为了应对非常规情况，最密切联系原则常会被作为适用传统固化的法律冲突的例外。换句话说，在确定适用法律时，传统冲突规范依旧是主要的参考依据，只有当情况表明案件显然与另一个国家的法律更密切相关时，才能适用最密切联系的法律。这方面的典型例子就是戴西与莫里斯的著作《法律冲突法》（Conflict of Laws）中关于侵权行为法律适用的表述。该书第 11 版第 204 条和第 205 条针对侵权行为法律适用提出了以下原则：始终坚持双重可诉性原则，为了应对非常规情况，对最密切联系原则做了适当引入，将其作为适用法律的指南。该规定在确定侵权行为的法律适用时第一次采用了明确与相对固定的处理形式，同时给可能存在的例外提供了与之相对应的原则。此举一方面为法律适用的灵活性提供了保证，另一方面也有利于法律适用确定性的增强。

二、以“原则”为主，以“推定”为约束

这一修正在合同领域中最明显的体现是特征性履行原则和最密切联系原则的结合。采用特征性履行原则来确定适用的准据法的原因是，合同关系中的一方在履行义务时具有相对特殊的社会功能，因此可以区别于其他类型的合同，并且双方履行义务的过程是相同的。其实，这也是合同功能在社会生活中得以实现的一个客观过程。同时，这种情况下的法律能够实现合同社会功能中的法。〔1〕适用于合同的准据法通过代替履行合同的一方以特征作为合同的准据法能够提升合同准据法的确定性，以此为基础，结合最密切联系原则，能够促进确定性与灵活性实现高度统一。这方面最明显的例子是 1986 年《国际货物销售合同法律适用公约》（以下简称《海牙公约）》。该公约第 8 条第 1 款规定，如果双方当事人未对管辖销售合同的适用法律作出约定或抉择，则合同应受订立合同时卖方营业地所在国的法律管辖。第 2 款对合同签订时买方营业地所在国的法律适用情形作了详细的阐述和明确的规定：一是谈判在该国进行，且各方参与主体签订合同时依旧在该国；根据合同要求，作为卖方应依法履行其在该国所具有的交货义务；买方在合同中拥有决定性的地位。第 3 款规定，“条件应当按照投标人发出的招标而订立”。当出现例外情况时，合同同时受到本条中除第 1 款或第 2 款规定的法律以外的另一法律管辖，如果在整体情况下合同显然与其联系更密切。〔2〕

通过上述条款，特征性履行原则得到了高度的体现。一般来说，卖方营业地同时也是其履行主要义务的地点。不过，买方营业地有时也会成为合同主要义务所履行的地点。如果只是对上述条款做了要求，那么该形式只能是一种冲突规范，它采用了一种独特的、固化的客观因素作为连结点。虽然这项规定基本上符合最密切联系原则的精神实质，主要义务与最

〔1〕 邹志洪：“国际私法上的最密切联系原则及其发展——兼论中国国际私法的国际化”，载《武汉大学学报》1992 年第 6 期。

〔2〕 韩德培、李双元主编：《国际私法教学参考资料选编》，武汉大学出版社 1991 年版，第 505 页。

密切联系的履行地点有可能是同一个，但仍有必要把最密切联系原则视为“补充”条款，以防止特殊情况。这正是第 3 款所规定的。此举不但肯定了最密切相关原则所具有的指导性作用，同时使其相对模糊的概念得以具体化。简而言之，这是最密切联系原则最理想的应用模型。

这一修正也反映在侵权领域的最新发展中。1984 年，由包括诺斯、柯林斯在内的 9 名学者组成的英国和苏格兰法律委员会联合工作组提交了一份关于侵权行为准据法和两种新的侵权准据法模式的报告。[1]其中模式二规定：适用的法律是指当侵权行为出现时与当事人关系相对密切联系的国家的法律。几项法定推定如下：①对身体和财产的损害：受害者身体受伤的国家或财产受到损害的国家，除非有明显相反的情况。②死亡：死者受致命伤的国家。③声誉：出版国。如果侵权行为与推论中的国家并无直接关联，但与另一国家保持联系，那么推论才能够适用。该方法利用最密切联系原则，通过假设对该原则的应用范畴作了明确的规定，这样一些重要类型的侵权法的应用可以遵循规则，但不是一成不变的。在司法实践活动中，我们同样可以通过最密切联系原则，将精炼规则予以排除，当然，只要它能够被证明另一个最密切联系地的存在。

三、结合连结点与最密切联系原则的精神

这一修正没有明确提到最密切联系原则，也没有对最密切联系原则的指导作用作详尽的阐述和说明。相反，它通过立法技术修正了传统的冲突规范，同时实现了重叠与补充冲突规范的高度融合，为最密切联系原则的实施作了必要的铺垫。从表面来看，虽然该法律选择模式对最密切联系原则未做明确提及，但是在其设计中始终将该原则视为参考依据，正所谓“不识庐山真面目，只缘身在此山中”。这方面最明显的例子是 1973 年《海牙产品责任法律适用公约》（以下简称《公约》）。《公约》为适用国际产品责任法提供了一些共同原则，从侵权法领域来看，这是一次前所未

〔1〕 韩德培、肖永平：“市场经济的建设与国际私法立法的重构”，载《法学评论》1994 年第 5 期。

有的大胆尝试。在司法实践活动中，《公约》在缔约国中得到了普及，同时被其他国家所借鉴。《公约》关于法律适用的条款集中在作为《公约》核心的第 4 条至第 7 条中。这些条款规定了具有多重关联因素的法律选择规则，一方面将一国国内法视为基本的适用法律，另一方面规定了若干关联因素，只有在该国国内法同时具备其中的某一连结因素时，才能作为准据法进行适用。此外，《公约》对若干相关因素的法律规则选择的适用也是依次明确的。该法律的适用条款分为三个层次：第一个层次与遭受直接损害的人的惯常居住地国的国内法相符。国家还必须是：①被要求承担责任的人的主要营业地；②遭受直接损害的人获得产品的地方（《公约》第 5 条）。第二个层次，如果第一级规定的法律不能适用，且国家同时是下列三个地方之一，则适用伤害地国的国内法：①直接受害者的惯常居住地；②被要求负责的人的主要营业地；③直接受害者的直接营业地，受伤者收到产品的地方（《公约》第 4 条）。第三个层次，适用于被要求承担责任的人的主要营业地国家的国内法，除非原告选择损害发生地国家的国内法，否则在该国上述两级规定的法律不能适用（《公约》第 6 条）。

综上所述，我们可以看到，《公约》作为适用产品责任法的统一国际冲突规范，不仅对受害者惯常居住地国的法律进行了强调，同时对受害者的家庭利益做了必要的考量。从对上述法律适用顺序的分析中体现的最密切联系原则我们可以看出：

第一，围绕《公约》第一层规定做深入分析。一方面，遭受直接伤害的人与其惯常居所的国家法律之间有着最密切的联系，其个人和财产利益应受到该国法律的保护，该国法律的适用自然更为合适。另一方面，为了避免绝对片面地适用直接性，受害者根据国内法拥有其惯常居所是不公平的，因此受到以下条件的限制：国家必须是被要求承担责任的人的主要营业地，直接受害者获得相同的产品地点。这样，原告和被告位于同一个国家，运用其法律解决争议，不仅有利于诉讼，且有助于判决的执行以及审判结果公平公正性的保持。第二，就《公约》的第二层而言，损害地也与直接受害者具有密切的联系。一般来说，受害者遭受损害的国家不仅会对该国产生影响，同时还会牵扯到受害者治疗地点以及是否能够获取赔偿等诸多问题。因此，《公约》提及了受伤地点的重要性。但也认识到了它常常是偶然的，因而列出了三个联系因素，只有某一个因素与损害地产生共同作用，才可以适用损害地法，可以将其视为产品责任法的第二个适用顺序。第三，就《公约》的第三层而言，如果损害地法以及受害者惯常居住地法律均不具有适用条件，那么原告则需要在主要营业地与受害国之间做出选择。进一步分析，此时原告如果并未选择适用受害国的法律，那么原告需要就其行为依法承担损害责任。以此为背景，在处理争议案件时，责任人主要营业地的法律将会成为适用法律。此举体现了公约规范和平衡双方利益的观点。

在对应用顺序和连结点进行深入分析后，我们能够对重叠连结点的本质精神做正确的识别：随着重叠连结点的普及，能够将适用法律予以连接，将法律关系聚集场所的理念予以彰显。其实，这也是从“数量”上对最密切联系原则进行分析，而且法律是合适的。连结点重叠的重要性由连结点的顺序来表示，这是“质量”中最密切联系原则的体现。因此，虽然重叠连结点没有根据最密切联系原则明确设置，但它们体现了最密切联系的理念，避免了由于灵活性而滥用最密切联系原则的可能性，同时确保了确定性和公正性。因此，这种方法将因确定性和灵活性而使立法技巧达到良好的平衡。综上所述，上述修改在一定程度上实现了确定性与公正性的和谐，实现了秩序与正义的统一。以此为据进行推理，在国际私法的修订或编撰过程中，我们能够在冲突法国际公约中获取更多的版本，也许会有新的版本来吸取优点，随着时代的需要而出现，最密切联系原则的繁荣必然是不可抗拒的。

结　论

作为20世纪冲突法领域最引人注日的理论成就，最密切联系原则具有广泛的包容性和灵活性。它既考虑到具体案件的客观情况，也考虑到案件涉及的各种实质性利益，并且寻求通过灵活手段在类似案件中实现适用法律的稳定性和可预测性，同时追求案件判决结果的公正性。它可以用于法律的识别、反致、先决和规避以及准据法的选择和适用。从这个意义上说，最密切联系原则是涉外民商事案件法律适用过程中的基本原则：它不仅是法律选择或法律选择方法的重要理论，也是解决法律适用中其他重要法律冲突问题的指导原则。其基本内容包括以下几个方面：

首先，维护国家主权、独立和平等。尊重我国和其他国家的立法管辖权是运用最密切联系理论的前提和基本要求。从这个意义上来说，在不违反宪法的情况下，法官应该首先根据本国的相关实体法规则或国际实体法条约的规定解决有关外交事务的具体民商事纠纷。否则，法官便需要根据本国冲突规则的规定来确定适用的法律。此外，遵守国际条约和直接适用于本国或第三国的法律也是适用最密切联系理论的一个组成部分。

其次，鉴于涉外民商事法律关系中的具体纠纷，法官应适用具体、有效的实体法规则，这些规则与纠纷所涉法律关系的各个方面的关系都十分密切。换句话说，客体不是较低层次的国家或管辖区，而是与涉外民商事纠纷关系最密切的较高层次的国家或地区的具体实体法规范、国际统一实体法以及国际惯例。确定最密切联系的标准是将客观连结点的考虑与案件所涉及的各种利益的平衡结合起来，从寻求法律关系的“重心”和寻求公正合理的案件解决方案两个方面分析法律的适用，并全面分析案件所涉及的个人、国家和社会利益，将能够维护涉外民商事法律关系整体利益的法律视为能够适用与争议的最密切联系的法律。

此外，最密切联系原则具有很大的灵活性和包容性。在国际和国内立法以及各国的司法实践中，它发挥着多重作用：有时，它是法律适用的基本原则，适用于各类涉外民商事案件；有时，它是对合同领域当事人意思自治的补充，这是各国合同法适用理论的共同实践；有时，它是法律适用的基本原则，对当事方自主权的限制要求当事方协商一致选择的法律不得违反与争议关系最密切的国家的公共秩序；有时，它是民商事领域的一般法律规定，例如，美国侵权领域的法律应用主要取决于最密切联系原则来确定适用的法律，明确规定冲突规则的条款适用于新型国际民商事纠纷；有时，它又是明确规定的冲突规则或推定规则的例外，以补偿冲突规则或推定规则的僵硬或不正确的指引，并增强法律适用的灵活性和判决结果的合理性。正是由于最密切联系原则具有灵活性和全面性，它在世界范围内才会被广泛采用。

简而言之，涉外民商事案件中的法律适用是一个动态、开放和复杂的过程。在这个动态、开放和复杂的法律适用过程中，最密切联系原则是一个系统和连贯的理论体系。“适用法院所在地的冲突规则，尊重法院所在地的立法管辖权”，“协调冲突法的正义和实体法的正义”和“使用分割法分析案件的争议点”的理念包含在最密切联系原则中，贯穿于法官进行法律选择的整个过程。此时，它的运用能够对适用法律予以识别和确认。最密切联系原则是“立体的、三维的”，这正是最密切联系原则的生命力所在。

参考文献

一、中文文献

(一) 论文

[1] 陈卫佐:“论准据法与‘适当准据法’”,载《清华法学》2009年第4期。

[2] 陈卫佐:“中国国际私法立法的现代化——兼评《中华人民共和国涉外民事关系法律适用法》的得与失”,载《清华法学》2011年第2期。

[3] 崔相龙:“论法律选择中的例外条款”,载《武大国际法评论》2011年第1期。

[4] 崔相龙:“论连接点的孤立与矫正”,载《法律科学(西北政法大学学报)》2011年第5期。

[5] 戴霞、王新燕:“关于《法律适用法》第41条的争议及评析”,载《前沿》2013年第1期。

[6] 董皞:“法律冲突概念与范畴的定位思考”,载《法学》2012年第3期。

[7] 杜涛:“冲突法的中国模式?——21世纪冲突法的范式转型”,载《武大国际法评论》2012年第1期。

[8] 杜新丽:“从住所、国籍到经常居所地——我国属人法立法变革研究”,载《政法论坛》2011年第3期。

[9] 杜新丽:“当代法律选择多元方法的并存与融合”,载《武大国际法评论》2013年第1期。

[10] 方杰:“最密切联系原则考证”,载《比较法研究》2013年第2期。

[11] 冯军、刘涛:“德性、知识、理性、经验——法官的素质解读”,载《学习与探索》2004年第1期。

[12] 郭万明:“特征性履行说与最密切联系原则的辨证”,载《广西政法管理干部学院学报》2008年第4期。

[13] 郭玉军:“中国国际私法的立法反思及其完善——以《涉外民事关系法律适用

法》为中心”，载《清华法学》2011 年第 5 期。

[14] 黄进：“中国冲突法体系初探”，载《中国社会科学》1998 年第 5 期。

[15] 黄黎玲：“最密切联系在冲突法中的法律地位”，载《武汉理工大学学报（社会科学版）》2005 年第 3 期。

[16] 姜茹娇、王骄莺：“论国际私法中法律选择方法的价值追求——兼论最密切联系原则的勃兴与修正”，载《比较法研究》2002 年第 3 期。

[17] 雷磊：“法律规范冲突的逻辑性质”，载《法律科学（西北政法大学学报）》2016 年第 6 期。

[18] 李刚：“全球化时代国际私法的历史向度与发展进路”，载《法学论坛》2011 年第 2 期。

[19] 李建忠：“革新与融合：巴托鲁斯的冲突法理论述评”，载《法学评论》2011 年第 6 期。

[20] 李双元、邓杰、熊之才：“国际社会本位的理念与法院地法适用的合理限制”，载《武汉大学学报（社会科学版）》2001 年第 5 期。

[21] 李双元：“论国际私法关系中解决法律选择的方法问题”，载《中国法学》1984 年第 3 期。

[22] 梁开银：“国际私法之准据法性质认识的发展——以法方法为视角的展开”，载《清华法学》2016 年第 3 期。

[23] 刘仁山：“现时利益重心地是惯常居所地法原则的价值导向”，载《法学研究》2013 年第 3 期。

[24] 刘想树：“论最密切联系的司法原则化”，载《现代法学》2012 年第 3 期。

[25] 刘想树：“中国国际私法立法问题论略”，载《河北法学》2009 年第 4 期。

[26] 马德才：“论萨维尼的法律关系本座说在国际私法发展史上的影响”，载《甘肃政法学院学报》2001 年第 1 期。

[27] 马灵霞：“最密切联系原则与我国的立法及实践”，载《政法论坛》2005 年第 1 期。

[28] 马志强：“最密切联系原则的地位思辨”，载《西南政法大学学报》2011 年第 5 期。

[29] [美] 拉夫·迈克尔：“美国冲突法革命的衰落与回归”，袁发强译：《华东政法大学学报》2011 年第 6 期。

[30] 曲波：“《比利时国际私法典》例外条款立法评析及其启示”，载《东北师大学报（哲学社会科学版）》2010 年第 6 期。

[31] 沈涓："法院地法的纵与限：兼论中国国际私法的态度"，载《清华法学》2013年第4期。

[32] 沈涓：《中国法院审理涉外（涉港澳台）民商案件情况：国际法研究》，社会科学文献出版社2013年版。

[33] 沈宗灵："法　正义　利益"，载《中外法学》1993年第5期。

[34] 宋连斌、董海洲："国际私法上的政府利益分析说探微"，载《政法论丛》2011年第2期。

[35] 宋连斌、赵正华："我国涉外民商事裁判文书现存问题探讨"，载《法学评论》2011年第1期。

[36] 宋晓："侵权冲突法一般规则之确立——基于罗马Ⅱ与中国侵权冲突法和对比分析"，载《法学家》2010年第3期。

[37] 宋晓："属人法的主义之争与中国道路"，载《法学研究》2013年第3期。

[38] 宋晓："中国国际私法的怕与爱"，载《华东政法大学学报》2013年第1期。

[39] 孙建："论我国国际私法法律适用的确定性与灵活性"，载《法学评论》2012年第2期。

[40] 谭岳奇："从形式正义到实质正义——现代国际私法的价值转换和发展取向思考"，载《法制与社会发展》1999年第3期。

[41] 汤立鑫、于芳："最密切联系原则的具体运用——如何确定最密切联系地"，载《当代法学》2002年第6期。

[42] 田洪鋆："国际私法中规则和标准之争的经济学分析"，载《法制与社会发展》2011年第1期。

[43] [德] 贡塔·托伊布纳："多元现代性：从系统理论角度解读中国私法面临的挑战"，祁春轶译，载《中外法学》2013年第2期。

[44] 王慧、戴庆康："对国际私法最密切联系原则的再思考"，载《中外法学》1997年第4期。

[45] 王军："关于合同法律适用'最密切联系'原则的运用方法"，载《比较法研究》1988年第4期。

[46] 王艺："法院地法扩大适用探因——中美两国比较研究"，载《现代法学》2015年第3期。

[47] 文正邦："有关权利问题的法哲学思考"，载《中国法学》1991年第2期。

[48] 向在胜："从历史视角论涉外民商事诉讼中外国法的程序地位：兼论我国外国法适用模式的构建"，载《法学家》2012年第3期。

[49] 向在胜："欧洲一体化中环境侵权法律适用的统一"，载《欧洲研究》2011 年第 1 期。
[50] 肖永平："中国国际私法立法的里程碑"，载《法学论坛》2011 年第 2 期。
[51] 肖永平："最密切联系原则在中国冲突法中的应用"，载《中国社会科学》1992 年第 3 期。
[52] 徐崇利："全面运用最密切联系原则：健全和完善我国冲突立法的一大抉择"，载《法学》1993 年第 2 期。
[53] 徐冬根："国际私法特征性履行方法的法哲学思考"，载《上海财经大学学报》2011 年第 3 期。
[54] 徐冬根："论国际私法的哲理性"，载《华东政法大学学报》2010 年第 1 期。
[55] 徐冬根："论后现代主义哲学观在国际私法中的表现"，载《河南财经政法大学学报》2012 年第 1 期。
[56] 徐妮娜："关于中国国际私法实践困境之反思"，载《河南省政法管理干部学院学报》2009 年第 6 期。
[57] 徐伟功："从自由裁量权角度论国际私法中的最密切联系原则"，载《法学评论》2000 年第 4 期。
[58] 徐伟功："法律选择中的意思自治原则在我国的运用"，载《法学》2013 年第 9 期。
[59] 徐伟功："国际私法中的自由裁量权论纲"，载《华南师范大学学报（社会科学版）》2002 年第 4 期。
[60] 徐伟功："论冲突法的研究范式：法经济学范式的确立"，载《河南师范大学学报（哲学社会科学版）》2007 年第 5 期。
[61] 徐伟功："论自由裁量主义在冲突法中的渗透"，载《环球法律评论》2009 年第 6 期。
[62] 徐伟功："美国法律适用中'回家去的趋势'及我国法律适用中的法院地倾向"，载《河南财经政法大学学报》2013 年第 5 期。
[63] 徐伟功："述评《涉外民事关系法律适用法》——以有限理性和自由裁量权为视角"，载《河南财经政法大学学报》2012 年第 2 期。
[64] 徐伟功："中国国际私法立法的理想与现实——《中华人民共和国民法（草案）》第九编评析"，载《河南省政法管理干部学院学报》2004 年第 2 期。
[65] 许光耀："试论最密切联系原则的利弊得失"，载《法学评论》1999 年第 1 期。
[66] 许军珂："论当事人意思自治原则在《涉外民事关系法律适用法》中的地位"，

载《法学评论》2012 年第 4 期。
[67] 许庆坤:“论我国债权冲突法司法解释的制定——以美国路易斯安那州立法为镜鉴”，载《法学论坛》2013 年第 6 期。
[68] 许庆坤:“美国冲突法中的最密切联系原则新探”，载《环球法律评论》2009 年第 4 期。
[69] 许庆坤:“一般侵权冲突法的正义取向与我国司法解释的制订”，载《法学家》2013 年第 3 期。
[70] 严存生:“公平、改革、法律”，载《法律科学（西北政法学院学报）》1990 年第 2 期。
[71] 阎愚:“冲突法历史发展中的特殊主义与普遍主义”，载《政法论坛》2016 年第 6 期。
[72] 杨弘磊:“法律印象主义语境之下的最密切联系原则　对该原则在准据法确定方面若干司法实践之考察”，载《法律适用》2005 年第 7 期。
[73] 杨树明、李健:“判例：一种法律解释的方法——兼论我国国际私法判例制度的构建”，载《河北法学》2006 年第 5 期。
[74] 殷爱荪:“美国‘鲍勃科克案’及其意义——兼析美国现代冲突法的三个特点”，载《外国法译评》1994 年第 2 期。
[75] 于飞:“最密切联系原则的发展与适用”，载《法律科学（西北政法学院学报）》1995 年第 5 期。
[76] 袁发强:“法院地法适用的正当性证成”，载《华东政法大学学报》2014 年第 6 期。
[77] 张春良:“涉外民事关系判定准则之优化——要素分析的形式偏谬及其实质修正”，载《法商研究》2011 年第 1 期。
[78] 张丽珍:“特征性履行理论与最密切联系原则关系之再梳理：兼议《涉外民事关系法律适用法》第 41 条”，载黄进、肖永平、刘仁山主编:《中国国际私法与比较法年刊》，北京大学出版社 2012 年版。
[79] 张美红:“冲突法中自由裁量权的自由与限制——《法律适用法》生效前后之对比”，载《西南政法大学学报》2011 年第 6 期。
[80] 郑自文:“最密切联系原则的哲学思考”，载《法学评论》1994 年第 6 期。
[81] 周江:“法则区别说学术史地位论略”，载《武大国际法评论》2012 年第 1 期。
[82] 朱岩:“大规模侵权的实体法问题初探”，载《法律适用》2006 年第 10 期。
[83] 朱志晟:“从涉外侵权行为的法律适用原则看‘最密切联系理论’”，载《河北

法学》2003 年第 5 期。
[84] 邹志洪："国际私法上的最密切联系原则及其发展——兼论中国国际私法的国际化"，载《武汉大学学报》1992 年第 6 期。
[85] 曾二秀："我国侵权法律选择方法与规则解析"，载《学术研究（社会科学版）》2012 年第 10 期。

（二）著作

[1] [美] 波斯纳：《法律的经济分析》（第 7 版），蒋兆康译，法律出版社 2012 年版。
[2] [美] E. 博登海默：《法理学：法律哲学与法律方法》，邓正来译，中国政法大学出版社 2004 年版。
[3] 陈隆修、刘仁山、许兆庆：《国际私法：程序正义与实体正义》，五南图书出版公司 2011 年版。
[4] 国际私法教研组编写：《国际私法讲义》，人民法院出版社 1988 年版。
[5] 傅静坤：《契约冲突法论》，法律出版社 1999 年版。
[6] 韩德培：《国际私法新论》，武汉大学出版社 1997 年版。
[7]《俄罗斯联邦民法典》，黄道秀译，北京大学出版社 2007 年版。
[8] 黄进、何其生、萧凯编：《国际私法：案例与资料》，法律出版社 2004 年版。
[9] Diley、Morris、Collins 著，[英] 柯林斯编：《戴雪、莫里斯和柯林斯论冲突法》（第 14 版），商务印书馆 2012 年版。
[10] 李双元、欧永福、熊之才编：《国际私法教学参考资料选编》，北京大学出版社 2002 年版。
[11] 李双元：《国际私法：冲突法篇》，武汉大学出版社 2001 年版。
[12] 李双元主编：《中国与国际私法统一化进程》（修订版），武汉大学出版社 1998 年版。
[13] 刘仁山主编：《国际私法》，中国法制出版社 2012 年版。
[14] [法] 卢梭：《社会契约论》，商务印书馆 1980 年版。
[15] [法] 卢梭：《社会契约论》，李平沤译，商务印书馆 2011 年版。
[16] [美] 约翰·罗尔斯：《正义论》，何怀宏等译，中国社会科学出版社 2001 年版。
[17] [法] 孟德斯鸠：《论法的精神》，申林编译，北京出版社 2012 年版。
[18] 沈涓：《冲突法及其价值导向》，中国政法大学出版社 2002 年版。
[19] 沈涓：《合同准据法理论的解释》，法律出版社 2000 年版。
[20] 沈宗灵：《现代西方法律哲学》，法律出版社 1983 年版。

[21] 宋晓:《当代国际私法的实体价值取向》,武汉大学出版社 2004 年版。

[22] 王承志:《美国冲突法重述之晚近发展》,法律出版社 2006 年版。

[23] [德] 马克斯·韦伯:《论经济与社会中的法律》,张乃根译,中国大百科全书出版社 1998 年版。

[24] [法] 马丁·沃尔夫:《国际私法》(第 2 版),李浩培,汤宗舜译,北京大学出版社 2009 年版。

[25] 肖永平:《法理学视野下的冲突法》,高等教育出版社 2008 年版。

[26] 徐冬根:《国际私法趋势论》,北京大学出版社 2005 年版。

[27] 许军珂:《国际私法上的意思自治》,法律出版社 2007 年版。

[28] 张文显:《法哲学范畴研究》(修订版),中国政法大学出版社 2001 年版。

[29] 张翔宇:《现代美国国际私法学说研究》,武汉大学出版社 1986 年版。

[30] 邹国勇译注:《外国国际私法立法精选》,中国政法大学出版社 2011 年版。

二、外文文献

(一) 论文类

[1] A. Ehrenzweig, "The Most Significant Relationship in the Conflicts Law of Torts: Law and Reason Versus the Restatement Second", *Law and Contemporary Problems*, 1963, (28): 700~705.

[2] A. R. Nafziger, "The Louisiana and Oregon Codifications of Choice of Law Rules in Context", *American Journal of Comparative Law*, 2010, (58): 172.

[3] C. Symeonides, "Choice of Law in the American Courts in 2006: Twentieth Annual Survey", *American Journal of Comparative Law*, 2006, (54): 264.

[4] C. Symeonides, "Choice of Law in the American Courts in 2007: Twenty-First Annual Survey", *American Journal of Comparative Law*, 2008, (56): 44.

[5] C. Symeonides, "Rome II and Tort Conflicts: A Missed Opportunity", *American Journal of Comparative Law*, 2008, (56): 174~175.

[6] C. Symeonides, "The ALI's Complex Litigation Project: Commencing the National Debate", *Louisiana Law Review*, 1994, (54): 865.

[7] C. Symeonides, "The Choice of Law Revolution Fifty Years After Currie: An end and a Beginning", *University of Illinois Law Review*, 2015: 125.

[8] C. Symeonides, "The Conflicts Book of Louisiana Civil Code: Civilian, American, or O-

riginal", *Tulane Law Review*, 2009, (83): 1067~1068.

[9] C. Symeonides, "The Third Conflicts Restatement's First Draft on Tort Conflicts", *Tulane Law Review*, 2017, (92): 5.

[10] Collins Perdue, "A Reexamination of the Distinction Between Loss-Allocating and Conduct-Regulating Rules", *Louisiana Law Review*, 2000, (60): 1252.

[11] Culter, "Texas Conflicts Law: The Struggle to Grasp the Most Significant Relationship Test", *Baylor Law Review*, 2013, (65): 360.

[12] Currie Scholar, "Notes on Methods and Objectives in the Conflict of Law", *Duke Law*, 1959, (1): 171.

[13] F. Barker, "Choice of Law and the Federal System", *Stanford Law Review*, 1963, (16): 1~22.

[14] F. Cavers, "Habitual Residence: A Useful Concept", *American Journal of Comparative Law*, 1972, (21): 475~478.

[15] F. Cavers, "A Critique of the Choice of Law Problem", *Harvard Law Review*, 1933, (47): 173~193.

[16] F. Cavers, "Comments on Babcock v. Jackson: A Recent Development in Conflict of Laws", *Columbia Law Review*, 1963, (63): 1229.

[17] G. Castel, "Some Recent important Trends in Canada private international law", *Netherlands International Law*, 1993, (40): 15~30.

[18] G. Guedj, "The theory of the Loisde Police, A Functional Trend in Continental Private lnternational Law: A Comparative Analysis with Modern American Theories", 1991, (39): 685.

[19] A. Hanotiau, "the American Conflicts Revolution and European Tort Chcice of Law Thinking", *the American Journal of Comparative Law*, 1982, (30): 73~98.

[20] Har P. , "Flexibility versus Predictability and Uniformity in Choice of Law: Reflections on Current European and United States Conflicts Law: Recueil des cours", *Kluwer Law International*, 1989.

[21] Herma Hill Kay, "Remembering Brainerd Currie", *University of Illinois Law Review*, 2015, pp. 1961~1968.

[22] J. Weintraub, "An Approach to Choice of Law that Focus on Consequences", *UCLA Law Review*, 1993, (56): 733.

[23] K. Juenger, "A Third Conflicts Restatement", *Indiana Law Journal*, 2000, (75)

: 404.

[24] K. Juenger, "Mass Disasters and the Conflict of Laws", *University of Illinois Law Review*, 1989, (105): 110.

[25] K. Juenger, "The Complex Litigation Project's Tort Choice of Law Rules", *Louisiana Law Review*, 1994, (54): 919.

[26] Kaplow, "Rules Versus Standards: An Economic Analysis", *Duke Law*, 1992 (1): 560.

[27] Kramer, "One Hundred Years of Uniform State Laws: On the Need for a Uniform Choice of Law Code", *Michigan Mathematical Journal*, 1991, (89): 2139.

[28] L. Kaplow. , "General Characteristics of Rules", *Encyclopedia of Law and Economics*, 1997, (3): 14.

[29] L. Kaplow. , "Rules Versus Standards, An Economic Analysis", *Duke Law*, 1992, (1): 560.

[30] L. M. Reese, "Conflict of Laws and The Restatement Second", *Law and Contemporary Problems*, 1963, (28): 693.

[31] L. M. Reese. , "Discussion of Major Areas of Choice of Law: Recueil des Cours", *Kluwer Law International*, 1964.

[32] L. M. Reese. , "The Law Governing Airplane Accidents", *Washington and Lee Law Review*, 1982, (39): 1311.

[33] A. Lefar R. , "The Torts Provisions of the Restatement", *Columbia Law Review*, 1972, (72): 267~278.

[34] Pitel, Stephen, "Choice of Law in Tort: A Role For Renvoi", *Canadian Business Law*, 2006, (1): 113~114.

[35] Pound, *Interpretations of Legal History*, Cambridge: Cambridge University Press, 1923: 1.

[36] R. Badykov, "The Russian Civil Code and the Rome Convention: Applicable Law in the Absence of Choice by the Parties", *Journal of Private International Law*, 2005, (10): 284.

[37] Vischer, "General Course on Private International Law: Recueil des Cours", *Kluwer Law International*, 1992.

[38] Weinberg, "A Radically Transformed RestatemenL for Conflicts", *University of Illinois law Review*, 2015: 1999~2052.

[39] William Singes, "Multistate Justice: Better Law Comity, and Fairness in the Conflict of

Laws", *University of Illinois Law Review*, 2015: 1923~1960.

[40] Zweigert, "Some Reflections on the Sociological dimensions of Private International Law: What is Justice in Conflict of Laws", *University of Colorado Law Review*, 1973, (44) 32.

(二) 著作类

[1] A. Ehrenzweig, Jayme, *Private International Law: A Comparative Treatise on American International Conflicts Law, Including the Law of Admiralty*, Oceana Publications, 1973.

[2] C. Morse, *Torts in Private International Law*, Amsterdam: North Holland Publishing Company, 1978.

[3] Currie Scholar, *Selected Essays on the Conflict of Laws*, Durham: Duke University Press, 1963.

[4] Fawcett et al. , *Private International Law*, 14thed. Oxford University Press, 2008.

[5] K. Juenger, Juenger, Juenger, *Choice of Law and Multistate Justice*, New York: Transnational Publishers, 2005.

[6] L. M. Reese, *Choice of Law: Rules or Approach*, Comell Law Review, 1971.

[7] M. Richman, L. Reynolds, *Understanding Conflicts of Laws*, Miamisburg: Matthew Bender, 2003.

[8] Micheal, J. Whincop, Marvkeyes, *Policy and pragmatism in the Conflict of Laws*, Canberra: Dartmouth Publishing Company, 2001.

[9] M. Schmitthoff, *Commercial Law in a Changing Economic Climate*, New York: Sweet and Maxwell, 1981.

[10] Morris, *The Conflict of Laws*, London: Stevens and Sons, 1980.

[11] O. Kahn-Freund, *General Problems of Private International Law*, Germany: Springer, 1980.

[12] Plender, Wilderspin, *The European Private International Law of Obligations*, 3rd ed, Thomson Reuters, 2009.

[13] R. Shreve, *A Conflict-of-Laws Anthology*, Cincinnati: Anderson Publishing co. , 1997.

[14] M. Richman, *Reynolds W. Understanding Conflicts of Laws*, Matthew Bender, 2003.

[15] Sartor, *Legal Reasoning: A Cognitive Approach to the Law*, Dordrecht: Springer, 2005.

[16] Stone, *The Conflict of Laws*, Longman Group, 1995.

[17] Westlake, *A Treatise on Private International Law*, Germany: 2010.

致　谢

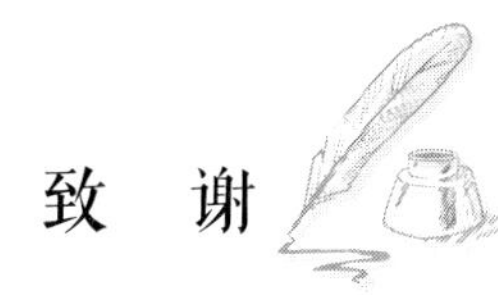

三年半的求学生涯即将接近尾声，再多的话语也无法言说我的种种思绪。不得不说物是人非，凡事有利弊成为我的口头禅，学着放下、跟自己和解、跟过去和解，学着顺其自然。但，我是幸运的。

2013年秋天，徐老师刚陪女儿上完课，手里提着书包，好温暖，这是见到徐老师的第一印象。在与徐老师交流时，我是紧张的，但徐老师总会自然地挑起话题，让我变得不那么局促。在后来的时间里，我有幸聆听了徐老师的授课，一共三次。事实上，第一堂课就已经让我成为徐老师的崇拜者，徐老师讲课生动有趣、深入浅出，让人一秒钟都不愿放过，后悔自己为什么没有录音。随后找来了所有能找到的徐老师的论文、著作，忽然觉得学术一点也不枯燥，读得非常过瘾。那时似乎有一个声音告诉我，这位老师将会是我的良师益友。到如今，当初“歪打正着、无心插柳”的心态，已经发生巨变，能够成为徐老师的学生，是我最大的荣幸，并将影响我的一生。

2015年5月，拿到通知书后，徐老师给我上了博士第一课，他说做人是第一位的。当时的我似乎听懂了，也一直记着这句话。时至今日，我终于有所体会，这是一场身心兼顾的修为。徐老师说选择国际私法，就是选择了心胸宽广。人生不过是选择与坚持，若做人失败，何谈学术。

后来发生了一些事情，但徐老师从来没有放弃对我的引导和关怀，而我也从不愿开口到敞开心扉。徐老师总是有一种魔力，每一次的谈话，总会让人变得开朗，不知不觉间收获了很大的变化。我想这并不是什么魔法，而是徐老师从心底对学生的关心、爱护，每一位学生皆是如此，且因材施教。

2017年4月，徐老师给我的学位论文提纲足足写了八条建议，非常详细，也让我再次感受到徐老师的认真、负责。从开题到预答辩再到正式答辩，一年多的时间里，多次修改，每一次徐老师都非常用心，我觉得很愧疚，如果能够再努力一些，老师也可少操些心。这其中也多有波折，徐老师告诉我焉知非福。事情就是这么的巧，再次被徐老师言中。

或许是徐老师的言传身教，我尝试着去感受不愿提起的人或事，感谢父亲始终如一地支持我的学业。我的妈妈，是我学习上的启蒙老师，带我入门，是一个过于善良但又十分坚强的女人，她的声音永远是那么欢乐、响亮，是我快乐和幸福的源泉。

师母，人美心善，热情乐观；红宽师姐真的像姐姐一样，随性、洒脱；潇潇师妹总是柔声细语，做事很认真。远在荷兰的王晨雨同学也为我的论文写作提供了帮助，还有答辩时张建雨师弟、谢天骐师弟的帮忙。郭玉军老师、李雪平老师、邓烈老师、向在胜老师、吴志忠老师提出的修改意见，令我受益匪浅。还有我的挚友：燕燕、张帅、吕儒雅、范珍，从孩提时代到初入职场，有你们我很开心。

仿佛分离，却又相依。谢谢中南大，谢谢武汉。

郝泽愚
2018 年 11 月 26 日凌晨写于武汉